Virgen de Guadalupe

Maria

Reflejo De La Trinidad
Y Primicia De La Nueva Creación

Rosa Lombardi, MPF

Imprimatur
‡ CESARE NOSIGLIA
Arzobispo tit. de Vittoriana
Vicegerente
Del Vicariato de Roma
18 de junio de 2001

Cubierta:
Virgen de las Uvas,
Pierre Mignard

A la Virgen Madre,
que con su "FIAT"
empapado de infinito,
nos envuelve e implica a todos
en el inefable Misterio salvífico de Dios,
para que sea cada vez más conocida,
amada, alabada...
que cada criatura experimente
su presencia viva y luminosa.

―――――――――――――――

A la querida, venerable
Memoria de mi padre,
Amante de la vida y la belleza.

Prefacio

La belleza de la figura de María puede despertar un entusiasmo real. En la obra de Rosa Lombardi: "María: reflejo de la Trinidad y Primicia de la Nueva Creación", el entusiasmo no es superficial, sino sólidamente fundado y arraigado en la doctrina mariológica, con una referencia continua a la Escritura, la Tradición, los documentos del Magisterio a las reflexiones de autores contemporáneos.

La obra no sólo afirma que María es una "criatura fascinante, la más bella flor que floreció en el jardín de la humanidad, brotada de la mente creadora de Dios, desde el mismo corazón de la Trinidad", sino que muestra cómo y por qué esta obra maestra sea llevado a cabo según el maravilloso diseño de Dios.

En concreto las relaciones de María con Dios están expuestas en una perspectiva trinitaria, según lo evidencia la división de capítulos: María en el plan de Dios, en el Misterio de la Trinidad, en relación con el Padre, en relación con el Hijo, en relación con el Espíritu Santo; observaciones adicionales y conclusiones. La preocupación por desarrollar plenamente esta perspectiva trinitaria muestra la intención de colocar a María en su verdadero lugar en la obra de salvación, un lugar muy importante, que no puede reducirse a una intervención marginal o totalmente secundaria. Desde este punto de vista podemos apreciar la declaración: "María no es el centro, pero es central en el cristianismo".

La persona de María no es y no puede convertirse en el centro de la doctrina de la salvación: Cristo sigue siendo central, como la fuente de toda la vida divina que se concede a la humanidad. Pero el Hijo de Dios entró en el universo humano como hijo de María y ya no puede ser separado de su Madre, quien fue reconocida como Madre de Dios. En virtud de esta maternidad, María pertenece al centro que es su Hijo.

Más concretamente, esta posición de pertenencia al centro se manifiesta en la cooperación de María en la Redención. Esta cooperación ha sido objeto de mucha atención por los teólogos. No se trata sólo del uso del título de Corredentora, sino del problema fundamental de la naturaleza y la finalidad de la contribución de María en la obra redentora de Cristo. Esta contribución se inició con la misma maternidad divina, con la educación que la madre dio al Hijo, y más concretamente en una primera formación por parte de María de las actitudes esenciales de Jesús, tales como: el servicio, la docilidad a la voluntad del Padre y la acogida del Espíritu. Luego vino la cooperación en la misión salvífica, que ha logrado una plenitud de entrega en la Cruz.

Esta ruta de la madre del Salvador no deja de llenarnos de admiración.

Damos las gracias a la autora, que pone de manifiesto la maravilla de la gracia y de la vida del Dios trino, que se ha Revelado en María.

Jean Galot

SIGLAS Y ABREVIATURAS

AA. VV.	Autores Varios
Akát	Akáthistos
Asspt	Asunción
AT	Antiguo Testamento
Catec	Catecismo
Catt	Cattolica
CCC	Catecismo de la Iglesia Católica
CELAM	Conferencia Episcopal Latino- Americana
CGOSM	Capítulo General de la Orden de los Siervos de María
CMP	Corpus Marianum Patristicum (S. ALVAREZ CAMPOS, 8 vol., Adelcoa, Burgos 1970-1985)
Conc	Concilio
CSCO	Corpus Scriptorum Christianorum Orientalium
CTI	Commisión Teológica Internacional
Cur	A cargo de
CSEL	Corpus Scriptorum Ecclesias-ticorum Latinorum
DDB	Diccionario de la Biblia
De Diver.	De Diversitate
DME	Documentos del Magisterio Ecclesiastico
Dorm.	Dormitionem
DS	H. DENZINGER –A. SCH'NMETZER, *Enchiridion Symbolorum*, ed. 32, 1963
DV	Dei Verbum
Fram.	Fragmentos
GCS	Die Griechischen Christlichen Schriftsteller der ersten drei Jahrhunderte (Coll., Leipzig)
GS	Gaudium et Spes
Homil	Homilia

IM	Incarnationis Mysterium
LG	Lumen Gentium
LM	*Lodi alla Madonna nel primo millennio delle Chiese d'Oriente e d'Occidente*, a cura di C. BERSELLI e G. GHARIB, Ed. Paoline, Roma 19813
Lit	Liturgia
MC	Marialis Cultus
MD	Munificentissimus Deus
NDM	Nuevo Diccionario de Mariología (S. DE FIORES - S. MEO)
MDt	Mulieris Dignitatem
Miss.	Missus est
NT	Nuevo Testamento
OSM	Orden de los Siervos de María
OT	Optatam totius
Par.	Paradiso
PG	Patrologiae cursus completus. Series Graeca (Ed J. P. Migne)
PL	Ibidem. Series Latina
PO	Ibidem, Series Orientalis
Pref	Prefazio
RB (REB)	Revue Biblique (Parigi)
Riv	Rivista
RM	Redemptoris Mater
SC	Sources Chrétiennes (París 1942)
ScC	La Scuola Cattolica
Serm.	Sermón
St	Estancia
Th	Theotokion
TMPM	Textos Marianos del Primer Milenio
TMSM	Textos Marianos del Segundo Milenio
TOB	Traduction Oecuménique de la Bible (3 voll. ELLE DI CI, TO)
Tp	Tropari
VD	Tratado de la Verdadera Devoción (GRIGNION deMontfort)
Vol	Volumen

Abreviaciones Biblicas

(en orden alfabético)
AT y NT

Am	Amós	**Gn**	Génesis
Ap	Apocalipsis	**Jn**	Juan
Hch	Hechos de los Apóstoles	**1 Jn**	1 Juan
Col	Colosenses	**2 Jn**	2 Juan
1 Co	1 Corintos	**1 Ts**	1 Tesalonicenses
2 Co	2 Corintos	**Tt**	Tito
2 Cro	2 Crónicas	**Za**	Zacarías
Ct	Cantar de los Cantares	**Nm**	Números
Dn	Daniel	**Os**	Oseas
Dt	Deuteronomio	**Pr**	Proverbios
Hb	Hebreos	**1 P**	1 Pedro
Ef	Efesios	**2 P**	2 Pedro
Ex	Exodo	**Qo**	Qohelet (Ecclesiastés)
Est	Ester	**1 R**	1 Libro de los Reyes
Ez	Ezequiel	**Rm**	Romanos
Flp	Filipenses	**Sal**	Salmos
Ga	Gálatas	**1 S**	1 Samuel
Jb	Job	**2 S**	2 Samuel
St	Santiago	**Sb**	Sabiduría
Jc	Jueces	**Si**	Sirácida (Ecclesiástico)
Jdt	Judit	**So**	Sofonías
Jr	Jeremías	**1 Tm**	1 Timoteo
Jon	Jonás	**2 Tm**	2 Timoteo

Notas introductorias

> *Amor me mueve y me hace hablar de la que es hermosa,*
> *y la altura del discurso sobre ella es mayor que yo, ¿cómo haré?*
> *Gritaré abiertamente que no fui ni soy apto para ella,*
> *y con amor me dedicaré a contar el misterio de la que es excelsa.*
> *Sólo el amor no falla cuando habla, porque*
> *es amable su excelencia y a quien lo escucha, le da riqueza.*
> *Maravillado hablo de María, aunque temeroso estoy,*
> *Porque la hija de los humanos ascendió a lo más alto*[1].

Así dice Giacomo di Sarug y hacemos nuestros sus sentimientos.

María, la Madre de Jesús, es el "casto receptáculo de la Naturaleza Infinita" (Theoto-Karion, 26, Oda I), o aquel carro de fuego, que llevó el fuego oculto y velado bajo las cenizas de su humanidad (Sta. Catalina de Siena), la "puerta por la que el cielo dará sus pasos hacia la tierra" (Pablo VI), "la maravilla de las maravillas..., completamente *junto* a Dios" (S. J. Damasceno): en ella se reflejan, como a través un prisma de cristal, los rayos de la divinidad: toda su vida se entreteje con silencio y admiración.

"¿Quién podría decir su misterio? ¿Quién tendrá el coraje de anunciar su grandeza? ¿Quién puede expresar su esplendor? ¿Quién puede describir con las palabras su extraordinaria belleza? Ella hizo hermosa la naturaleza de los hombres; ha superado a los coros de los Ángeles... Ha superado con mucho a todas las criaturas, porque su pureza ha brillado más que la de cualquier otra criatura porque ha

---

1. GIACOMO DI SARUG, *Omelia sulla beata Vergine Genitrice di Dio Maria*, vv 85-92, in *TMPM*, IV vol., pag. 145.

acogido en ella al Creador de todas las demás criaturas" " le prestó su carne " (Focio), "lo llevó en su seno, le dio a luz y, entre todas las criaturas, es la única que se ha convertido en la Madre de Dios". Por ello, "nadie fue jamás rodeado de una luz tan espléndida como ella; nadie como ella ha brillado nunca con una luz celestial; nadie ha alcanzado nunca una grandeza excelsa como la suya... No hay nadie que haya estado tan cerca de Dios como ella, y que se haya enriquecido así con los dones de Dios; nadie fue nunca tan partícipe de la gracia de Dios como ella...: ella es superior a todo lo que brilla entre los hombres; supera todos los regalos que la bondad de Dios ha otorgado y vertido abundantemente sobre los hombres: ***ella es más rica que todos, pues tiene el Todo***: tiene Dios que mora en ella"[2].

En la Virgen Madre desciende el reflejo de la grandeza divina del Hijo: "todo lo que hay de más grande es inferior a ella, sólo el Creador supera a esta criatura celestial"[3], salida de las manos de Dios para encanto del cielo y la tierra.

¿A qué te comparará, Oh Virgen, en toda la creación? - grita sorprendido Atanasio de Alejandría -Tu gloria está por encima de todo lo creado. ¿Qué puede en verdad compararse a tu nobleza, o madre del Verbo Dios?[4] «¿Qué cosa... podemos contemplar que sea más divina que Tú, Madre de Dios? Acercarse a ti es como acercarse a una tierra santa; es cómo llegar al cielo"[5].

¿Cómo circunscribir en el tiempo tu misterio que sabe a eternidad? Nadie puede revelar en su totalidad, ni puede proclamar nunca dignamente la perfección y la gloria que manan de tu ser: "todo lo que un hombre mortal puede decir de ella nunca igualará la altura de sus méritos (S. Pedro Damiano).

Con conocimiento de causa, Turoldo comienza sus cantos a María diciendo:

---

2. SOFRONIO DE JERUSALEN, *Homilía sobre la Anunciación*, PG 87, in *TMPM,* II vol., pp. 141 y 145.

3. San PEDRO DAMIANO, cit. en P. STEFANO MARIA MANELLI, *La devozione alla Madonna. Vita mariana alla scuola dei Santi*, Frigento (AV) 1975, p. 85.

4. *Vergine Maria Madre di Dio e abitacolo di Dio,* (omelia copta), in LM, p. 29.

5. SEVERO DE ANTIOQUÍA, *Homilía LXVII;* PO 8, en *TMPM,* I vol., p. 648.

*¿Cómo podemos cantarte, oh Madre,
sin turbar tu santidad,
sin ofender tu silencio?* [6].

Consciente de todo esto, me adentro con alegría, pero al mismo tiempo con temblor en el *mundo mariano*: en este "*inmenso océano de regalos y méritos*"[7]; en este *vasto mundo de Dios*, que encierra en sí esquivos tesoros; misterio tan grande, sublime y santo, que nunca podrá contemplarse hasta el fondo, y del que nunca se podrá decir lo suficiente. *De Maria nunquam satis*[8], repite desde hace siglos una antífona piadosa.

Es así: de la Madre de Jesús no se dice, no se canta, no se escribe nunca lo suficiente. De hecho podemos decir que en la Virgen de Nazaret, criatura entre Dios y los hombres, las tramas de lo divino y lo humano se funden y se confunden en un juego de luces y sombras, lo tangible y lo intangible, lo asible y lo inasible, tejiendo un sublime tapiz policromo, de una variedad y riqueza únicas: "la divinidad misma ha habitado en ella sin velos y ha tomado en ella la ropa de nuestra carne "(Germán de Constantinopla).

Querer conocer a María significa, pues, querer sumergirse en el mismo corazón del Misterio; significa querer remontar los misteriosos manantiales que, con ímpetu, entraron en su vida, haciendo de ella una criatura única, incomparable.

Ella es el icono vivo de lo Invisible, el reflejo de la Luz Eterna, la imagen de la Bondad Infinita. En ella brilla la grandeza de Dios y su poder "(de la liturgia).

Como un icono nos ofrece la visión de las cosas que no se ven, del mismo modo la Virgen Madre se ofrece a los ojos del creyente como espacio puro e inmaculado de la presencia divina, como un lugar del Eterno en el tiempo, como la casa donde el Inaccesible se hace accesible a todos en virtud de la naturaleza humana tomada por

---

6. *Laudario alla Vergine,* in *NDM,* ed. de STEFANO DE FIORES y SALVATORE MEO, Edizioni Paoline, Cinisello Balsamo (Milano) 1988, p. 1248.

7. FOCIO, in *TMPM,* II vol., p. 825

8. Se trata de una expresión de S. BERNARDO (*Sermo de Nativitatate Mariae*: PL 183, 437 D), de la que se ha apropiado la fe y la piedad populares.

ella. "Detrás de las sombras de su carne mortal, la Omnipotencia de Dios ha ocultado las Fuentes Eternas de la Vida y de la Luz verdadera que ilumina a todo hombre[9]... En la unidad de su persona, en la que descansó toda la huella de la vida plena del Dios Tripersonal, ella nos remite a la totalidad del Misterio y al mismo tiempo lo refleja en sí misma[10].

Si la parte visible del icono es perceptible para todos, la parte invisible se ofrece a aquellos que se acercan con un corazón humilde y docilidad interior.

---

9. B. GUERRICO D'IGNY, I *Discorso sull'Assunzione della B.V. Maria*, PL 185, p. 189.

10. BRUNO FORTE, *Maria, la donna icona del mistero*, Ed. Paoline, Alba (Cuneo) 1989, pp. 161 y 154.

Capítulo I

María en el Proyecto de Dios

A. EN EL CENTRO DEL PROYECTO

> *Nos hiciste para ti, Señor, y nuestro corazón está inquieto hasta que descanse en Ti.*
> (S. Agustín, *Confesiones*)

Si el hombre, en su origen, fue diseñado y creado por Dios, especialmente lo fue la que iba a convertirse en Madre de Dios. El himno de alabanza que inicia la carta de San Pablo a los Efesios proclama el gran agradecimiento de la humanidad a Dios, porque ha realizado el proyecto pensado desde siempre: la Encarnación del Verbo, para la salvación o la "deificación" del hombre:

> *"Bendito sea el Dios y Padre de nuestro Señor Jesucristo, que nos ha bendecido con toda clase de bendiciones espirituales en los cielos, en Cristo.*
> *Por cuanto nos ha elegido en él antes de la creación del mundo, para ser*
> *Santos y sin mancha en su presencia en el amor"*
> (Ef 1, 3-4).

En el fondo de este plan de salvación, casi en filigrana, está escrita la historia de cada hombre, llamado a convertirse en transparencia y presencia divina, como lo fue y lo es María.

La salvación realizada por el Verbo, cuyo fruto es la transformación del hombre desde la condición de anonimato, en la que lo puso el pecado, a la condición de "hijo" amado por Dios, se llama, con lenguaje bíblico, '*bendición*'. "Esta bendición se refiere de manera especial y excepcional a María. Ella de hecho fue saludada por Isabel como la "bendita entre las mujeres" (cf. RM 8): "*gracias a ella* ha brillado para los hombres la bendición del Padre " (de la Lit.). Elegida desde la eternidad para ser "la madre de Aquel a quien el Padre ha confiado la obra de salvación" (RM, 7), la Virgen de Nazaret se convierte en el prototipo de la elección histórico-salvífica cuando las disposiciones divinas irrumpen en su vida. En ella se actualiza, del modo más prominente, el grandioso diseño de Dios que quiere que seamos *santos y sin mancha a imagen suya en el amor*: en ella el pueblo de Dios reconoce el modelo realizado de esta "inocencia" virginal, a la que los creyentes están llamados por puro don del Señor.

El plan salvífico, nacido en el corazón del Padre y que Pablo llama "*el misterio escondido durante siglos en la mente de Dios*" (Ef 3,9), tiene como origen el amor trinitario y se desarrolla en la obra de creación, en toda la historia de la salvación después de la 'caída', en la misión del Hijo y del Espíritu, que se prolonga en la misión de la Iglesia. Es eterno y universal: abarca todos los tiempos, todas las realidades, todos los hombres, pero "reserva un lugar único para la *Mujer*" (RM 7), a la bendecida de manera única por el Padre "con toda bendición espiritual en los cielos en Cristo".

La realización de tal proyecto está formulada por Pablo en el texto mariológico más significativo del Nuevo Testamento: un texto donde la sobriedad de la referencia a la madre del Señor se muestra con una densidad notable y esencial. Escuchémoslo:

"*Cuando llegó la plenitud de los tiempos, Dios envió a
Su Hijo, nacido de
mujer, nacido bajo la ley, para redimir a los que
estaban bajo la ley,
para que recibiéramos la filiación adoptiva*" (Ga 4, 4 -5).

Este evento, que incluye de manera sintética toda la obra salvífica comenzada con el envío del Hijo y completada con su retorno al Padre por medio del misterio pascual, es el hecho central de la historia del mundo. María es el único ser humano que está asociado a este evento como tal, en la plenitud de los tiempos: "por el hecho de que nuestra salvación está en Cristo Jesús **nacido de mujer**", también ella tiene una importancia decisiva en esta historia de la salvación, debido a la insondable voluntad de Dios mismo. En la expresión paulina '*nacido de mujer*', la Madre de Jesús aparece íntimamente relacionada con la salvación del hombre y de toda la creación.

Se puede decir que ella está 'en el corazón' mismo de este acontecimiento salvífico (*Mulieris Dignitatem*, núms. 3-4).

Ga 4,4 – comenta A. Serra- es el germen inicial de doctrina mariana, desarrollado más tarde por otros documentos del NT. ¡Testimonio inestimable de Pablo! -continúa el autor- A pesar de ser sobrio, declara que la persona de María está conectada vitalmente con el plan de salvación de Dios (*NDM*, p. 233).

Si todo el Antiguo Testamento gravita en torno Cristo como centro de la historia de la salvación y su finalidad última, esta dinámica envuelve también a la Madre de Cristo, que participa con él en "*la plenitud de los tiempos*". "Ella ha engendrado esta plenitud, de modo que ya nada más será necesario para completar el tiempo, porque el Eterno está ya en el tiempo por medio de Ella" (cf. RM, 1).

Juntamente con Cristo, María es la '*clave*' en la historia del hombre sobre la tierra y el '*punto omega*' hacia el que la historia camina[1].

Es evidente que el diseño de Dios tiene en Cristo su pieza central: en él Dios dice la Palabra definitiva y hace el gesto más maravilloso: sumergirse en la historia de la humanidad. Pero a Cristo no la habríamos tenido sin la Virgen Madre: es "*a través de ella (que) hemos merecido recibir al Autor de la vida*" (de la lit.: oración del 1 de enero).

B. DIOS LA HABÍA PENSADO DESDE SIEMPRE
(*María: el gran sueño de la Trinidad*)

Como término, o más bien como 'persona', en la cual se fija el cumplimiento del decreto eterno de Dios, María está presente con Cristo en el Consejo Eterno: "término fijo del Consejo eterno", como diría el divino poeta (Par. XXXIII, 3).

San Juan habla del Cordero sacrificado por toda la eternidad (cf. Ap 5). En esta eternidad debemos situar a María, destinada "ab aeterno" a ser la Madre, la fecunda colaboradora del Cordero. "En el misterio de Cristo ella está incluida ya antes de la creación del mundo", como aquella a quien el Padre 'ha elegido' como madre de su Hijo en Encarnación y junto con el Padre la ha elegido el Hijo, confiándola eternamente al Espíritu de santidad" (RM 8).

---

1. MARIANO MAGRASSI, *Maria nel mistero della Chiesa*, Bologna 1976, en *Liturgia*, n. 226.

A causa de este "origen", ella se sumerge de manera inefable en la eternidad misma de Dios: antes de ser creada, antes de que existiera, se convirtió en un objeto de predilección por parte de la adorable Trinidad.

María es la criatura querida por Dios, antes que cualquier otra criatura: "todavía no había nacido, y Dios ya la había proyectado desde hacía milenios en su mente, con todos los privilegios con los que querían honrarla"[2]. Desde toda la eternidad Él la contemplaba con particular, plena complacencia. Se puede decir que ella ha sido 'soñada por Dios', como el artista sueña su obra maestra"[3].

Sólo el vocabulario divino es digno de traducirnos lo inefable del misterio mariano:

> *"Yo salí de la boca del Altísimo*
> *y cubrí como nube la tierra...*
> *Antes de los siglos, desde el principio, me creó;*
> *y por toda la eternidad subsistiré...*(Si 24, 3.9).
> *El Señor me ha poseído desde el principio de sus senderos,*
> *antes de crear cualquier cosa.*
> *Desde la eternidad fui moldeada,*
> *desde el principio, antes de que la tierra fuera creada.*
> *Cuando aún no existían los abismos fui engendrada;*
> *cuando aún no había fuentes con agua;*
> *antes de que se establecieran los cimientos de las montañas,*
> *antes de los collados, yo fui engendrada.*
> *Cuando asentaba el cielo, yo estaba allí;*
> ....
> *Cuando marcaba al mar sus límites,*
> *cuando asentaba los cimientos de la tierra,*
> *entonces yo estaba allí como arquitecto,*
> *y todos los días era su delicia,*
> *jugando delante de él a cada instante,*
> ....
> *y mis delicias están entre los hijos del hombre"*
> (Pr 8, 22 -31).

---

2. San BERNARDO, PL 183, 84.

3. Mons. FRANCESCO FRANZI, en *Maria Santissima e lo Spirito Santo*, Ed. Centro Volontari della Sofferenza, Roma 1976, p. 120.

Estos deliciosos pasajes bíblicos tratan de la sabiduría divina, poéticamente personificada como arquetipo de las cosas creadas. La liturgia, con una transposición atrevida, canta con ese tema a María, como punto de partida del gran plan de salvación.

Cuando se trate de reconstruir el paraíso perdido, de hecho, la primera célula de este nuevo mundo será precisamente ella, María: en ella comienzan a manifestarse las 'maravillas de Dios', que el Espíritu cumplirá en Cristo y en su Iglesia.

María aparece como un pensamiento fijo en la mente de Dios: cuando Él ponía su mano en la creación, cuando aún no existía nada, Ella estaba allí, con el artífice divino; y, "a pesar de ser una criatura de este mundo, participaba en la manifestación más profunda y decisiva de Dios en la historia" (Pikaza).

Por supuesto, en Dios no hay ni antes ni después; no existe ninguna sucesión de tiempo ante Él: todo está presente para Él desde la eternidad. Pero, "Si una maravilla única entre sus obras debiera brillar siempre ante sus ojos, complaciendo y deleitando su mente divina sobre todo, esta sería sin duda, después de Cristo, el Verbo encarnado, su madre: María"[4].

Esto aparece a través de los siguientes versículos:

> *Entre el vivero perenne*
> *De los seres posibles*
> *tú (oh María)*
> *del arquitecto divino*
> *fuiste el sueño más ambicioso;*
> *te quiso*
> *y floreciste*
> *como la perla de la creación*
> *de las profundidades abisales*
> *de su pensamiento,*
> *obra única,*
> *Ya perfectamente lograda.*[5]

---

4. ANDREA AGNOLETTI, *Maria Sacramento di Dio,* Ed. Pro Sanctitate, Roma 1973, p. 12.

5. Hna. RENATA TARICIOTTI MPF, *Natività di Maria* (manuscrito), Roma, 18/6/2000.

C. PRESENCIA DE MARÍA EN LA SAGRADA ESCRITURA

La Sagrada Escritura es un libro único, afirmaban los padres con fuerza y persuasión (H. de Lubac). Por lo tanto, un tema, una sola afirmación, un versículo no revelan su riqueza hasta que están armonizados con el conjunto de los libros sagrados. Toda la Escritura - decía S. Buenaventura - podría compararse a un cítara: la cuerda inferior, por sí sola, no produce armonía, pero con las demás, sí. "Lo mismo sucede en la Escritura: un texto depende de otro; de hecho, un paso nos encamina hacia otros mil" (Hexamerón, col. 19,7).

El mismo criterio se aplica a la mariología bíblica, aliada segura del culto mariano. Si nos fijamos en la cantidad, hay que admitir que no hay muchos textos que hablen de María. Pero el 'poco' de la cantidad cede ante el 'mucho' de la calidad. Dios no sólo ha planeado y querido a María desde la eternidad, sino que además ha anticipado, durante siglos, a los hombres (aunque de manera figurada y de modo velado) su imagen y su misión en las Escrituras, en las que aparece la trama divina que el Padre tejió para salvarnos.

De hecho, las fuentes de las Escrituras que son como "el alma de la teología" (OT 16), especialmente si se leen y comprenden en la Iglesia, "a la luz de la revelación última y completa" (LG n. 5), nos ofrecen un cuadro muy amplio y variado de María. Constituyen un enfoque indispensable para quien quiera entrar en el misterio inefable de la Virgen de Nazaret, porque nos permiten conocer lo que Dios mismo ha decidido revelarnos, concretamente, sobre la Madre de Cristo.

1. Símbolos - Profecías - Prefiguraciones
En la preparación veterotestamentaria

La mariología bíblico-simbólica está llena de analogías, tipos y antitipos, evocaciones y sugerencias para anticipar las realidades futuras: se puede decir que el testimonio bíblico sobre María tiene las características del icono, precisamente porque es simbólica y narrativa.

El evento excepcional de la venida de Cristo y de la redención había estado debidamente anunciado y preparado con innumerables símbolos, figuras, profecías y señales de todo tipo. Lo mismo debe decirse de María de Nazaret, en la cual "se unen en un haz las líneas separadas del simbolismo" (A. Serra).

El Antiguo Testamento y todo lo que es sagrado en la historia de la humanidad, del mismo modo que ha prefigurado a Cristo, ha presagiado también a la Virgen: Madre e Hijo estaban tan estrechamente ligados una al otro, que deben estarlo también estrechamente incluso en las profecías.

2. Prefigurada desde el Principio

a) Símbolos de María

Los santos Padres han reconocido el triunfo magnífico y singular de la Virgen, su casta inocencia y santidad eminente, su inefable plenitud de gracia y virtudes, sus privilegios excelsos... en muchos símbolos del Antiguo Testamento.

Aquí, pongo de relieve sólo algunas de las valencias simbólicas y aspectos numinosos más incisivos, como evidencia el dato histórico, en la conciencia religiosa.

El primer símbolo de María es el ***paraíso terrenal***, lugar encantador, donde el hombre vivía en perfecta paz y armonía con Dios, donde estaba plantado el árbol de la vida y donde crecían hermosas flores y frutos (Gn 2, 8-15).

La Virgen María será el nuevo paraíso terrenal, el "paraíso incorruptible de la castidad" (Basilio de Seleucia), donde será restaurada la inocencia y la santidad primitivo y en el cual brotará y florecerá el verdadero 'árbol de la vida' (Gn 2,9): Jesús, quien "dará libremente a todos el fruto de la inmortalidad" (San Germán de Constantinopla) y "producirá frutos de salvación para todos" (Basilio de Seleucia).

En este nuevo paraíso de delicias "habrá riquezas, belleza, dulzura y maravillas inexplicables, producidas por el nuevo Adán (Jesucristo), quien en él se deleitó durante nueve meses, obrando en él cosas singulares y desplegando sus riquezas con la magnificencia de un Dios"[6]

---

6. San LUIS MARIA GRIGNION DE MONTFORT, *Trattato della Vera Devozione a Maria*, versión y notas del P. ALBERTO RUM, Ed. Monfortane, Roma 1987, n. 261, p. 253.

Otros símbolos marianos son:
- El ***arca de Noé***, que en la catástrofe universal del diluvio es la única que salva y conduce a la salvación a la humanidad (Gn 6,13 ss). María, en la tormenta del pecado original es la única que se libra de él y, a través de ella, Dios trae la salvación a toda la humanidad. La declaración de gracia dicha a María en el día de la Anunciación (Lc 1, 28) recuerda a la que había precedido la descripción del diluvio: *Noé halló gracia a los ojos del Señor* (Gn 6.8). "Se aclara así la gracia recibida por María: es una gracia para la formación de un nuevo universo, salvado de los estragos del pecado" (J. Galot).

- *La* misma ***paloma del arca*** que anuncia el final del diluvio con una ramita de olivo en el pico (Gn 8,10 ss), prefigura a María que, rompiendo las cadenas del pecado, anuncia el fin del castigo divino y el retorno de la paz entre los hombres.

- ***La escalera*** que Jacob vio que tocaba el cielo y por la cual descendían y subían los ángeles de Dios (Gn 28,12): María es esta escalera de bajada del Eterno, a través de la cual Él llevará a los mortales hacia el cielo.

- ***El templo de Salomón*** que Dios ha santificado y en el cual ha colocado su Nombre (1 R 9,3; 2 Cro 7, 16 ss).

  Los textos patrísticos y litúrgicos celebran a María como aquella que se convirtió de manera eminente en el templo de Dios consagrado a Él, *un templo preparado de manera inefable por Dios para su Hijo* (de la liturgia: oración colecta). En ella se cumplen todas las imágenes relacionadas con el templo; en particular, *la puerta oriental cerrada* (emblema de su virginidad), *el Santo de los Santos*, cuyos tesoros que se contienen en él son los símbolos de su santidad y de su intimidad con Dios.

  El templo tenía su tesoro, precisa Toniolo en las notas comentando el Akátistos: María es el tesoro inagotable del que todo el mundo recibe la vida.

  Ella será el nuevo templo de la era mesiánica: el templo vivo, primordial, no construido por los hombres, como el de Jerusalén, sino por Dios mismo, a través de su Espíritu, quien es su arquitecto y constructor. De ahora en adelante ya no que se construirá la casa de Dios en la tierra con piedras, sino con la fe en Cristo, la caridad en obras, la entrega, la esperanza...

- ***La zarza ardiente del Horeb*** que ardía sin consumirse (Ex 3, 2 ss).

Representa la prodigiosa virginidad de María que, como la zarza habitada por Dios, se quema interiormente con el fuego del Espíritu Santo, por que concibe al Hijo de Dios y sigue virgen: "Como la zarza ardía en el monte, pero no se consumía, así la Virgen María nos dio *la luz* y no se manchó" (Gregorio de Nisa): "Virgen dio a luz y siguió siendo Virgen" (J. Damasceno).

- *El vellocino de Gedeón* que permanecía seco mientras todo estaba mojado, pero que estaba mojado cuando todo estaba seco (Jc 6,36 -40): una imagen que evoca el privilegio de la Inmaculada Concepción y la plenitud de la gracia de María.
- *La nubecilla que anuncia la lluvia* después de la gran sequía en tiempos del profeta Elías (1 R 18, 44-45). María, como *aurora* de la redención que precede la luz de la salvación, con su aparición en el mundo anunciará la inminente 'lluvia' de Cristo y de los bienes mesiánicos.
- *La vasija de oro* que contenía el maná (Ex 16,33). La Virgen es el *cofre del tesoro* de la Palabra, la *mesa* viva, que ofrecerá el Pan del Cielo, la que traerá a Cristo: regalo de Dios, *verdadero maná, verdadero pan bajado del cielo* (Jn 6, 3-51). "Si Pablo fue llamado *vaso de elección* (Hch 9,15), por haber llevado y predicado en todas partes de la tierra el venerado nombre de nuestro Señor Jesucristo, ¿qué vaso será la Madre de Dios, que no contuvo el maná como una vasija de oro, pero tuvo en el vientre el pan del cielo, que se distribuye a los fieles como alimento y como fuerza?" (Basilio de Seleucia)
- *El Arca de la Alianza* hecha con materiales preciosos e incorruptibles, cubierta dentro y fuera de oro; en ella Dios se manifestaba a su pueblo y éste recibía los oráculos divinos (Ex 25, 10 -22).

Padres, teólogos y oradores sagrados ven en este Arca una imagen del cuerpo purísimo e incorruptible de la Virgen Madre, un signo de la salvación, que, más que cualquier otro, recuerda a María, adornada internamente y externamente por el esplendor del Espíritu Santo:, todo en el Arca nos la recuerda, no sólo los materiales especiales con los cuales fue construida, sino también su forma, sus características, los dones colocados en ella...: cubierta por la sombra del Espíritu, la Virgen será la verdadera arca de la alianza, el arca santa: residencia real del Altísimo, el arca de los nuevos tiempos, en cuyo seno llevará a Dios.

Si el arca antigua contenía las tablas de la ley, fundamento de la antigua alianza, la nueva arca (María) ha gestado al heredero mismo de la alianza, 'la Tabla Viva' de la ley del amor, Aquel que funda y resume en su propia persona la alianza entre Dios y su pueblo. El arca antigua guardó la ley, la nueva arca, al Legislador; en aquella se guardaba la Palabra escrita de Dios, en esta la Palabra viva del Padre, el Verbo encarnado, Jesucristo, en quien el Padre nos habla y nos escucha.

- **La montaña de Dios:** fértil montaña, monte opulento, exuberante y rico, en el que Dios se complace en vivir (Salmo 68, 16 ss).

Entre los símbolos de María, que anuncian su excelsa dignidad de Madre, hay que incluir especialmente *Jerusalén* - alabada por el salmista como morada favorita de Dios y madre de pueblos, como ciudad santa, de la cual se dicen cosas hermosas (Sal 87), así como *la columna luminosa*, que indicaba el camino al pueblo de Dios errante por el desierto (Ex 13,21).

Pero el género simbólico mariano alcanza su mejor expresión al celebrar a la Virgen Madre como **sabiduría:** a Ella, sede de la Sabiduría encarnada, "*vientre purísimo en el cual la Sabiduría se ha construido una morada para acoger en el tiempo al Creador y Señor de los tiempos*" (pref. de las fiestas marianas), refiere la liturgia los textos sapienciales más bellos, poniendo en su boca expresiones sublimes como estas:

Yo soy la Madre de amor hermoso, del temor,
de la ciencia y de la santa esperanza.
En mí está toda gracia del camino y de la verdad,
 en mí toda la esperanza de la vida y de la virtud.
Venid a mí todos vosotros que me deseáis con ardor
 y llenaos de mis frutos,
Porque pensar en mí es más dulce que la miel
 y poseerme es más suave que un panal de miel.
La memoria de mi nombre durará durante todos los siglos...
(Si 24,24 -28).

Como la vid he hecho germinar la gracia,
y mis flores son frutos de gloria y riqueza.
Los que comen quedan aún con hambre de mí,

los que me beben tendrán aún sed.
Quien me obedece a mí no quedará avergonzado,
los que en mí se ejercitan no llegan a pecar.
(Sr 24, 17 - 22).

b) Figuras de María

En el curso de la Antigua Alianza, Dios se complació en delinear en términos generales las maravillosas características de la personalidad de María, anticipándolas ahora bajo una figura, ahora bajo otra, y dejándolas entrever al mundo, del cual un día la Virgen María se convertiría en la esperanza y gloria.

Entre estas figuras, la más importante y visibles y transparente imagen es la primera mujer, **Eva**. Puesto que el fruto que ella generó sólo fue la muerte, la primera Eva no pudo lograr lo que su nombre significa (*madre de todos los vivientes*: Gn 3,20). María, sin embargo, dio pleno cumplimiento a aquel misterio del cual es una expresión (cf. LG 56): ella será la verdadera Madre de los vivos.

Además de Eva, todas las mujeres famosas del Antiguo Testamento, que mantenían viva la esperanza de Israel, o las personificaciones poéticas de las mujeres, prefiguran en cierto sentido, la Virgen de Nazaret: la que brilla más radiante entre todas.

Como la reina **Esther**, María no dudará a exponerse a la muerte para salvar a su pueblo (Est 5).

Como **Sara**, esposa de Abraham, será bendecida por Dios y hecha prodigiosamente fecunda.

Será sincera y reflexiva como **Rebeca**, hermosa y amada como **Raquel**.

Será *profetisa* y cantará las maravillas de Dios, como **María**, la hermana de Moisés (Ex 15, 20-21) y aún más como **Ana**, la madre de Samuel (1 S 2, 1 -10; comparar con el *Magníficat*).

Será fuerte y valiente como **Judit**, pues por ella, con más razón que por la heroína de Israel, cantarán todos los pueblos: "*Bendita seas... más que todas las mujeres que viven en la tierra... Jamás el valor que has tenido faltará en el corazón de los hombres... Tú eres la gloria de Jerusalén, tú el magnífica orgullo de Israel, tú el maravilloso honor de nuestro pueblo*" (Jdt 13,18 s; 15,9).

Entre las personificaciones poéticas de las mujeres que, con elevada lírica, se refieren alegóricamente también a María, es especialmente inspirada y mística la ***Esposa del Cantar de los Cantares*** que, con su descripción de una relación sin mancha, completamente impregnado de amor, libertad y gozo mutuo en la armonía de la creación, simboliza la armonía conyugal inefable con Dios: nadie más que María puede decirle a Dios, el Amado de su corazón:

> *"Entre mi amado en su jardín*
> *y coma las frutas deliciosas,*
> *porque el amor es fuerte como la muerte"*
> (Ct 4.16 b; 8, 6a).

A su vez, el señor, Esposo del alma sedienta de él, puede decir muy adecuadamente a María:

> *"O paloma mía,*
> *que estás en las hendiduras de la roca...*
> *Muéstrame tu rostro,*
> *Déjame oír tu voz,*
> *Porque tu voz es dulce,*
> *tu cara es hermosa...*
> *el olor de tus perfumes supera todos los aromas.*
> *¡Qué hermosa eres, amiga mía, qué hermosa eres!...*
> *No hay ningún defecto en ti...*
> *Tú has cautivado mi corazón...*
> *con sólo una mirada"*
> (Ct 2, 14; 4, 10 b; 1,15 a; 4, 7. 9).

Debemos añadir que María fue prefigurada no sólo por mujeres piadosas y valientes, sino también, en muchos aspectos, incluso por **Abraham**, del cual es la más perfecta realización.

Como Abraham por su fe y su obediencia se convirtió en el padre de todos los creyentes (cf. Rm 4) y el portador de las bendiciones divinas (Gn 12, 3b) para toda la humanidad, María convertida en la Madre del Mesías y Señor por su fe y obediencia, estará al servicio de Dios y de su plan para toda la humanidad, portadora de la bendición definitiva de Dios, que se cumple en Cristo para todos los hombres. Podemos decir que como Israel, antiguo pueblo de Dios, tuvo su origen el acto de fe de Abraham, así el nuevo Israel (iglesia de Cristo) comenzó con la mujer que, "por su íntima participación en la historia de la salvación, combina en sí misma de alguna manera y refleja los datos más altos de la fe" (cf. LG, 65).

Si de Abraham se puede decir con el apóstol que "*tuvo fe esperando contra toda esperanza*" (Rm 4,18 a), con más razón podemos decirlo de María, cuya fe ha sido probada severamente, hasta alcanzar su punto culminante en el momento del Calvario, donde la encontramos afligida por el dolor, bajo la cruz de su Hijo.

Si, por otro lado, Isaac es la figura de Cristo que es sacrificado, Abraham que lo conduce al lugar del sacrificio (Gn 22,3 -10) es la figura de Dios Padre en el cielo y en la tierra de María, su Madre.

c) Profecías de María

Además de símbolos e imágenes, el Antiguo Testamento contiene verdaderas profecías de María, que incluyen el plan divino de la salvación proyectado en el futuro.

La primera es la del *Protoevangelio* (primer anuncio de salvación), relativa a la *Mujer*, enemiga irreconciliable de la serpiente, estrechamente unida con su hijo en la lucha victoriosa contra las fuerzas del mal, simbolizado en las trampas de la serpiente (Gn 3,15). Este marco plástico esconde la primera profecía de María Inmaculada, madre del Redentor.

De particular importancia es la gran promesa mesiánica del profeta Isaías: "*La virgen concebirá y dará a luz a un hijo que se llamará Emanuel*", Dios con nosotros (Is 7,14). El evangelista Mateo verá el cumplimiento exacto de esta profecía en el parto virginal de María (Mt 1, 22-23).

Podemos recordar la famosa profecía del profeta Miqueas, que habla del *parto excepcional* (virginal) *de una mujer extraordinaria* (María), *cuyo hijo* apacentará a sus hermanos con la fuerza del Señor, con la majestad del nombre del Señor su Dios y *será engrandecido hasta los confines de la tierra* (Mi 5,3 -4).

Además de estas y otras profecías que se pueden encontrar en las Sagradas Escrituras, la figura de María emerge también cristalina en los armoniosos acentos de alta poesía y profundidad espiritual del cántico-monólogo del profeta Isaías:

"*Con gozo me gozaré en el Señor,
mi alma se regocija en mi Dios,*

> *porque él me vistió con vestiduras de salvación*
> *me ha envuelto con el manto de la justicia,*
> *como un novio que se ciñe la diadema*
> *y como una novia que se adorna con las joyas"*
> (Is 61.10).

Este es el modo dinámico oculto con que el Espíritu Santo ha trazado en muy pocas y simples líneas, con la eficacia maestra de Dios, "la figura luminosa de la más alta personalidad de la progenie humana"[7]: una "figura esbozada en el Antiguo Testamento" (A. Bea), que abre las puertas de la *plenitud del tiempo* y brilla con Cristo en los textos del Nuevo Testamento.

Ni siquiera los mismos escritores bíblicos habían sospechado, qué grande y excelso significado se escondía en sus palabras. Sin embargo a través de estos recursos del lenguaje humano, Dios estaba preparando a su pueblo para la comprensión de la figura de María.

3. María en el Nuevo Testamento

En el umbral del Nuevo Testamento, la Virgen de Nazaret surge en el horizonte de la historia de la salvación como una síntesis ideal del antiguo pueblo de Dios y como madre de Jesús el Mesías. Y luego, gradualmente, con Cristo, el *"sol de justicia"* (Ml 3,20), avanza en el firmamento de la nueva alianza, sigue su trayectoria como servidora y discípula de su Señor, en un crescendo de la fe (*NDM*, p. 302).

En los diferentes niveles del desarrollo de la presentación y la profundización pascual de su figura, desde el comienzo hasta el rico simbolismo del Evangelio de Juan y el Apocalipsis, María aparece, en la singularidad de su vocación y misión, totalmente marcada por la intensidad de la relación con su Hijo, con la Santísima Trinidad, con Israel, con la Iglesia. Mientras está presente y a la vez oculta en la divina economía vétero-testamentaria, su aspecto histórico en el Nuevo Testamento revela plenamente su identidad y misión.

Aquí, donde en varias maneras los evangelistas afirman el cumplimiento de las profecías sobre ella (sobre la concepción virginal de Jesús: Mt 1, 22-23; sobre las *grandes cosas* hechas por Dios

---

7. AGOSTINO MERK, *La figura di Maria nel Nuovo Testamento*, en *Mariologia*, vol. I, Ed. Marietti, Torino 1952, p. 80.

en ella, *como había prometido* a los padres: Lc 1,55; sobre la custodia de su madre y del discípulo, como algo que tenía que cumplirse: Jn 19,25-28...), María "surge ante nosotros en toda su delicada y brillante majestuosidad para deleite del cristianismo y consuelo de aquellos que pueden llamarse hijos de esta Madre"[8].

Debemos admitir que el testimonio del Nuevo Testamento acerca de María, *la madre del Señor*, es bastante sobrio, pero también extraordinariamente denso de significados y cargado de resonancias.

De manera muy apropiada P. Nigido afirma: "En el evangelio tenemos pocas cosas (sobre María)... pero esas pocas cosas contienen todo. La simple realidad de Madre de Dios, ¿qué no contiene?"[9]

4. María: una vida profética

De la revelación, el Concilio subraya un concepto bien conocido: se hace a través de acciones y palabras, en íntima conexión entre ellos (cf. *Dei Verbum* 1.2).

Dios – decía San Gregorio Magno – a veces nos educa con palabras, a veces con obras.

Este principio pone de relieve un aspecto muy importante de la Biblia, a saber, que contiene no sólo palabras, sino también gestos y acciones simbólicas, o incluso vidas que en sí mismas son proféticas, y por lo tanto interesan por lo que hacen y lo que son, y no sólo por lo que dicen.

En esta óptica aparece dignamente la verdad de María, como nos ha sido transmitida por los textos sagrados: María es Palabra de Dios no sólo por lo que dice, o lo que se dice de ella en las Escrituras, sino también y sobre todo por lo que hace y lo que es. Ella, a su manera, es un *"discurso visible"*, una palabra *"en acto"*, como San Agustín define el signo sacramental. Cada gesto suyo, como lo conocemos por el Evangelio, es una lección de amor silencioso: su discreción durante la vida pública de Jesús, su simple presencia al pie de la cruz, son '*signos*' ¡y qué ricos en significado! Nos hablan de la capacidad a María para estar en su puesto, para aceptar incluso la vergüenza suprema.

---

8. AGOSTINO BEA, *La figura di Maria nel Vecchio Testamento*, en *Mariologia*, vol. I, Ed. Marietti, Torino 1952, pp. 38-39.

9. Cita de STEFANO DE FIORES, *Maria madre di Gesù. Sintesi storico salvifica,* Ed. Dehoniane, Bologna 1992, p. 189.

Desde los primeros siglos, los cristianos, siempre animados por el heroísmo de los mártires, descubrieron en María el modelo de un mudo testigo igualmente radical, que consiste en el amor y el seguimiento incesante. María, de hecho, parece desaparecer en un silencio reverente: un silencio activo, adorante; un silencio hecho de contemplación y adoración de la Palabra, que en ella se conviertes en 'Vida'; un silencio que vale más que todas nuestras ' buenas palabras ' y que hace de la Virgen de Nazaret una especie de exégesis *vivida* del Evangelio; que hace de ella el *'Libro de Dios y de la Palabra'* – del que hablan los padres- en el cual, sin voz y sin escritura, Dios y la Palabra se leen cada día[10].

De María solamente se puede decir en sentido real y no sólo en sentido figurado, que está "embarazada de la Palabra". Dios habla a través de ella a la Iglesia y a cada uno de nosotros.

D. LOS CAMINOS DE DIOS EN MARÍA

En el marco global de la economía salvífica, María aparece envuelta por el designio del Padre. Su destino reviste una importancia histórica de primer orden: es eminentemente histórico-salvífico. En ella se entrecruzan sus líneas del antiguo y el nuevo pacto; en ella celebra la alianza entre la tierra y el cielo, que es Jesús mismo: su Hijo.

Refleja en miniatura la obra que realiza el Espíritu Santo en el tiempo en toda la comunidad de los redimidos. "En la simplicidad de lo que María es, se densifica toda la historia de la salvación y de las muchas relaciones que la entretejen, hasta el punto que podríamos resumir el mensaje de la Escritura alrededor de la Virgen Madre, diciendo que ella es el icono de todo el misterio cristiano, la "palabra resumida' de todo lo que el trino Dios hace en el hombre y, al mismo tiempo, de cómo la criatura ha sido hecha capaz por su Dios para ofrecerle en respuesta de su libertad"[11].

En esta clave de lectura, la historia de la salvación y María se iluminan mutuamente.

---

10. ANDRES DE CRETA, *Encomio IV per la nascita della santissima Madre di Dio,* PG 97, 861-881, Fazzo 93-110.

11. B. FORTE, *Maria, la donna icona...,* p. 103.

Escribe bien el conocido exegeta francés A. Feuillet: "Todo aquel que quiera profundizar en la doctrina mariana desde el punto de vista bíblico, no puede hacerlo sino a través de una exploración más amplia de la historia de la salvación. Y viceversa, quien quiera entender más a fondo la historia de la salvación, necesariamente se encuentra con la madre del Redentor, unida con vínculos indisolubles al centro mismo de la historia de la salvación"[12].

---

12. A. FEUILLET, *L'heure de la femme et l'heure de la Mère de Jésus*, en *"Biblica"*, 47 (1966), p. 572.

Capítulo II

María en el Misterio de la Trinidad

A. INTRODUCCIÓN

María, la criatura más teocéntrica

> *Ave, de la augustísima Triada*
> *Palacio divino y dignísimo.*
> (Nicetas Paflagón)
>
> **Contigo está el Padre** *que hace tuyo a su mismo Hijo.*
> **Contigo está el Hijo** *que, para cumplir en ti el admirable Misterio revela de modo maravilloso el secreto de tu vientre y mantiene intacto el sello virginal.*
> **Contigo está el Espíritu Santo**, *quien junto al Padre y al Hijo, santifica tu vientre.*
> (San Bernardo)

Expresiones maravillosas de inspiración íntima, por las cuales puede intuirse qué especial y única es la comunión de la Santísima Virgen María con las tres Personas Divinas.

Como figura y presencia, ella emerge y se irradia desde el misterio del Verbo engendrado por ella, el único Hijo, consubstancial con el Padre según la divinidad, consustancial con nosotros según la humanidad; pero se hunde en el misterio trinitario, fuente primera y final de la salvación humana.

Debido a su íntima comunión de vida y destino con Cristo, ella ha sido hecha partícipe de manera admirable del misterio trinitario. Envuelta desde el principio de su existencia por el amor del Padre, por la gracia del Hijo y por el esplendor del Espíritu Santo, en ella **brilla la luz radiante de toda la Santísima Trinidad**, brilla la Unidad de la Trinidad, casi como un signo de la forma una y diferente con la cual la Virgen está presente en las Tres Personas Divinas: una presencia distinta en relación con cada persona, porque diversas son sus relaciones respectivas con el Padre, el Hijo y el Espíritu Santo, pero una presencia unificada, porque uno es el amor divino del Padre, del Hijo, del Espíritu Santo que la envuelve, y solamente uno el propósito de su vida: la gloria de la Altísima Trinidad y la divinización del hombre.

Nacida en el corazón mismo de la Trinidad, como madre del Verbo encarnado, la Virgen está indisolublemente ligada a las tres Personas Divinas: ella no existe sino como pura relatividad, como la relación única de amor con el Dios Tripersonal. Su 'evento', de la misma manera que no puede ser entendido fuera de perspectiva histórico-salvífica, tampoco puede ser inteligible sin una clara referencia al Dios Uno y Trino.

En el misterio de la iglesia todo es Trinitario: su origen, su propósito, su vida; de la Trinidad viene todo y todo se dirige a ella. Con más razón podemos decir lo mismo de María, *miembro excelentísimo de la Iglesia*: en ella se cumple de manera ejemplar la obra de las Tres Personas Divinas, la misma que tendrá lugar en la iglesia hasta el regreso del Señor.

En la economía divina, la Virgen de Nazaret aparece como siempre ha estado en la liturgia y el pensamiento católico: la criatura más teocéntrica y cristocéntrica, transportada en su humildad profunda al torbellino de la vida trinitaria; Dios la ha amado tanto que se ha hecho su criatura en Cristo. Fue precisamente el misterio de la Encarnación lo que llevó a María a la plenitud de la vida trinitaria: es cierto que por medio de la encarnación redentora la vida de María está completamente centrada en Cristo, pero Cristo la lleva a la Trinidad. De hecho hay un vínculo real, aunque misterioso, entre el Verbo que se encarna y las otras Personas Divinas.

La relación única de la Virgen con la Santísima Trinidad comienza cuando el Ángel le anuncia que será la madre del Hijo del Altísimo, y lo será en virtud del Espíritu Santo.

He aquí, entonces, la hija predilecta del Padre, la esposa del Espíritu Santo, la madre del Verbo y he aquí a María estableciendo la relación más íntima con toda la Trinidad, un profundo vínculo que la une ahora para siempre a las tres Personas Divinas y no sólo a Cristo.

Estas relaciones, además de ser permanentes (no se limitan al tiempo en que María lleva en sí al Verbo encarnado, sino que se extienden durante toda su vida), son excepcionales (colocan a María en una dimensión no ocupada por nadie antes ni después de ella), y hacen de María el templo eminentes de la Stma. Trinidad. Por el hecho de que la naturaleza divina de Cristo, *en quien habita toda la plenitud de la divinidad* (Col 2,9) ha reposado en María, ella ha llevado sí misma la Unidad del Padre, del Hijo y del Espíritu Santo[1].

María es grande, porque fue asociada como ningún otro al misterio del Dios de la misericordia: recibe a Cristo y junto con Él y por Él recibe la máxima participación en el 'Misterio Eterno': en la vida íntima del Padre, del Hijo y del Espíritu Santo.

Esta vida trinitaria o gracia increada, 'condensándose' y concentrándose, por así decirlo, en la encarnación del Verbo, se une de modo singular a María, no sólo espiritualmente y moralmente, sino personalmente, con la totalidad del propio ser: es el ser todo de María, el que es informado y ontologizado por la gracia increada de las tres Personas Divinas; esta ontologización se convierte en plena, total, íntegra, cuando es 'animada' por la gracia creada de nuestro Señor Jesucristo.

Podemos decir que la acción del Dios Tripersonal produce en la vida de María una relación de semejanza: lo que ella es por gracia, la hace semejante al Dios Trino, una semejanza que se extiende, como hemos explicado, hasta el nivel ontológico. En su triple condición de *Virgen, Madre* y *Esposa*, María refleja, de hecho, el misterio mismo de las relaciones divinas.

"*Como Virgen* lleva impresa en sí, en su fe virginal, la impronta del eterno permanecer del Hijo ante el Padre, del eterno permanecer del Amado ante Aquel que es el eterno origen del amor. Ella se presenta, así, como un icono de Aquel que en la eternidad es puro recibir, puro dejarse amar, el Generado, la Palabra nacida del silencio, el Amado, que nos muestra que no sólo el dar, sino también el recibir es divino. Por lo tanto, en la distancia infinita que hay entre el Creador y la criatura, a pesar de la proximidad y la conformidad establecida por la gracia, la Virgen es el objeto creado de la complacencia divina, la criatura que acoge la iniciativa de Dios con una receptividad pura y una gratitud infinita, la amada que obedece en todo a la voluntad del Eterno.

---

1. J. GALOT, *Maria, la donna nell'opera di salvezza*, Ed. PUG, Roma 1984, p. 304.

Como Madre del Verbo Encarnado, María se relaciona con el *Padre*, en la gratuidad del don, como fuente de amor que da la vida y por lo tanto es el icono materno de Aquel que desde siempre y para siempre empezó a amar y es puro manar, puro dar...

Como Esposa en la cual el Eterno une a sí la historia y la llena de la sorprendente novedad de su don, María se relaciona con la comunión entre el Padre y el Hijo y entre ellos y el mundo; en este sentido, se ofrece como icono del *Espíritu Santo*: matrimonio eterno, vínculo de caridad infinita y apertura permanente del misterio de Dios en la historia humana"[2].

En la Virgen Madre, humilde sierva del Omnipotente, se refleja, pues, el misterio mismo de las relaciones divinas. Concibiendo y generando al Hijo de Dios, unido hipostáticamente a la naturaleza humana, María entra, de alguna manera, en la misma vida de la Familia Divina, participando de ella, en cuanto es posible a una criatura humana, en su dinamismo vital, dignidad, honores, y santidad, para convertirse en *"Consanguínea de Dios", "Cumplimiento de la Trinidad", "Totalmente Divinizada",* como la nombran los Santos doctores de la Iglesia[3].

En virtud de la unión hipostática (la naturaleza humana y la naturaleza divina unidas en la persona de Cristo) del Verbo, María entra, de hecho, en la esfera divina más que como se entra con la gracia y la visión beatífica, porque la unión de la criatura con Dios a través de la gracia y la visión beatífica se lleva a cabo en un plan accidental, mientras que la unión hipostática operada en el seno de María es de carácter sustancial, en cuanto la naturaleza asumida es hecha realmente partícipe de la naturaleza personal del Verbo. En este sentido la Trinidad toda se adentra en María de modo que la "Plenitud de la divinidad que habitaba en ella antes espiritualmente como en muchos santos, después (de la encarnación) comienza a morar en ella incluso corporalmente, como no ocurrió nunca en ningún santo" (S. Bernardo, *Miss.* 4.3).

La perspectiva que ve en María una relación totalmente única y específica con el Padre y con el Espíritu Santo, inseparables del Hijo, no es nueva. Recorre la historia desde la reflexión mariológica

---

2. BRUNO FORTE, *Maria la donna...*, p. 161.
3. Cit. en A. AGNOLETTI, *Maria Sacramento di Dio,* p. 67.

de Gregorio de Nisa (331-400), que mira a la Virgen bajo una luz trinitaria, hasta los estudios de nuestro tiempo.

En la época medieval, san Francisco de Asís sitúa a María en contexto trinitario en una rara oración que ha llegado hasta nosotros:

> *"Santa María Virgen, nunca ha nacido en el mundo una entre las mujeres semejante a ti, hija y sierva del Altísimo rey y Padre celestial, madre de nuestro santísimo Señor Jesucristo, esposa del Espíritu Santo".*[4]

Al mismo tiempo, Santo Tomás de Aquino nos da una definición singular de la Santísima Virgen: "***Noble triclinium totius Trinitatis***"[5] (=*Noble mesa de comedor para las tres Personas divinas*).

Aunque un poco atrevida, esta imagen plástica, tan profunda y llena de significado, presentando a María como la elegante mesa alrededor de la cual el Padre, el Hijo y el Espíritu Santo expresan su convivencia, pone claramente a la luz los estrechos vínculos que unen a María con el Dios Trino y Uno. Debido a la presencia de Dios encarnado en ella, María se revela como el medio gratuitamente necesario donde el Padre y el Hijo con el Espíritu Santo pueden encontrarse.

Estos conceptos surgen particularmente en el *Tratado de la Verdadera Devoción a la S. Virgen*, de sabor exquisitamente trinitario, en el que Montfort llama a María Santuario y descanso de la Trinidad, grande y divino mundo de Dios, donde Él se encuentra de manera más sublime y divina que en cualquier otro lugar del universo (cf. n. 5).

María, en otras palabras, es "*Saciedad de la Trinidad*" (Sta. M. Magdalena de Pazzi), el "*Paraíso de Dios*" (S. Germán de Constantinopla).

En nuestros días, con las nuevas perspectivas teológicas y exegéticas, poner a María en contexto trinitario es considerado algo tan fundamental como para estructurar toda la mariología de modo completamente original.

---

4. San FRANCISCO DE ASÍS, *Ufficio della Passione del Signore* (Fonti Francescane, n. 281).

5. *Op. 6, Expositio in salut. angel.*

B. LA VIRGEN MARÍA ASOCIADA A LA OBRA MÁS IMPACTANTE DE LA TRINIDAD: LA ENCARNACIÓN

> *Oh María, tú atraes el cielo y he aquí...*
> ***que vienen a ti los Tres;***
> *es todo el cielo que se abre y se abaja hasta ti:*
> *y en este momento diáfano, eterno*
> *tu regazo castísimo se convierte él mismo en cielo.*[6]

En el aliento íntimo de estas expresiones maravillosas se condensa la dinámica vital de la historia de la salvación, dominada por una sorprendente elección de Dios: la Encarnación del Hijo: un misterio que nos da escalofríos, que supera cada término y argumento de la razón, y "aparece a los creyentes un milagro estupendo, que no puede entender la fragilidad del intelecto mortal; a saber, que la sabiduría de Dios haya entrado en el vientre de una mujer y haya nacido como un niño, y haya emitido gemidos como los bebés "[7]: siendo el totalmente otro, Dios se ha hecho hombre; "el infinito se ha dejado encerrar en el seno de una mujer".[8]

El don salvífico que Dios hace de sí mismo y de su vida, de alguna manera a toda la creación y directamente a los seres humanos, alcanza aquí su cumbre (cf. RM. 9): de ahora en adelante todo el misterio cristiano estará bajo el signo del Dios hombre.

1. La Trinidad, autora de la Encarnación

> *Si te miro, María, veo que* **la mano**
> ***del Espíritu Santo ha escrito en ti la Trinidad.***
> *Escribió la Sabiduría del Padre, que es el Verbo,*
> *escribió el Poder, que fue poderoso*
> *para hacer este gran misterio, y escribió*

---

6. ISABEL DE LA TRINITAD, in *Meditazioni Mariane. Pagine scelte dagli autori di tutti i tempi,* a cargo del P. Fausto Casa, Ed. Messaggero, Padova 19792, p. 290.

7. ORIGENES, *I principi* II, 6,2: *TMPM,* I, p. 198.

8. Es una idea que aparece a menudo en los escritos de no pocos Padres y doctores de la iglesia.

la Clemencia del Espíritu Santo, porque sólo por gracia y divina clemencia fue ordenado y logrado tan gran misterio. (Santa Catalina de Siena).

Inseparables en su esencia, las Personas divinas son inseparables también en sus operaciones: todo lo que Dios realiza en las criaturas o a favor de ellas - en la creación y en la providencia para todo lo creado - es común a las Tres Personas de la Trinidad.

En línea con estos principios fundamentales de nuestra fe, se inscribe con toda su fuerza el misterio de la Encarnación, la obra del *Padre* que encomienda a su propio Hijo a la Virgen; del *Hijo* que se entrega a ella hasta el punto de asumir en su seno carne y alma en la unidad de su propia Persona y del *Espíritu Santo*, que forma ese cuerpo en el seno virginal de María.

Aunque sólo el Hijo nace de la Virgen, *es a la sombra del poder de la Trinidad que María se convierte en Madre.* Frente a este abismo de amor inagotable, insondable, en el que están involucradas y sobrepasadas todas las criaturas, el hombre no pueden hacer nada sino doblar sus rodillas y adorar y bendecir:

"Bendita seas, o Santa Trinidad, en esta voluntad divina y este sagrado designio que hace que hace Hijo del hombre al Hijo de Dios y hace de una virgen la Madre de Dios. Designio sublime, digno del Altísimo; designio abismal digno de la majestad del Padre, de la sabiduría del Hijo y del amor del Espíritu Santo (...). Designio de amor, en el cual elevas a la Virgen María para cooperar contigo en la realización de la obra de las obras. Y lo mismo que uniste la naturaleza humana a una de las Personas divinas, así quieres asociar a una persona humana a una de tus obras divinas.

Contemplando esta obra, o Santísima Trinidad, y encontrando a esta Virgen asociada a ti, la contemplo y venero después de ti; la respeto y honro como la criatura más elegida, más santa, más digna de tu grandeza y tu amor (...). Por esto la has hecho sólo para ti, o Santísima Trinidad.

La has hecho como un mundo y un paraíso aparte; mundo de sublimidad y paraíso de delicias para el Hombre Nuevo que debe venir al mundo.

La has hecho como un cielo nuevo y una tierra nueva; tierra que no contiene sino el Hombre-Dios y cielo que no contiene y que no actúa sino por él.

Tú la has creado en el universo como otro universo"[9].

---

9. PIERRE de BERULLE, *Les mystères de Marie*, Bernard Grasset, 1961, pp. 199-200.

2. María: seno que acoge la Trinidad

> Ave, o seno del Dios que se encarna...,
> Ave, tú llevas a Aquel que todo sostiene
> (Akát., St. 1).

La Anunciación de Nazaret contiene, en sus líneas esenciales, el punto culminante y definitivo de la auto revelación de Dios a la humanidad (cf. *Mulieris Dignitatem*, n. 3). Su estructura narrativa revela "de manera absolutamente clara por primera vez la Trinidad de Dios" (von Balthasar); revela "la inescrutable unidad de la Trinidad" (*Mulieris Dignitatem*, n. 3).

Si bien es cierto que la Trinidad económica es la Trinidad inmanente, en el sentido de que no tenemos otro medio para conocer la Trinidad fuera de historia de la salvación, debemos reconocer que en la Anunciación, María, pobre y acogedora, es el lugar en el que la historia trinitaria de Dios, el designio del Padre, el envío del Espíritu y la misión del Hijo, viene a plantar su tienda en la historia humana.

La Anunciación, por lo tanto, revela la Trinidad como el seno adorable niño que acoge a la Virgen Santa, al mismo tiempo que muestra a María como el seno de Dios[10], como el símbolo de la capacidad para dar cabida a lo impredecible, al totalmente otro, en la plena valoración de identidad femenina, en el sentido más altamente creativo del término, que es la receptividad fecunda, la acogida, el *"hacerse seno" de Aquel que "es seno"*.

El misterio de la Encarnación – explica S. Bernardo - no sólo hace que Dios se encierre en el seno de María, sino que encierra a María en el seno de la Trinidad. Dios, que es fuego devorador, ha envuelto a su madre en su luz, en el calor divino[11].

Podemos comparar la escena de la Anunciación a un destello de luz, que rompe las tinieblas y las dispersa. En esta luz se manifiesta el destino de nuestra vida y adquiere sentido la historia. El evangelista Lucas nos habla con sencillez conmovedora de este momento central, hacia el cual converge el plan de Dios y la esperanza de la humanidad: de este momento, tan determinante en el que "el Eterno

---

10. B. FORTE, *Trinità come storia. Saggio sul Dio cristiano*, Ed. Paoline, Cinisello Balsamo (Milano) 1985, pp. 44 y 160.

11. *O. Asspt.* 9, in *Marianum*, 54 (1992), p. 136.

elige el silencio acogedor y lleno de vida del seno de una mujer, como espacio en el que hacer resonar su Palabra en la carne en el mundo"[12].

Pensada, querida, amada por Dios desde la eternidad, anunciada y mostrada entre sombras por siglos en las Escrituras (cf. el capítulo I), creada y preparada en el tiempo con generosidad y estilo divino para su misión, María (única protagonista humana de la Encarnación) es enviada ahora a recibir para todos nosotros la revelación del regalo del amor infinito, del amor personificado, convirtiéndose en signo e instrumento de la acción de Dios en favor de toda la humanidad.

El amor que es la existencia misma de Dios, el Ser de la Trinidad *ayer, hoy y siempre* (Hb 13,8), se centra en el hombre; quiere hacerle participar gratuitamente de su vida, de su naturaleza, de la misma Divinidad. Y he aquí que en el camino de esa generosidad se encuentra Ella, la 'llena de gracia', en la cual el corazón de una criatura y la historia de un ser humano se convierten en la primera morada del Emmanuel[13]: es lo absolutamente nuevo y sorprendente de Dios, que apela directamente a la humilde doncella de Nazaret, a la espera de una respuesta consciente, libre, sabedora.

Dios es el ser inquietante que escapa a la captura a nuestros deseos y nuestras prisiones: su fantasía es inagotable, sus sorpresas nunca dejan de sorprender a cualquiera que crea.

Desde el momento de la Anunciación, la mente de la Virgen-Madre fue introducida en la radical 'novedad' de la revelación de Dios y fue hecha consciente del misterio: "ella es la primera de aquellos 'pequeños', de los cuales Jesús dijo un día: 'Padre, has mantenido estas cosas ocultas a los sabios e inteligentes y las han revelado a los niños'" (RM.17).

Llegado el momento de inaugurar la plenitud de los tiempos, Dios, después de haber prometido y anunciado a Cristo tantas veces en las Escrituras, finalmente pasa a la acción.

"En la eternidad inmutable y sin embargo viva, las Tres Personas están atentas a este punto de inflexión en su obra eternamente concebida: todo depende de este momento. Miles de millones de vidas están interesadas en lo que va a suceder en un instante imperceptible.

El Padre va a manifestar su poder con una nueva creación.

---

12. B. FORTE, *Maria, la donna...*, pp. 172 e 175.

13. *Acta Ioannis Pauli II, in basilica liberiana habita,* 8 dicembre 1988.

El Hijo va a nacer en un nacimiento temporal (...). El Espíritu va a fecundar, envolver con amor, consumando la acción del Padre y la presencia del Hijo"[14]: Dios viene al encuentro de las inquietudes del corazón humano, ofreciendo al Salvador.

En este momento único, la puerta del mundo es el corazón de María: "*Tú eres la puerta del gran rey*", repite desde hace siglos la Iglesia a María en la fiesta de la Anunciación.

Su aparición en la tierra como una estrella que precede al sol "y la labor de filigrana realizada por Dios en ella, en los años de su infancia, habían sido la preparación inmediata; la anunciación a Zacarías (Lc 1, 5-25) y los recientes esponsales virginales de la Virgen con José, constituían el montaje final del plan: ahora todo está listo para las bodas del Hijo de Dios con la humanidad: el tálamo, la casa, el aromático jardín de flores y rodeado de setos; en resumen, el pequeño paraíso en la tierra "[15].

Llega el año cero: *hay buenas noticias en el ambiente*.

El ángel Gabriel es enviado por Dios a una ciudad de Galilea llamada Nazaret, para llevar a cabo el acto de presencia y de revelación más sorprendente: la Encarnación (Lc 1, 26-38). Dios mismo visita, por medio del mensajero angelical, a la Virgen y le revela lo inaudito; comparte con ella, con una criatura, con su humilde sierva, el misterio de sus designios eternos: "*He aquí que vas a concebir un hijo, lo darás a luz y lo llamarás Jesús. Será grande y será llamado Hijo del Altísimo... su reino no tendrá fin*"(Lc 1, 31-33).

María oye las misteriosas palabras del ángel y junto a ella es toda la creación la que escucha, la humanidad entera: en María es todo el mundo el que recibe la proclamación de la salvación y confía en ella. El universo entero está involucrado en la proclamación de la buena noticia, en el anuncio del verdadero don, del regalo supremo: el Emmanuel (=Dios que se da a nosotros).

La respuesta de María es esperada con ansiedad por el cielo y la tierra: Dios ha condicionado a ella la Encarnación del verbo y la redención del mundo. "Diríamos que de la misma manera que el cielo y la tierra esperan la respuesta de María, así también el Verbo,

---

14. J. GUITTON, *La Vierge Marie*, Aubier, Parigi 1949, p. 42.
15. A. AGNOLETTI, *Maria Sacramento di Dio*, p. 59.

secretamente y ansiosamente la espera para poner en práctica inmediatamente el plan eterno del Padre"[16].

En este sentido, un gran amante de María exclama enérgicamente: "Todo el mundo postrado a tus pies reza y espera: espera la palabra que va a ser consuelo para los afligidos, liberación para los cautivos, gracia para los condenados, salvación para todos...
Responde pronto, oh Virgen. Pronuncia, oh Señora, la palabra que la tierra y el infierno y hasta el cielo esperan. Incluso el Rey y Señor de todo, porque está enamorado de tu gracia, también desea tu respuesta afirmativa: sin duda como consecuencia de ella, ha decidido salvar el mundo... Si tú, pues, le haces escuchar tu voz, él te hará ver nuestra salvación"[17].

La decisión de María, su respuesta a lo impredecible, a la novedad de Dios, que no tiene precedentes en la historia del pueblo elegido, requería todo de ella: toda su persona íntima, todo su ser, toda su vida: las palabras del ángel la habían puesto ante el inescrutable misterio divino, involucrándola en la misma órbita de ese misterio. Ella está llamada a concebir a Aquel en el que vivirá "corporalmente toda plenitud de la divinidad" (Col 2.9).

Después de un momento de indescriptible, doloroso, penoso, heroico sobresalto, la Virgen, reconociendo a la luz de la fe la autenticidad de la llamada divina, responde puntualmente, sin vacilar:

He aquí la esclava del Señor, que se haga en mí según tu palabra (Lc 1,38).

Y el ángel se apartó de ella, acogió las palabras de la fe y se alejó[18].

Y he aquí... que el misterio más augusto del cristianismo, la maravilla más grande de la historia se realizó.

Con el "*fiat*" de María se abrieron los cielos, y en un abismo de misterio sin igual, Dios, el Verbo, se hizo carne en ella: **el Hijo de Dios se convirtió también en el Hijo de María.**

El seno de la Virgen se abrió, y la Palabra de la vida, "descendió al

---

16. Acta Ioannis Pauli PP. II, en Marianum, 46 (1984), p. 375.

17. S. BERNARDO, *Sermo IV,* en *Laudem Virg. Matris,* PL 183, 83.

18. ANTIPATRO de BOSTRA, *Omelia sulla Madre di Dio,* 11, in *TMPM,* I, p. 617.

más perfecto de los seres creados: la Inmaculada"[19].
El que ha creado el seno desciende al seno[20].

El Señor de majestad, aquel a quien el mundo entero no puede contener, se ha hecho hombre y está encerrado en el seno virginal de María; el inaccesible, el incomprensible, el invisible e inimaginable (...) quiso hacerse (para todos) comprensible, visible, imaginable[21].

*No un intercambio de lugares,
sino un suave abajarse de Dios hacia el hombre
fue el nacer de Virgen*
(Akát., St. 15).

Esta es la célebre jugada de la gracia que se llama Encarnación (Pablo VI): una jugada sublime, mediante la cual el cielo desciende sobre la tierra y echa raíces en ella; la eternidad entra en tiempo, lo creado se une a lo increado; "las realidades de la tierra unen a las del cielo" (Godofredo de Admont); la gloria se esconde y brilla a través de la historia; "la tierra germina al Salvador, pregustando el mañana que Dios le ha dado y prometido" (de la liturgia); un ser humano es elevado a una dignidad casi la divina, y la historia se convierte en historia de la salvación.

Desde su propio seno, desde el corazón, María ofrece al mundo cansado, lacerado y aburrido el Niño: deseo de todos los pueblos, pacificador y renovador de la humanidad: una humanidad compuesta de pecadores, pero que ahora lleva en ella el Hijo de Dios, en cuya Persona Dios y el hombre se unen ahora para siempre. ¿Qué acontecimiento mayor que este?

El mundo - decía el escritor Teilhard de Chardin - será de quien sepa darle la mayor esperanza. Ahora bien, la esperanza más grande, de hecho la única, es Jesús Salvador y este nos lo ha dado ya y nos lo da María Santísima. Es ella la que – dando su voz a todos aquellos que esperaban y esperan al Redentor – pone en los brazos de este viejo mundo, tal como lo hizo un día con el anciano Simeón, su

---

19. Cit. en *Maria nel pensiero di s. Massimiliano Kolbe*, a cura di ERNESTO M. PIACENTINI OFM. conv., Ed. Vaticana, Città del Vaticano 1982, p. 55.

20. PSEUDO AGUSTIN, *Sermone 126*, PL 39.

21. San BERNARDO, en *Marianum*, 54 (1992), pp. 134 e 166.

adorable fruto virginal (...), fuente de resurrección y vita: en ella toda la humanidad engendra a Dios.

En un momento que nunca se desvanecerá y que seguirá siendo válido para toda la eternidad, la palabra de María (al Ángel de la Anunciación) fue la palabra de la humanidad y su sí fue el amén de toda la creación al sí de Dios[22]: desde la cándida corola de la Virgen la palabra humana se abría al Espíritu Santo, y por lo tanto a la Trinidad entera.

Del mismo modo que la redención de Cristo se llevó a cabo en el tiempo, pero trasciende todos los tiempos, el libre consentimiento de María, en la plenitud del Espíritu Santo, fue emitido en un breve instante, pero su fuerza y eficacia superan todos los tiempos.

Más allá de la historia del pueblo de Israel, hace eco por siglos futuros y continuará firmemente por toda la eternidad, como respuesta modelo, como perfecto tipo de la respuesta de la fe que Dios, en su auto revelación, espera de cada hombre.

> *"¡Oh respuesta de María, que más hermosa, más humilde y más prudente no podía haber inventado toda la sabiduría de los hombres y los ángeles juntos, si hubieran pensado durante un millón de años!*
> *¡Oh respuesta poderosa, que alegraste el cielo y trajiste a la tierra un mar inmenso de gracias y de bienes!*
> *¡Respuesta que apenas salida del corazón*
>   *humilde de María atrajiste,*
> *desde el seno del Padre Eterno, al Hijo Unigénito*
>   *en su purísimo*
> *seno para hacerse hombre!...*
> *¡Oh fiat potente!... ¡Fiat eficaz!*
> *¡Oh fiat más digno de veneración que todos los demás!*
> *Pues con los demás fiats Dios creó la luz, el cielo, la tierra;*
> *Pero con este fiat de María, Dios se hizo hombre como nosotros"*[23]
> *"Para que el hombre pudiese vivir la vida divina,"*
> *comparado con la cual nada existe*

---

22. K. RAHNER, cit. por R. CANTALAMESSA, *Maria uno specchio per la Chiesa*, Ed. Ancora, Milano 1990, p. 45.

23. San ALFONSO M. de LIGUORI, *Le glorie di Maria*, Valsele - Napoli, Mater-Domini (AV) 1987, p. 365.

más valioso para nosotros en la tierra, nada más grato para nosotros los mortales"[24].

En el gran mar de los textos patrísticos, aparecen a menudo acentos parecidos, emocionadas pistas de fe que, en su elevada, profunda espiritualidad, se convierten en alegría o en movimientos de veneración y asombro conmovido frente al sugerente, sobrehumano misterio de un Dios que se encarna: un Dios que, a través de la puerta del *fiat* de María, desciende al valle de nuestra historia para redimirla.

"Hoy (el día de la Anunciación) - puntualiza Andrés de Creta - celebramos la Unión de Dios con los hombres, la remodelación de nuestra imagen, la elevación y la subida al cielo (...) ¡Por eso hoy todas las cosas exulten, y se estremezca la naturaleza! Pues el cielo se ha abierto y la tierra invisiblemente le da la bienvenida al Rey del universo (...)

Hoy el Padre de la gloria, habiendo venido a compadecerse del género humano, mira con ojos amables y benévolos la naturaleza humana que en Adán había caído en la ruina.

Hoy el dador misericordioso revela el abismo de su corazón supremamente bueno y distribuye la misericordia en la naturaleza, como agua abundante para cubrir el mar (cf. Jb 35.5) (...)

Hoy es la proclamación de la alegría, alegría de toda la creación (…), la revelación del amor de Dios para los hombres, el júbilo festivo de la salvación universal (...). La naturaleza del hombre acoge aquí el preludio de la alegría y recibe el principio de divinización (...). ¿Qué mente, qué idioma puede contener estas cosas? Ni la palabra podría expresarlas, ni el oído podría acogerlas"[25].

Hoy es el día santo, "en el que la tierra celebrar las bodas con el cielo, la carne se reconcilia con el espíritu y el hombre juega ante el gran Dios"[26].

Este es el día del que proviene nuestra salvación; del que brilla para nosotros la libertad; de donde viene nuestra adopción como

---

24. SOFRONIO DE JERUSALÉN, *Omelia sull'Annunciazione;* PG 87.

25. ANDRES DE CRETA, *Omelia per l'Annunciazione della Santis. Madre di Dio*, en *TMPM*, II vol., pp. 413- 415.

26. LEONARDO BOFF, *Il volto materno di Dio. Saggio interdisciplinare sul femminile e le sue forme religiose*, Ed. Queriniana, Brescia, 1987, p. 129.

hijos de Dios[27].

Este es el compendio del gozoso anuncio llevado a María, o mejor dicho, a la naturaleza humana: la reconciliación con el Padre de las luces y el principio del gozo de la salvación de todas las cosas (...). Ahora exulta la tierra, acoge en sus brazos al Dios del cielo por medio de la Purísima. Ahora se regocijan los ángeles, amigos del bien y amigos de los hombres, contemplando ya nuestra salvación; ahora con los ángeles se alegran los hombres, habiendo aceptado la verdadera alegría, la fuente de la gracia por medio de María[28].

C. MARÍA, LA ELEGIDA DE LA TRINIDAD EN RELACIÓN CON LA ALIANZA

> *¡Ave, resumen y recapitulación de la Antigua Alianza!*
> (Nicetas Paflagón).

1. Introducción

Desde el Antiguo Testamento, la relación de Dios con su pueblo se basó en la Alianza, cuya nota distintiva era el carácter bilateral, que significaba una reciprocidad de compromisos: por parte de Dios y por parte del hombre. Dios pide el consentimiento y la cooperación de aquellos a favor de los que quiere ejercer su acción: no se contenta simplemente con demostrar su soberanía divina, sino que conservando su trascendencia y a pesar de ser el inspirador y el dueño absoluto de la Alianza, quiere que las relaciones con el hombre se basen en un acuerdo mutuo. Toda la acción de Dios, en la historia humana, se ejerce con arreglo a la libre voluntad del "*yo*" humano. Dios quiere proponerse al hombre; nunca entra por la fuerza en su vida.

Es exactamente lo que ocurre en la Anunciación: el ángel expone a María un proyecto de maternidad, pidiendo su consentimiento explícito. María, como sabemos, no defrauda a Aquel que pide su

---

27. SOFRONIO DE JERUSALEN, *Omelia sull' Annunciazione*, en *TMPM*, II vol., p. 162.

28. NICETAS PAFLAGON, *Omelia sull'Annunc. della Santis. Madre di Dio*, en *TMPM*, vol. II, p. 884.

cooperación, sino que muestra una apertura total al mensaje del Ángel, creyendo lo imposible. A la predilección de Dios por ella, ella responde diciendo, en total libertad, el *sí* de la Nueva Alianza.

El hecho de que la Virgen de Nazaret, antes del consentimiento, ha mencionado el obstáculo, planteando la pregunta - ¿Cómo es esto posible? Yo no conozco varón (Lc 1,34) -, muestra que su consentimiento se da con lucidez y con total libertad. Con un espíritu muy distinto de Zacarías, ella no pone en tela de juicio la realización del proyecto: no pide una explicación para entender, sólo pide una explicación sobre cómo cumplir la voluntad de Dios. Ella dice literalmente: «¿Cómo será esto?» María, por tanto, cree que esto será, pero pregunta ‹cómo› tendrá que actuar, qué deberá hacer, puesto que no conoce varón.

2. El "fiat" de María: la puerta de ingreso de la Nueva Alianza

> He aquí la esclava del Señor, que se haga en mí según tu palabra (Lc 1,38).

Son pocas las simples pero fatídicas palabras, ultrasacramentales, que, además de desencadenar la maravilla de la Encarnación de Cristo, ponen a María en el origen mismo de la Nueva Alianza y de la Redención: de su conformidad dada proviene la Nueva Alianza establecida con la Encarnación del Hijo de Dios; se lleva a cabo la transición de la Trinidad intradivina a la económica y se establece, permanentemente, una relación inviolable entre Dios y su pueblo.

Con la Anunciación a María, surge el amanecer de la nueva alianza. Como ocurrió con Israel en el Sinaí (Ex 19-24), el 'cielo' vuelve a hablar con la tierra, para pedirle unirse a nosotros en un abrazo irrompible.

Nazaret es la réplica del Sinaí. Pero ¡qué cambio! No más truenos y relámpagos y llamas de fuego en un monte enardecido, sino un Dios que posa silenciosamente su mano en el seno de una joven de nuestra raza.

Esta es la Alianza eterna e irrevocable, aún más notable que la establecida con el pueblo de Israel: con ella se realiza todo lo que los pactos del Antiguo Testamento sólo habían presagiado. "Precisamente porque esta alianza debe hacerse "en la carne y la sangre' (de

Cristo Redentor), su origen está en la madre. El Hijo del Altísimo, sólo gracias a ella y a su fiat virginal y materno puede decir al Padre: 'Me has preparado un cuerpo. He aquí que vengo a hacer, Oh Dios, tu voluntad' "(*Mulieris Dignitatem*, 19).

María es la Virgen Madre, que acoge el misterio en ella y lo revela al mundo: es ella quien se ofrece como un lugar conyugal donde la Alianza con el Señor viene a establecerse para siempre.

También en este contexto, los Padres de la Iglesia encuentran hermosas imágenes, propias y lapidarias: "El seno de María es el *tálamo* en el cual tuvieron lugar las bodas de Dios con la humanidad, el *telar* en el cual fue tejida la túnica de la unión, o el *taller* (ergasterion), en el que se obró la unión de Dios y el hombre"[29].

En la Virgen Madre se tocan los mundos: el de Dios y el de los hombres; el del regalo y el de la aquiescencia; el de la venida, improgramable y maravillosa, y el del éxodo, cargado con todo el esfuerzo humano para vivir[30].

3. Un "sí" nupcial

María, la Virgen Madre, que responde al designio divino con la disponibilidad de un corazón pobre y con el don total de sí misma, personifica al verdadero Israel, reviviendo en ella su elección y su misión de generar y recibir al Mesías.

El rostro benigno de Dios, después de la historia de la infidelidad de su pueblo, se vuelve sobre ella y hace la *síntesis personificada de la antigua Sión-Jerusalén* ahora renovada y redimida, llamada "*mi delicia*" (Is 62,4): lo que sucede en María lleva a cabo todo lo que la fe y la esperanza de Israel había confesado en la imagen de la Alianza nupcial:

"*El señor se alegrará contigo, y tu tierra tendrá un esposo.*
Sí, como un hombre joven se casa con una virgen,
   así te desposará tu
arquitecto. Como el novio se regocija por la novia, así tu Dios se regocijará por ti"
(Is 62, 4s).

---

29. S. BASILIO, *Omelia sulla santa generazione di Cristo* 3 (PG 31,1464) y PROCLO DE COSTANTINOPLA, *Omelia I sulla madre di Dio* 1 (PG 65, 681).

30. BRUNO FORTE, *Maria la donna icona...* op. cit. p. 262.

*"Haré de ti mi esposa para siempre, te haré mi esposa
En justicia y en derecho, en bondad y en amor,
Te haré mi esposa en fidelidad y tú conocerás al Señor"*
(Os 2, 21-22).

La calidad de novia fiel, apta para realizar plenamente esta unión matrimonial ideal, pertenece a María. Será por excelencia la novia amada por el novio. La belleza de su acto de fe radica en el hecho de que expresa el *"sí"* nupcial de la novia al novio, de la amada al amado.

Al decir al ángel: *No conozco varón* (Lc 1, 34), María se afirma como la que cumplirá la promesa: *Conocerás al Señor* (Os 2,22). El significado del propósito virginal de no conocer varón, es para conocer a Dios: es con Dios con quien María quiere tejer sus relaciones más íntimas[31]. La maternidad virginal, si por un lado habla de ausencia de hombre, por otro nos habla de la cercanía excepcional, de la proximidad extrema de María con Dios, una proximidad tal "que supera todas las expectativas del espíritu humano" (*Mulieris Dignitatem*, n. 3).

Nada, en verdad - asegura Teodoro el Estudita - estuvo nunca tan cerca de Dios como la Santísima Virgen María, nada más puro, nada más impecable[32]: María es virgen porque es toda de Dios, radicalmente de Dios. La virginidad, de hecho, "tiene el sentido profundo de no encerrarse en sí misma para preservarse, sino de abrirse de manera más directa y más plena a Dios. Es una búsqueda de un contacto más íntimo con el Señor. Debe reconocerse en ella su valor positivo de matrimonio con un Dios personal"[33].

"... *Tú conocerás al Señor*".

El conocimiento del Señor, en el que se resume la verdadera religión (cf. Is y Os citados más arriba), representa uno de los temas principales de la predicación de Jeremías (cf. 2, 8; 22, 15 -16; 24,7; 31,34).

Desde un punto de vista bíblico, el verbo *conocer* tiene el sentido concreto de *experimentar, saborear*. El conocimiento del señor acom-

---

31. J. GALOT, *Maria: itinerario spirituale della donna nuova*, Ed. PUG, Roma 1990, p. 57.

32. TEODORO ESTUDITA, *Omelia per la Natività di Maria*, 4,7.

33. J. GALOT, *Maria, la donna...*, p. 139.

paña la hesed (= amor profundo, tierno, visceral, similar a la de una madre). No se trata, pues, de un mero conocimiento intelectual.

Como Dios, el Señor "se da a conocer" a los seres humanos, uniéndose a ellos por medio de una alianza y manifestándoles sus beneficios, su amor (la hesed, de hecho); así el hombre "conoce a Dios" por medio de una actitud que implica lealtad a su alianza, el reconocimiento de sus beneficios, el amor (cf. Jb 21,14; Pr 2.5; Es 11,2; 58.2).

En este sentido entendemos cómo la palabra *conocer* encierra, en sí misma, un significado muy profundo y denso: no se refiere tanto a las facultades cognitivas de la mente, sino más bien a un conocimiento muy profundo interpersonal, que implica una fuerte vivencia íntima, o más bien una relación de amor intenso de un "*yo*" con un "*tú*", típico de la relación conyugal.

Por ello hay que admitir que no hay nadie que haya realmente '*conocido*' al Señor más que María, a la cual la divinidad se ha dado de modo único e irrepetible. Nadie ha experimentado la *hesed* de Dios más que ella, su profundo amor seductor e inquietante al mismo tiempo. A nadie más que a ella se le puede aplicar la expresión de S. Bernardo: *Sponsae nomine censetur anima, quae amat*[34].

Criatura moldeada por el Espíritu Santo, María amó a Dios con todas las fibras de su ser, haciendo de Dios el único principio y el único propósito de su existencia. Como Madre del Hijo de Dios, ella no existe sino por su relación a Dios. De hecho, en el humilde tejido de los acontecimientos diarios de su vida se puede ver sólo un latido constante de fidelidad, de consagración, de ternura, de amor exclusivo al Señor.

4. *Representante de la humanidad*

El acto de fe hecho por María era no sólo personal, sino corporativo. Su papel personal era un papel en nombre de la humanidad, conforme a la ley universal de la historia de la salvación. La calificación de *personalidad corporativa*, en el lenguaje de las culturas semíticas, indica que el individuo, a pesar de ser una sola persona, se identifica funcionalmente con la comunidad.

---

34. Sermo VII, in *Cant.* 2, PL 183, 807.

Hay que considerar que después del *fiat* de la doncella de Nazaret, el evangelista da el toque final a su cuadro, diciendo que el ángel se alejó de ella (v. 38b), casi como para llevar a Dios la aceptación de María, de la misma manera que Moisés llevaba a Yahvéh la respuesta del pueblo (Ex 19, 8b. 9b).

Llegados a este punto de inflexión crucial en la historia de la salvación, la más pura religiosidad de los *anawim* (= los pobres del Señor: quienes no tienen otros recursos, otras riquezas que Dios) se centra en María. La base de la pirámide de la elección se achica, pasando de pluralidad a la unidad: ya no será la Asamblea del pueblo elegido la que será consultada en relación con la Alianza (véase por ejemplo: Ex 19,8; 24, 3.7; Jr 42,20; Jc 24, 21,24; Esd 10,12; Ne 5,12; 1 M 13,9), sino una persona concreta, hija de este pueblo: la Virgen de Nazaret, en cuyo seno Dios ha decidido vestir nuestra carne, como signo inicial de la nueva alianza (Lc 22,20). La respuesta de la fe, que correspondía al pueblo de Israel según la alianza establecida con Yahvéh, ahora pasa a los labios de esta virgen, verdadera "hija de Sión".

En la intención divina, el pueblo mesiánico se extendía según el tamaño de los humanos como tal, hombres y mujeres, de modo que María se debe considerar como representante de toda la humanidad, en cuyo nombre es invitada a pronunciar su "*sí*".

Con la Anunciación - explica Sto. Tomás - se esperaba el consentimiento de la Virgen en lugar y en nombre de la naturaleza humana[35]. Esta representatividad universal se explica bien en función del principio de la alianza, cuyo beneficio debe extenderse a todos los hombres y por la cual la humanidad debe comprometerse a colaborar con la obra divina: María es llamada a ofrecer en respuesta a la iniciativa divina este compromiso en nombre de la humanidad. Su consentimiento en la Anunciación se considerará como una decisión que involucra a toda la raza humana. Sólo si los hombres se adhieren a la decisión de María, esa decisión puede ser saludable para ellos[36].

Al igual que en Cristo Jesús, Palabra del Padre, se resumen todas las acciones salvíficas de Dios, así en la respuesta de María se condensan las adhesiones de fe del pueblo de Dios y de todos sus miembros:

---

35. *Summa Theologica* III, q. 30, a. I.

36. J. GALOT, *Maria, la donna...*, pp. 44 e 399.

lo que Israel no pudo realizar a causa de su incredulidad y desobediencia, lo cumple María, por cuya fe y obediencia al Dios de la Alianza la Iglesia y la humanidad entera entran en el profundo misterio del Dios Tripersonal.

Desde el comienzo de su mensaje, el ángel Gabriel reveló la intención de dirigirse a María como representante de aquel pueblo que Dios no ha dejado de formar a través de toda la historia sagrada. De hecho, el saludo con el que se dirige a ella: "*Alégrate*" (χαῖρε: *Jaire*) incorrectamente traducido al latín como '*Ave*', recuerda los anuncios mesiánicos de salvación, dirigidos a la hija de Sión: también eran introducidos con un χαῖρε: (*Jaire*), un término que expresa el gozo intenso, al que se entregaría la comunidad del pueblo elegido, a causa de la intervención de Yahvéh que venía a salvarla:

"*Alégrate, regocíjate, Hija de Sión,
exulta, hija de Jerusalén...
canta himnos, porque he aquí que vengo a morar entre vosotros*"
(Zc 9,9; 2.14).

"*Alégrate, triunfa con todo tu corazón,
lanza gritos de alegría: Yahvéh, tu Dios está en tu seno.
Exultará por ti con alegría, te renovará con su amor;
Él bailará para ti con gritos de júbilo, como en un día de fiesta*"
(Sf 3,14-15.17).

La efusión ansiosa de estas palabras veterotestamentarias, aparece todo un vocabulario de desbordante alegría, de alegría por la liberación, de exaltación mesiánico, con el cual los profetas proclamaban al Mesías-Rey, que estaba en medio de su pueblo: la Virgen María lo acogerá verdaderamente; su seno materno se convertirá en su nueva residencia. Pues ese niño concebido por ella es el esperado Rey-Mesías, que realizará aquella extraordinaria presencia del Señor, tan cantada por los profetas: una presencia que ha querido ser ante todo una presencia *con* María, para convertirse, a su vez, en una presencia con toda la comunidad humana: el Señor está con la Virgen María, porque ahora quiere estar con cada uno de nosotros, incluso si la Madre está involucrada de un modo y en una medida extraordinarios.

A la Madre de Jesús se le invita, por lo tanto, a alegrarse, a regocijarse, como la hija de Sión: *Alégrate (regocíjate)..., el Señor es contigo"* (Lc 1, 28).

Como se ve, el motivo de la alegría es el mismo: *"El Señor es contigo"*. En un caso y en el otro se trata de la visita mesiánica, que Dios ha prometido desde hace mucho tiempo, pero que se cumple sólo ahora, en María de Nazaret.

Lucas pretendía presentar a la Virgen-Madre como la "hija de Sión". A sus ojos ella sintetiza Jerusalén y todo el pueblo elegido: en la persona de María, en el cual confluye la fe del antiguo Israel y se inaugura el movimiento de la fe en Cristo, está presente como expresión óptima, todo el pueblo de la promesa: el antiguo (Israel) y el nuevo (la Iglesia).

El saludo del ángel a María, por lo tanto, no quiere expresar el simple saludo del mundo griego: *"Ave"* como la Vulgata y la antigua versión siria se habían limitado a traducir. La forma imperativa del verbo χαῖρε (*jaire*) expresa, más bien, la alegría de la buena noticia (cf. TOB), el anuncio de una participación en el misterio de la maternidad divina y mesiánica, al cual María debe responder con una colaboración y conciencia plenas.

Ya en el lejano 1939, S. Lyonnet publicó un artículo, en el cual proponía interpretar χαῖρε (*jaire*) del ángel a María (Lc 1,28), no como un saludo ordinario o mundano (*Ave*), sino como una invitación a la alegría, al regocijo ansiado[37]: el día de la Anunciación es por excelencia el día de buenas noticias, el día en el que todo está como envuelto en la alegría del cielo. Es, de hecho, un evangelio de gozo que aparece con María: el anuncio de que Dios se ha hecho hombre: un anuncio perenne de inefable alegría, dirigido a toda la humanidad a lo largo del curso de los siglos. "A María, en primer lugar, se anuncia una alegría que más tarde será proclamada a toda la gente" (Juan Pablo II).

Esta maravillosa, abrumadora verdad de nuestra fe, es el *leit-motiv*, que resuena con vibrante efluvio y frescura de inspiración en los escritos de los Padres, goteando "*gaudium*":

Alégrate, Oh llena de gracia,
pon un rostro alegre; pues de ti nacerá la alegría
de todos, que hará terminar

---

37. A. SERRA, *Aspetti mariologici della pneumatologia di Lc 1,35a*, en *Maria e lo Spirito Santo*, Ed. Marianum, Roma 1984, p. 135.

*la antigua maldición, aniquilando el poder de la muerte
y dando a todos la esperanza de la resurrección*[38].
*A ti te toca alegrarte y no lo contrario, a ti que
eres llena de gracia: porque el Señor está contigo*[39].

¡Oh saludo del ángel, tan lleno de dulzura y alegría![40]
*Ciertamente, ¿qué alegría, qué delicia se encontrará
    que exceda de lejos
el anuncio hecho a la Santísima Virgen y madre de la alegría?
¿Qué hay más sublime que esta alegría, oh Virgen Madre?...
El evento prodigioso que se puede ver en ti precede
    a todos; todo está
bajo tu gracia; todas las cosas, incluso las mejores
    ocupan el segundo lugar...
De ti la alegría pasa, de hecho, no sólo a los hombres,
    sino también
a las potencias de lo alto...*

*¡Alégrate, oh madre de la alegría sobrenatural!
¡Alégrate, oh madre de la alegría excelsa!
¡Alégrate, oh morada mística de la alegría inefable!*

*¡Alégrate, oh fuente santísima de la alegría inagotable!
¡Alégrate, oh tesoro del eterno gozo que llevas a Dios!
¡Alégrate, e más admirable de todos los espectáculos!*[41]

5. Nuevos elementos constitutivos de la Nueva Alianza

En el marco de interpretación de la Anunciación (Lc 1, 26-38), destacan algunos elementos significativos que caracterizan la Nueva

---

38. BASILIO DE SELEUCIA, *Omelia sulla Madre di Dio;* PG 85, en *TMPM*, I vol., p. 598.

39. GERMAN DE COSTANTINOPLA, en *TMPM*, vol., II, p. 383.

40. ELEUTERIO, *Sermone del Natale del Signore*, en *LM*, p. 83.

41. SOFRONIO DE JERUSALEN, *Omelia sull'Annunciazione*, PG 87, in *ibidem*, pp. 141-142.

Alianza establecida con la Virgen de Nazaret. Entre ellos recordaremos primero la *alianza con la mujer*.

Según la perspectiva bíblica, nadie podía imaginar que la Nueva Alianza se establecería con una mujer: en todos los relatos de alianza narrados en el Antiguo Testamento, es evidente que Dios para establecer sus alianzas con la humanidad se había dirigido exclusivamente a los hombres (Noé, Abraham, Moisés, etc.). Con esto se podría pensar que sólo el hombre era capaz de representar al pueblo ante el Creador: la alianza con una mujer, es una novedad absoluta del Evangelio. Se trata de un signo indicativo de que en Cristo Jesús, *"no hay ya hombre ni mujer"* (Ga 3,28). En Él la oposición mutua entre hombre y mujer - como resto del pecado original – está esencialmente superado: "todos vosotros sois *uno* en Cristo Jesús", escribe el Apóstol (Ga 3.28), bajo la bandera del Divino Maestro.

Suponiendo que la mujer es una libre asociada a su alianza y otorgándole una influencia decisiva sobre el destino de toda la humanidad, Dios le da una genuina emancipación, que no sólo la libera, sino que eleva la personalidad femenina al nivel de colaboradora con Dios. Desde este punto de vista, la Anunciación aparece como un momento único en la historia mundial de la mujer, como el caso más notable de su emancipación.

También el modo elegido para realizar la Nueva Alianza debe atraer nuestra atención. Consiste en la *venida del Espíritu Santo*; es decir, en la venida de aquel *'Espíritu nuevo'* que produce una *alianza nueva* (Ez 11, 19s; 36, 27s).

En el pasado, durante las primeras etapas de la historia de la salvación, Dios participaba su espíritu a personajes escogidos por Él: a los dirigentes de empresas guerreras, a los reyes de Israel, a los educadores de su pueblo, en particular a los profetas. Ahora, en los albores de los nuevos tiempos, el Espíritu Santo es enviado a María a título muy especial.

En la tradición judía, el Mesías era concebido como un Rey ideal, sobre el que habría descendido el Espíritu de Dios. Nunca se había hablado de la venida del Espíritu sobre la madre del Mesías. En virtud de esta venida, se cumplirá una gran realidad humanamente imposible: *la maternidad virginal*, "signo de la novedad del Reino, que viene a sacudir las leyes de la creación" (Thurian).

La acción divina en vista de la concepción del niño en el pleno respeto de la virginidad de su madre, es otra gran novedad de la Nueva

Alianza, pues nunca en la Biblia se había producido el caso de un niño concebido por una virgen.

Previamente, en la historia del pueblo judío, Dios se limitó a que una mujer estéril hasta entonces tuviera descendencia, pero siempre como resultado de las relaciones conyugales, nunca había actuado como el esposo para dar descendencia a una mujer: dejaba a la pareja humana su papel físico - véase, por ejemplo, el nacimiento de Isaac (Gn 17,14), de Sansón (Jc 13, 2-5), Samuel (1 Sm 1, 20), Juan el Bautista (Lc 1, 5-25). En estas circunstancias, el nacimiento de un niño simplemente era anunciado: se trataba del anuncio de una buena noticia, que respondía al más profundo deseo de tener un niño y, por lo tanto, no podía sino despertar la alegría en una mujer estéril.

Anuncios similares, por supuesto, no necesitaban pedir la conformidad de quienes se beneficiaban de ellos.

El caso de María es muy diferente: aquí no se trata de poner fin a la dolorosa prueba de la esterilidad, sino de dar un hijo a una virgen, que quiere preservar su virginidad: *la conformidad* es expresamente solicitada.

Se puede añadir que, al aceptar la maternidad virginal, María muestra una *fe mucho más audaz* que la fe judía anterior: ella debía casi separarse del pasado, para aceptar la novedad del plan divino. Su fe no contaba con ningún apoyo externo: se diría que desaparece el pasado, para el nacimiento de una nueva fe, libre del judaísmo "establecido" y desprovista de cualquier soporte sensible. Para María no existe otra garantía que la palabra de Dios; no hay ningún otro apoyo que el de su fidelidad. El futuro está lleno de misterio; exige una constante respuesta de fe. Por otro lado, ella no podía prever lo que contenía el misterio de la Anunciación.

La absoluta novedad de la Nueva Alianza certifica que el relato de la Anunciación no fue inventado según el modelo de los anuncios de maternidad anteriores. No hay ningún precedente de maternidad virginal en la tradición judía y tampoco en los mitos paganos, así que uno no puede atribuirse a invención humana.

Cualquier invención humana hubiera sido insuficiente: sólo la invención divina puede explicar un proyecto de maternidad virginal, con solicitud de consentimiento.

D. LA IRRUPCIÓN DE LA GRACIA

*Oh mujer llena y sobreabundante de gracia,
toda criatura rociada de tu plenitud desbordante
vuelve a florecer.*[42]

En lenguaje bíblico, decir *gracia* significa decir *regalo*: un regalo dado totalmente gratis, "un regalo especial, que según el Nuevo Testamento tiene su fuente en la vida trinitaria de Dios mismo, del Dios que es amor" (RM 8).

En virtud de este don, el ser humano participa de la misma vida interior de Dios, que le confía su misterio, dándole al mismo tiempo la capacidad para poderlo testimoniar, de colmar con él su ser, su vida, sus pensamientos, su voluntad, su corazón...

Privilegio de la comunidad cristiana será precisamente el estar llena de gracia en el 'amado', es decir, en Jesús (Ef 1.6): plenitud y principio de la gracia. "Una cantidad muy pequeña" de esta gracia santificante "vale más que todas las realidades naturales del cielo y la tierra"[43]: las bellezas creadas palidecen ante su fulgor.

En el orden de la gracia recibida, María, por su vocación singular, precede al resto de la humanidad, anticipando este privilegio y las primicias de la sobreabundancia y de la plenitud de la gracia. Lo que se ha realizado en ella es un preludio de lo que se concederá a la humanidad entera.

Como las aguas llenan el mar, así la gracia llena el alma de María. ¿Quién hay que esté más cercano a Cristo y por lo tanto comparta más ampliamente la gracia de Cristo, que la Madre? ¿Y qué es la gracia que encontraron a los ojos de Dios Moisés, los patriarcas o los profetas, en comparación con la que encontró en María? Para ella la gracia representa el núcleo profundo de su realidad, la raíz de su existencia: aquello por lo que ella es lo que es.

La Virgen fue una criatura tan envuelta y formada por la gracia, que en ella Dios no estaba sólo por potencia y providencia, sino también en persona, por presencia física. A María, Dios no sólo le ha

---

42. ANSELMO DE CANTERBURY, *Oratio* VII; PL 158, en *TMSM*, vol. III, p. 90.

43. SANTO TOMAS, cit. por GIUSEPPE TALIERCIO, *Maria la Donna Nuova. Una riflessione antropologica*, Ed. Paoline, Torino 1986, p. 47

dado a su favor, sino que se dio a sí mismo en su hijo: ¡El Señor es contigo! (Lc 1,28). ¿Con quién ha estado el Señor más que con ella? Realmente, en la madre de Dios la gracia alcanzó una perfección que nunca será igualada. «Ella ha sido colocada en la culmen de la gracia y del mérito, de manera que supera a todas las criaturas, a excepción del Verbo encarnado»[44].

La filosofía enseña que cuanto más cerca se está de una causa, tanto más se sienten los efectos. Ahora bien, como sabemos, la Santísima Virgen estaba muy cerca de Cristo según la naturaleza humana que tomó de ella. Por lo tanto, tenía que recibir de Cristo una plenitud de la gracia mayor que todos los demás. "No hay ninguna palabra puede compararse con la gloria, el extraordinario poder de la efusión de la gracia de Dios que descendió sobre esta criatura" (Pablo VI).

Todo su ser concreto proclama que al principio de todo, en la relación entre Dios y las criaturas, hay gracia: el terreno y lugar donde la criatura puede encontrar a su Creador.

Un Nombre Nuevo y Único

Al esbozar el rostro interior de la Virgen, Dios no pueden hacer otra cosa que revelarse a sí mismo y su plan de gracia.

Del relato de la Anunciación, que puede ser considerado como la "*Suma*" de la revelación en lo referente a la Virgen de Nazaret, aprendemos que, "*por orden de Dios*" (LG n. 56), María fue saludada por el ángel en términos sorprendentes: "*llena de gracia*" (=*Kecharitōménē*: Lc 1,28). Es decir, el mensajero de Dios al saludarla no la llama María, su nombre propio, sino que le atribuye un nuevo nombre: *Kecharitōménē*. Él, de hecho, no le dice: "Alégrate, *María*", sino: "Alégrate, oh *Llena de gracia*": este es el nombre propio de María, nos atrevemos a decir.

En verdad, ella es la única criatura en la cual ha podido revelarse la gracia de Dios en toda su eficacia, desde el primer momento de su existencia en el seno materno: en ella todo está dominado y dirigido por la gracia, desde las raíces de su existencia.

Su verdadero nombre es esta gracia, de la que su alma está llena.

"Llena de gracia"…: palabras realmente increíbles, que hace dos mil años sonaron llenas de misterio en el silencio de la humilde casa

---

44. G. M. ROSCHINI, *Il Tuttosanto e la Tuttasanta. Relazioni tra Maria SS. e lo Spirito Santo*, II vol., *Marianum*, Roma 1976-1977, p. 145.

de Nazaret. Sin embargo, son el comienzo de las más grandes obras de Dios, en los asuntos del hombre y del mundo.

Debemos destacar, entre otras cosas, que el uso del verbo *Kecharitōménē*, aplicado por el evangelista María es excepcional: se encuentra sólo otra vez en el Nuevo Testamento (precisamente en Ef 1.6). Siendo tan raro, hay que admitir que ha sido utilizado por Lucas con toda su fuerza: una abundancia que limita con la plenitud.

La traducción "llena de gracia", de hecho, tiene el sentido del participio perfecto griego *Kecharitōménē* (= *aquella que ha sido dotada o colmada de gracia*), que expresa un hecho cumplido, consumado.

El verbo *charitō*, del cual deriva *Kecharitōménē*, como todos los verbos griegos denominativos en «*oo*», señala una particular abundancia de...: un montón, una plenitud.

Lo que el evangelista quiere insinuar, pues, con el uso del término *Kecharitōménē* es que el don de gracia dado a María es completo y total. Es suficiente para concluir que la calificación "*llena de gracia*", refiriéndose a la Virgen de Nazaret, tiene un alcance tan amplio y significativo como para encerrar en sí misma, como una semilla, toda su vida: se trata de una cualidad añadida a la persona de María, puesto que el término, como aparece en el Evangelio de Lucas, funciona como un nombre propio.

Ahora bien, el propósito de un nombre, como sabemos, es distinguir una persona de otra, permitirle ser reconocida: lo que distingue a María de todas las otras criaturas es el hecho de que ha recibido una gracia excepcional, que es poseedora de la gracia por excelencia.

Llena de gracia es realmente un nombre nuevo y a la vez un ministerio, porque está orientado a la misión; es un nombre dado por Dios, que contiene todo un programa de vida: un título que caracteriza la vocación y la función de la Virgen de Nazaret, y por lo tanto en sí mismo es un nombre único, porque única es la santidad de María, única su misión, única su maternidad unida a la virginidad.

Más que un saludo del ángel, las palabras "*Llena de gracia*", son la revelación de la plenitud de la gracia en María, la síntesis de lo que Dios habían hecho en ella para prepararla a la maternidad de Cristo.

En la gracia que ha invadido su ser secreto, reside la identidad más profunda de la Virgen Madre, lo que define su persona entera, la explicación completa de su grandeza y belleza.

Sí, María es María, porque *llena de gracia*: decir de ella que es llena de gracia significa decirlo todo.

E. MARÍA: SIGNO DE LA INICIATIVA SOBERANA DE DIOS Y DE SU AMOR GRATUITO

La suprema "ley" omnicomprensiva de la historia de la salvación es la afirmación: **Deus charitas est** (C. Vagaggini).

El relato de la Anunciación, que tiene en la cumbre la fuerza dinámica de la expresión *"llena de gracia"*, proclama la verdad fundamental, que al principio de todo en la relación entre Dios y la criatura está el regalo completamente gratis, la libre y soberana elección de Dios, todo lo que, en definitiva, en lenguaje bíblico está contenido en la palabra "gracia".

Para María, como hemos visto, hay la revelación de un proyecto inaudito, que irrumpe de lo alto: dar a luz al hijo de Dios, por obra del Espíritu Santo: una propuesta inesperada, absolutamente única e irrepetible. Estamos realmente en la esfera de la pura gratuidad del amor de Dios, que en la historia de la salvación se manifiesta siempre como uno que a todos "justifica gratuitamente por su gracia, mediante la redención realizada por Cristo Jesús" (Rm 3,24).

La gracia de Dios es la explicación última de toda la grandeza de María y de toda la iglesia.

Llena desde siempre del favor divino, la Virgen María es un signo tangible manifestativo del amor de Dios, en sus dos atributos esenciales: *gratuidad* y *predilección* por los pobres. Ella puede decir con Pablo: "Por la gracia de Dios soy lo que soy" (1 Co 15,10).

"Dios - explica B. Forte - elige una Virgen para manifestarse, una Madre para comunicarse, una Esposa para hacer alianza con los hombres. Dios ha escogido lo que parece débil y escondido a los ojos del mundo, para que en ello brille de manera más transparente la intensidad de su amor por los débiles y los pequeños de la tierra.

El plan divino de la salvación, que se lleva a cabo a través de la mediación de María, es todo en relación con el misterio del Dios Tripersonal, que se ofrece en él con su rostro de pura gratuidad, de eterno comienzo de amor, de manantial que ama no porque sea necesario o porque esté obligado a amar, sino sólo por el puro, radiante placer de amar"[45].

El nuevo comienzo del mundo, la irrupción de cuanto no es de-

---

45. B. FORTE, *Maria, la donna icona...*, pp. 172 e 204.

ducible o no es factible por nosotros, de cuanto no se puede obtener de nosotros, sino sólo venir a nosotros, ha sido dado por la pura gratuidad y la libertad a quien han amado primero: por Dios, quien, según la hermosa expresión de Lutero, "no nos ama porque seamos bellos y buenos, sino que nos hace buenos y bellos porque nos ama".[46]

La imagen de Dios, manifestada en el relato de la Anunciación y en el milagro de la Encarnación, es precisamente la del Dios de la iniciativa gratuita de amor hacia su criatura; del Señor del cielo y tierra que se inclina benévolo hacia su sierva y en ella a toda la humanidad a la espera; del Padre de las misericordias que sale del silencio para pronunciar en el tiempo su Palabra, asociándola a la humildad de un momento, de un lugar, de una carne (Lc 1,26 ss)[47].

Según esta lógica de Dios, María de Nazaret, aquella que fue elegida para la tarea más sublime, nació en el silencio, sin que el mundo hablara de ella, sin que Israel ni siquiera pensara en ella, aunque fue por excelencia la flor de Israel: la más bella de toda la tierra. Pero si el mundo no piensa en ella, es el cielo quien la observa y venera.

¿Por qué María de Nazaret fue elegida para ser la Madre de Dios?

Aquí, toda explicación humana se acaba: la respuesta está escondida en el secreto designio del Eterno. La inteligencia queda confusa ante Dios infinitamente libre en sus elecciones y deja espacio para la adoración y la alabanza.

En las empresas humanas e idólatras, cuanto más grande es el resultado que se quiere obtener y la impresión que se quiere hacer, mayor tiene que ser el aparato, la puesta en escena y el gasto[48]. Sin embargo, Dios no elige las cosas grandes, el poder y la sabiduría del mundo, la lógica y el sentido común que damos por descontado, ni se dirige a las personas más prestigiosas y capaces. Para hacer "grandes cosas" Él se dirige con amor a una simple y pobre muchacha, con un nombre de lo más común, sin ningún prestigio social, perteneciente a los estratos inferiores de la población, a los humildes y carentes de influencia: vive en Nazaret, una aldea despreciada e insignificante, como se desprende de la reacción espontánea de Nataniel: "¿De Nazaret puede venir algo bueno?" (Jn 1,46). En su pueblo, María

---

46. Citato en *Ibidem*, p. 207.

47. *Ibidem*, p. 172.

48. TERTULIANO, *Sul battesimo*, 2,1s, CC 1, p. 277.

no tenía nada llamativo. Tal vez para sus familiares y paisanos ella era simplemente "la María", una joven modesta, buena, pero nada excepcional.

Incluso el hecho de ser mujer no la situaba en términos de prestigio, dada la general inferioridad reconocida para las mujeres en el mundo antiguo.

Por otra parte, en un entorno en el que tenía importancia la mujer-madre (el valor de la maternidad es cantado por los Salmos: 114,9; 127,3; 128,3 y se destaca dramáticamente en el llanto de Ana, estéril y de la hija de Jefté: 1 Sm 1, 9 -18; Jc 11, 29-40), la misma virginidad de María, como orientación de la vida, genera incomprensión y desprecio.

Sin duda, incluso después de la Anunciación, María se encuentra en una soledad total: ¿a quién puede explicar lo que le ha ocurrido? ¿Quién va a creerla cuando diga que el niño que lleva en el seno es obra el Espíritu Santo? Esto no había sucedido nunca antes de ella y no va a suceder jamás después de ella.

En definitiva, esta doncella de Nazaret, tal como se presenta en el Evangelio, no tiene ningún título para el papel eminente que le ha sido asignado; sin embargo, el Padre la elige a ella precisamente, para llevar a cabo en ella la intervención final de la salvación, la maravilla más grande que la historia humana ha podido contemplar.

En su humilde condición, la Virgen María ilustra concretamente las preferencias de Dios, que nos revela de este modo su forma desconcertante de actuar: su acción tiende a liberar al hombre de la autosuficiencia y el orgullo, que lo hacen inadecuado para colaborar con él.

María, por el contrario, es la *esclava del Señor* (Lc 1,38) y por lo tanto es capaz de colaborar con Dios, pasando de la insignificancia a una misión salvífica: en condiciones propias y despreciables justamente surge su *sí de amor*, que hace florecer la esperanza en la historia de la humanidad.

No hay nada – escribía Tertuliano - que desconcierte tanto a la mente humana como la simplicidad de las obras divinas que son vistas en acción, en comparación con la magnificencia de los efectos que tendrán... Mezquina incredulidad humana que niega a Dios sus propiedades, las cuales son la simplicidad y el poder"[49].

---

49. *Ibidem*.

Es cierto que Tertuliano alude aquí a la grandeza de los efectos del bautismo y la simplicidad de los medios y de los signos externos, que se reducen a un poco de agua y algunas palabras, pero hay que admitir que también ha ocurrido así con María y con la venida del Salvador del mundo. María es el ejemplo vivo de esta desproporción entre lo que se ve en el exterior y lo que sucede dentro: "en ella la magnificencia de la gracia y de la vocación convive con la más absoluta sencillez y concreción.

Siempre debemos tener presente, hablando de ella, las características del estilo de Dios que son, como vimos, la *simplicidad y la magnificencia*"[50].

Demasiado a menudo los creyentes olvidamos que Dios siempre elige las cosas humildes y cotidianas para hacerse presente con su gracia. Olvidamos que la sabiduría de Dios ama la paradoja y se complace en sorprender a la sabiduría humana miope.

"*Todo es gracia*", dijo Filón, en relación con el mundo que debe ser considerado un regalo de Dios.

Todo es gracia también en María, la expresión más perfecta de la omnipotencia y plena suficiencia de la gracia, la mayor revelación de las posibilidades ofrecidas a la humanidad por la gracia, el reflejo más transparente del estilo propio de Dios.

---

50. RANIERO CANTALAMESSA, *Maria uno specchio per la Chiesa*, pp. 43 - 44.

Capítulo III

María En Relación Con El Padre

A. DIOS PADRE Y MARÍA EN LA DOBLE GENERACIÓN DEL HIJO

> *Cuando llegó la plenitud de los tiempos,*
> *Dios envió a su Hijo nacido de mujer* (Ga 4,4).

A pesar de su brevedad, este conocido texto de Pablo ofrece la base bíblica más antigua de la relación Dios Padre-María: una relación que se puede entender indirectamente mediante una cuidadosa reflexión sobre el nacimiento doble del Hijo: su generación eterna por el Padre, y el nacimiento temporal de María.

María es la Virgen y Madre, que engendró en la tierra al mismo Hijo del Padre (cf. MC 19). Esta verdad revelada ya se menciona en el credo Niceno-Constantinopolitano de 381 (DS 150) y fue definida solemnemente en Calcedonia en 451, bajo el pontificado de S. León Magno, con la siguiente proposición: "el uno y mismo Hijo, nuestro Señor Jesucristo... fue generado por el Padre desde la eternidad, según la divinidad, y él mismo en los últimos tiempos ha sido engendrado para nosotros y para nuestra salvación de María, Virgen y Madre de Dios, según la humanidad" (*NDM*, p. 844).

El Verbo, que existía desde toda la eternidad en el seno del Padre, se convertirá en hijo de María. De este modo, el único Cristo, al igual que en la divinidad era consubstancial con el Padre, así la humanidad es consubstancial con la madre" y, en consecuencia, por ella y en ella "consustancial con nosotros". Se trata siempre del mismo Hijo, único y común: de Dios y de la Virgen: único para el Padre en el cielo, único para la Madre en la tierra: por un lado, procede de Dios el Padre; por el otro procede de María.

Como hijo lo es similar de los dos, porque ha sido engendrado por los dos. Del Padre recibió la esencia divina, y de la madre la naturaleza humana[1]: aquel era realmente su hijo, pues había realmente nacido de ella según la carne; y es el mismo y único Hijo del Padre, engendrado por Él antes de los siglos (cf. ACO, I, 1/2, 102).

Por lo tanto, con el Padre, vuelta hacia Jesús, María puede exclamar el eterno grito fascinante: "¡Tú eres mi hijo! ¡Hoy te he engendrado" (Sal 2,7; Hb 1,5). Ella es la única en el universo que puede decir, señalando a Jesús, lo que le dice a su Padre celestial.

La maternidad virginal: prodigio de la Omnipotencia divina y signo de la paternidad del Padre

*Los oradores brillantes
como peces se quedan mudos
por ti, Madre de Dios:
totalmente incapaces de explicar
cómo Virgen y Madre
tú eres* (Akát., es. 17).

No sólo la perícopa lucana de la Anunciación, sino también una interesante peculiaridad estilística sobre v. 16b (cap. 1) del evangelista Mateo, arroja una clara luz sobre el misterio de la maternidad virginal de María y la verdad que implica: Jesús como Padre sólo tiene a Dios[2].

Los dos evangelistas, aunque de diferentes maneras, pretenden resaltar una específica verdad teológica: el Señor escogió una Virgen para nacer entre nosotros, para significar que el Hijo de Dios verdaderamente viene del Padre, desde el momento de su concepción, y que la salvación no es el resultado de una obra humana.

El nacer de una Madre Virgen, mientras expresa lo extraordinario del acontecimiento por la ausencia de un principio humano determinante, atestigua la paternidad directa, única de Dios Padre con respecto al Niño.

¿Cuál será, por lo tanto, la dignidad de María, si sólo ella comparte

---

1. ISAAC DE ANTIOQUIA, *Poemi sull'Incarnazione, del Signore,*1 En *TMPM*, vol IV, p. 218.

2. Cf. al respecto, A. Serra, en *NDM*, pp. 240-241.

con Dios esta generación eterna del Hijo hecho hombre?[3]

Realmente hay que decir que la concepción virginal, con su 'signo revelador' de la paternidad de Dios Padre, es un prodigio de la Omnipotencia divina, un evento sobrehumano sublime, que se ha cumplido "en el silencio de Dios" - según la hermosa expresión de San Ignacio de Antioquía-, en el orden de misterio: un misterio que ha tenido como testigos directos sólo a María y José: está fuera del conocimiento de otros hombres; se dirige a la fe de cada uno y encuentra su fundamento evangélico en la convicción, expresada por María, de que *nada es imposible para Dios* (Lc 1,37; comparar con el Magnificat: Lc 1, 46 - 55).

Es elocuente al respecto lo que nos recuerda el gran doctor de la iglesia, San Agustín: "Al Dios Todopoderoso que formó de la nada toda la creación, no le fue difícil formar un cuerpo de paloma sin la intervención de otras palomas, como tampoco le fue difícil formar, sin intervención humana, un cuerpo en el seno de María, puesto que la criatura corpórea obedece a la orden y la voluntad del Señor, tanto en las entrañas de una mujer para formar un hombre, como en el mismo mundo para formar una paloma"[4].

B. LA MÁS EXCELSA RELACIÓN FILIAL CON EL PADRE

Según la intuición de muchos pensadores cristianos, eminentes teólogos y exégetas, la relación María-Padre es principalmente y esencialmente una relación de filiación. El Padre ha participado a María en gran parte su amor paternal. Ella - explica el bien conocido teólogo J. Galot - es la hija del Padre de manera eminente, debido a este amor paterno que fue vertido sobre ella y que la había llenado de una gracia excepcional de cara a su maternidad. Esta relación filial con el Padre - completa nuestro autor - ha permanecido siempre en la vida de María. No se le puede hacer coincidir con una relación de

---

3. S. BERNARDO, *Ser. 2,2*, en *Marianum*, 54 (1992), p. 165.
4. S. AGUSTIN, *Il combattimento cristiano*, 22,24; CSEL 41,124; PL 40, 303.

esposa[5], como algunos afirman[6].

Después de la Encarnación, la mirada amante que, desde toda la eternidad, el Padre dirige al Hijo también incluye la figura de la Madre nazarena[7], quien, en virtud del descenso del Verbo en ella, se convierte para siempre en la "*especial propiedad*" (Is 5, 19) del Padre, la criatura captada, poseída por Dios: una criatura que Él hace suya, en el sentido más radical del término. Tiene razón E. Iablczynsky, en su comentario al pensamiento mariológico de S. Bernardo, cuando dice, entre otras cosas: "¿Qué grande será el amor que Dios tiene por la Madre de su Hijo, si para redimir a la humanidad lo apuesta todo en María? ¿Si ella recibió al Verbo desde el mismo corazón del Padre? No sorprende, por lo tanto, si San Bernardo afirma que María es el tesoro de Dios. Dondequiera que ella esté, allí está el corazón de Dios. Sus ojos están fijos en ella"[8].

En su condición de madre del Hijo de Dios encarnado, la experiencia filial del Padre alcanza en María su cumbre: en la maternidad la relación filial toma una nueva forma de intimidad más profunda con el Padre, pues es en calidad de hija favorita, de hija muy amada de Dios Padre, que María se convirtió en la madre de Jesús, con un rostro materno que lleva el reflejo más alto del rostro del Padre[9].

A través de su singular maternidad ella se unió de manera única con el Hijo del Padre Eterno. "El contacto inmediato con Dios hecho hombre, la íntima unión con Cristo, no sólo por la gracia,

---

5. J. GALOT, *Maria: itinerario spirituale...*, p. 62.

6. En la tradición eclesial se ha atribuido a menudo a María el título de esposa del Padre. El fundamento de esa atribución reside bien en la analogía que se encuentra entre la paternidad del Padre y la maternidad de María en la Encarnación de Jesucristo (el Padre como esposo da a María su hijo, pidiendo su consentimiento), bien en el hecho de que el Padre asocia a María consigo con un lazo de predilección, amor, fidelidad y gracia. María, pues, es una criatura tan inmersa en el misterio de Dios y tan íntimamente unida con el Padre, como para ser llamada "esposa", con un término literario elegante, que deja entender su entrega virginal a la divinidad, para convertirse en instrumento vivo del misterio salvífico que nos envuelve (cf. la extensa documentación de A. AMATO, *Dio Padre*, en *NDM*, pp. 478-479).

7. IGNAZIO M. CALABUIG, en *Marianum*, 58 (1996), p. 10.

8. *Assunzione e mediazione di grazia in s. Bernardo*: in *Marianum*, 54 (1992), p. 165.

9. J. GALOT, *Maria: itinerario spirituale...*, p. 62.

sino también por la naturaleza humana que Él asumió, la colocan en una condición de total apertura al Padre, realizando también una situación paradójica: en el hijo Jesucristo, no sólo María era la hija del Padre, sino también la madre del Hijo. Así la paternidad de Dios en ella era también vivida como maternidad en relación con el Hijo": dulces latidos de *hija* para con su Dios y tiernos latidos de *madre* para su Jesús, Hijo del Padre.

A causa de este profundo, maravilloso entretejido de vida y de amor indecible, "como el Hijo era todo del Padre y dirigido al Padre, también María era toda del Padre y dirigida al padre" (*NDM*, 482).

Si la vocación de cada cristiano es ser un hijo de Dios en el Hijo, para vivir en libertad de su condición filial, María es la primera que vivió esta experiencia. Ella "lleva en sí misma, más que cualquier otro entre los hombres, el misterio de los destinos divinos eternos con los que el hombre fue acogido en el amado Hijo de Dios, el destino a la gracia y la santidad de la filiación divina. Y por eso ella nos precede a todos en el gran desfile de fe, esperanza y caridad "(cf. LG 53).

A la Virgen María, que como Madre de Cristo adquirió antes que todas las demás criaturas y en mayor grado la adopción divina, y que como "Virgen a la escucha del Padre" (MC 17) se ha dejado plasmar y 'usar' - en el sentido propio y real del término - por el Espíritu del Señor, se refieren de manera excepcional las palabras del apóstol Pablo: "*Dios nos ha predestinado a ser sus hijos adoptivos por obra Jesucristo*" (Ef 1,5). "*Vosotros (...) habéis recibido un espíritu de hijos adoptivos, por el que clamamos, Abbá, Padre (...) Todos aquellos que son guiados por este espíritu, son hijos de Dios*" (Rm 8, 14-15).

No es casual que la *Marialis Cultus* saque a la luz el carácter paradigmático para la Iglesia y para todos los cristianos de la actitud filial de María en su relación con el Padre: ella devuelve al hombre su verdadera identidad de hijo de Dios.

La espiritualidad del Magníficat: La más significativa y profunda revelación de la experiencia del Padre

Si bien es cierto que Cristo es el rostro humano de Dios, también es cierto que María toma parte activa en la revelación del rostro misericordioso de Dios Padre, que le da al mundo su hijo predilecto, que se interesa por la libertad de los pobres y los oprimidos, que reivindica su derecho contra los prevaricadores.

Prueba de ello es el *Magníficat*: historia y reflexión sobre el «ser» y el «hacer» de Dios; celebración alegre y resumen la historia de la salvación; canto religioso, que fluye de un corazón lleno de gratitud y una mente que puede reconocer los grandes signos de Dios en la historia y en la vida personal: un poema de júbilo, alabanza y amor, casi éxtasis de adoración de la 'santidad' de Dios, su justicia, su sabiduría y Providencia al dirigir el curso de la historia: una exégesis orante de los grandes actos de Dios en la historia de la salvación, que nace de una visión de fe y de una profunda experiencia de Dios Salvador.

Lugar de bendición divina y de acción salvífica, María alaba al Dios Salvador, porque se han llevado a cabo en ella las promesas de Dios; canta al Dios que "*se acordó de su misericordia*" (Lc 1,54); esa misericordia que ha experimentado el pueblo de Israel y que en lo sucesivo se desbordará beneficiosamente, como un río irrefrenable en el mundo, "*de generación en generación*" (LC 1,50); canta las '*grandes cosas*' que ha derramado en ella y, a través de ella, en todos los hombres "*el que es poderoso*".

Aunque con un lenguaje filtrado y marcado por la luz post-pascual de los primeros testigos de la fe, el *Magnifica*t se presenta, en toda su frescura dinámica, como la verdadera canción de María, o mejor dicho "*el espejo del alma de María*" (Juan Pablo II). Es para María una realidad vital, antes que un canto de alegría. Baste pensar en esa expresión en corta, pero significativa: "*ha mirado la humillación de su esclava*": una frase que Lucas no habría escrito, si no hubiera alguna referencia a la experiencia histórica de la humilde esclava del Señor, que, por haber esposado ejemplarmente la voluntad de Dios (Lc 1, 38) y haber perseverado en la fe (v. 45), puede afirmar que la estrategia divina no cambia. Dios - ayer, hoy, y siempre (v. 50) - es quien vuelve su mirada benévola hacia los humildes y los pobres, los últimos, "hacia los que le temen": es el que rescata a aquellos que reconocen que necesitan su salvación (vv. 52b. 53a) y lo buscan con corazón sincero, mientras que confunde a quienes permanecen prisioneros de su falsa seguridad (vv. 51.52 a. 53 b).

Himno/experiencia por lo tanto, el cántico de María, el único que podría elevar a Dios una alabanza digna de su gloria; fluye de una voz acostumbrada a alabar la bondad y la misericordia del Señor. Su tema, rico en connotaciones exquisitamente maternas, es esencialmente el amor.

En las sublimes palabras usadas (por María) en el umbral de la casa de Isabel - sintetiza el Papa Juan Pablo II – aparece la experiencia personal de María, el éxtasis de su corazón. Brilla en ellas un rayo del misterio de Dios, la Gloria de su santidad inefable, el amor eterno que, como un regalo irrevocable, entra en la historia humana (cf. RM, 36).

La oración del *Magnificat*: "oración por excelencia de María" (MC 18), perla preciosa en la liturgia de la Iglesia, puede también ser llamada *'el himno de María al Padre'* y más concretamente, el cántico de la paternidad de Dios en relación con el nuevo Israel según el Espíritu, "el cántico que anuncia el nuevo Evangelio de Cristo, el preludio del Sermón de la Montaña" (Juan Pablo II).

Magnificando y glorificando a su Señor en las efusiones de su espíritu, María aparece como la primera creyente de la nueva creación, que acoge en la alegría *del tiempo de los tiempos* el gran don de la bondad de Dios, en el humilde reconocimiento de su pobreza, en incesante himno de alabanza a Aquel que es la fuente de su gozo y la raíz del misterio que en ella se está realizando. Ninguna criatura, en ningún momento, puede componer un tema de agradecimiento a Dios tan alegre y rebosante como el suyo.

Muy oportunamente, A. Serra dice: "*El Magnificat*, un regalo que el Espíritu ha hecho a su Iglesia a través de María, un regalo para acoger, vivir y transmitir, es al mismo tiempo un modelo extraordinario de oración y una página singular para nuestra meditación y vida de fe"[10]. Tenemos el derecho de usar el Magnificat, afirma a su vez Cantalamessa, para conocer el alma y la historia de María, como usamos Isaías 53 para conocer la pasión de Cristo; aún más, porque su atribución a María se ha hecho abiertamente por la misma Biblia. Un salmista dice: "*Engrandeced al Señor conmigo, exaltemos su nombre juntos*" (Sal 34.4). Lo mismo nos dice María. Tal vez no le podemos dar mayor alegría que elevar desde el suelo su cántico de alabanza y acción de gracias a Dios por las grandes cosas que ha hecho en ella[11] para todos nosotros.

---

10. A. SERRA, *Dimensioni mariane del mistero pasquale*, en *Marianum*, 58 (1996), p. 34.

11. RANIERO CANTALAMESSA, *Maria uno specchio per la Chiesa*, pp. 245 e 252.

C. ROSTRO MATERNO DEL PADRE

1. Introducción

*Tienes tres nombres dulces y queridos unidos
en ti, madre, hija y esposa* (Petrarca).

El misterio de María, icono de la Trinidad, no sería explorado suficientemente, si no se considerase y se subrayase el aspecto más fundamental, particularmente querido de nuestros corazones: la maternidad. Constituye la piedra angular de la dignidad y grandeza de María, una de las más maravillosas y brillante caras del prisma de la incomparable gracia creada.

Si en la Virgen María brilla el icono del Hijo que acoge, en la maternidad brilla el icono del Padre que genera, que da y se da, en su amor para siempre amante.

Dios también es madre, profetizó solemnemente desde el balcón de San Pedro Juan Pablo I[12]. Como excelente catequista que era, él supo utilizar, con solicitud y puntualidad, la categoría bíblica que se refiere a Dios como madre.

Dentro de este discurso está la intuición penetrante del gran teólogo alemán Moltmann, que en su artículo *El Padre materno* interpreta al Padre como padre maternal, ya que genera y da a luz por sí solo a su Hijo[13].

Obviamente, Dios no es varón ni mujer: está más allá del género, más allá de la clasificación en mujeres y hombres: categorías que sin embargo encuentran en Él su fundamento. En Dios se originan, como participación en su ser más perfecto, tanto las cualidades o perfecciones que caracterizan al hombre como las que caracterizan a la mujer. Y cuando se auto revela, utiliza estas categorías, que se convierten, entonces, en sacramentos de su presencia y su implementación. Nada extraño, entonces, si en la Biblia Dios aparece con rasgos masculinos y femeninos: por un lado, como madre, por otro como esposo y Padre: Él puede revelarse como Padre y como Madre,

---

12. L'*Osservatore Romano*, 21-9-1978, p. 5.
13. J. MOLTMANN, *Il Padre Materno. Un patripassianismo trinitario per superare il patriarcalismo teologico?*, en *Concilium*, 17 (1981), pp. 428-429.

pero trasciende a ambos porque habita en una luz inaccesible.

Pues bien, este Dios ha querido ser mediatizado por una presencia materna, como imagen y revelación expresiva de su paternidad: esto es lo que enseña un creciente número de teólogos y exégetas modernos y el Magisterio de la Iglesia.

Con la presencia de una madre - explica J. Galot -, el Padre quería mostrar de la manera más concreta y más conmovedora, su divino amor, materno y paterno[14]. La presencia carismática de María en nuestro tiempo - dice a su vez Evdokimov - depende del libre designio de Dios, que se manifiesta de manera "materna y femenina" para unificar el mundo en Cristo, mediante la atracción irresistible de la madre[15].

Si observamos bien, la Nueva Alianza pretende asociar a María en una fertilidad que la una, de la manera más íntima, a la fecundidad de Dios: estableciendo una alianza en la cual Él pide la cooperación materna de María, el Padre eterno quería asociar una maternidad humana a su paternidad divina, en el don de su Hijo y en la formación de sus hijos adoptivos.

El hecho fue intuido, entre otros, por Grignion de Montfort, quien señala: "Dios Padre comunicó a María su propia fecundidad, en la medida en que era posible para una simple criatura, para darle el poder generar a su Hijo y a todos los miembros de su cuerpo místico" (*VD*, n. 17). En esta línea, Gibieuf escribe: "Habiendo proyectado Dios, desde toda la eternidad, salir de de sí por la vía del amor para formar una familia que sería creada por él mismo, tuvo que elegir primero una esposa y una ayuda semejante a Él. Y pensó en María, *fecit in ea adiutorium simile sibi* "[16].

María fue marcada por lo alto, tan profundamente, con este don, que su propio ser es puro "ser madre", en el cual está impresa desde el principio la marca de la generación eterna del Padre. Puesto que el Generante *ab aeterno* en la Trinidad obra en María para engendrar con ella en la plenitud de los tiempos al Hijo Unigénito, es el mismo ser profundo de la Madre de Dios el que es forjado por el Padre a imagen de su fecundidad de Generante, para actuar como "*ser ma-*

---

14. *Maria, la donna nell'opera di salvezza*, p. 377.
15. P. EVDOKIMOV, *La donna e...*, p. 155.
16. *Memoires*, 19. 11. 1651; *Solitudes*, t. IV, 389.

terno" constitutivamente ligado a la Santísima Virgen en toda esta aventura, temporal y eterna[17].

María, expresión de la ternura materna de Dios Padre

Así, pues, en el cruce entre las necesidades del hombre y la benevolencia de Dios aparece la atrayente y significativa figura de la Virgen María. Tiene raíces tan profundas en el corazón humano y las expresiones culturales de los pueblos cristianos, que debe ser considerada como el trámite providencial para descubrir el rostro "materno" de Dios, además de la experiencia del yugo "ligero" del seguimiento de Cristo.

A quien sabe escuchar la canción que surge desde las profundidades del alma, cada mujer aparece como un mensaje de parte del Eterno (...), una miniatura por la cual las riquezas de Dios se adecuan a nuestros ojos y se hacen legibles[18]. La mujer, de hecho, constituye en sí misma una forma específica y original de la revelación del rostro de Dios: expresa de modo único la ternura maternal de Dios para los hombres.

Si esto es cierto para todas las mujeres, con mayor razón lo es para María: *la bendita entre las mujeres*, la 'mujer' por excelencia. En ella, de manera singular, lo femenino es elevado a signo y expresión concreta del rostro materno de Dios y su tierno amor hacia las criaturas; en ella la misericordia del Padre tiene un rostro, una configuración concreta que ayuda a mostrar a los cristianos la calidez del divino amor paterno. En un corazón humano, María revela el poder del amor infinito de Dios: es el "genio de la madre" que enriquece con ilimitada ternura el ejercicio del amor misericordioso de Dios. Maravilloso misterio, estrechamente asociado con el misterio de la Encarnación y que no ha escapado a la tradición de la fe, que lo expresa tanto en la alabanza o invocación asombrada (*Mater misericordiae... dulcedo et spes*), como en el arte (piénsese sólo en el icono de la Madre de Dios, llamada de la ternura, de Vladimir, del siglo XII, y en general en el tipo llamado de "Eleüsa", la tierna, la misericordiosa) y en forma poética:

---

17. Cf. B. FORTE, *Maria, la donna icona...*, pp. 207-209; MONTFORT, VD, n. 17; L. BOFF, *Il volto materno di Dio*, p. 155; J. M. ALONSO, *Trinità*, in *NDM*, pp. 1411-1415, ed altri.

18. G. BIFFI, *La Bell, la Bestia e il Cavaliere*, Milano 1984, pp. 132-133.

*"En ti la misericordia en ti, en ti la compasión,
en ti la magnificencia, en ti se junta
todo lo que en criatura hay de bondad"*[19].

Desde siempre, nos recuerda el documento Latinoamericano de Puebla, la madre de Cristo ha sido para el pueblo cristiano el signo del rostro materno y misericordioso de la cercanía del Padre (...), una presencia y un sacramental de los aspectos maternos de Dios[20].

De la Virgen-Madre surge aquella feminidad trascendente del misterio Trinitario, que la tradición bíblica atribuye especialmente a Dios Padre, cuyos rasgos femeninos de amor entrañable de una madre aparecen claramente en el monólogo divino referido por Jeremías -*"No es acaso Efraín un hijo querido para mí, un hijo predilecto? .... Mis entrañas* (= rahem rahamim, "seno materno", "amor visceral") *se conmueven por él, siento por él una profunda ternura"* (31,20) -, y en el famoso pasaje de Isaías (49,15), donde Dios asegura que su amor está más lleno de ternura que el de una madre: "¿Acaso olvida una mujer a su niño de pecho, sin compadecerse del hijo de sus entrañas? Pues incluso si ella se olvida, yo no te olvidaré nunca".

Esta conmovedora imagen materna de Dios, vinculada a la más pura tradición judía, María ha podido reinterpretarla a la luz de su experiencia única, irradiándola, como resultado, en todos los aspectos de su existencia.

Basta echar un vistazo a la frescura del relato del Evangelio, donde se presenta la maternidad de la Virgen en el ejercicio efectivo de una gratuidad radiante, de un amor activo y visceral, que se traduce en solicitud, ternura, cuidado, atenciones de la madre para con el Dios Encarnado; se traduce, en una palabra, en disponibilidad, disposición para aceptar, aunque María sabe que este asentimiento y esta disponibilidad le llevarán por el camino de una aventura oscura, sin ahorrarle la cruz: la gratuidad del amor, de la cual solamente es capaz, entre los hombres, el amor materno en su expresión más pura: la gratuidad incondicional, que sabe dar y entregarse sin reservas, con discreción y humildad día tras día. María de Nazaret realiza en el sentido más profundo su ser icono materno de la paternidad de Dios:

---

19. DANTE, *Paradiso*, Canto XXXIII, 19-21.

20. CELAM, *Puebla. L'evangelizzazione nel presente e nel futuro dell'America latina*, EMI, Bologna 1979, nn. 282 e 291.

todas sus actitudes y cuidados maternos, transfigurados en caridad, se vierten en la caridad ofrecida por Dios al mundo a través de la Encarnación: ella está tan presente en esta efusión de amor, que *todo el amor vertido por Dios en las almas*, lleva la marca de su maternidad divina, *tiene los matices de su amor materno*.

Decir que la Madre de Dios es el icono, o la imagen materna de la paternidad divina, no significa sólo contemplar en ella el rostro de la ternura del Padre, sino también reconocer que el ser materno, dado a imagen de la fertilidad divina, tiene un valor y un significado universal y permanente.

2. *Madre de Dios que nos habla de Dios*

La maternidad divina, el misterio más antiguo en lo que se refiere al papel de María en la historia de la salvación, ha sido siempre para la investigación teológica - así como para el Magisterio de la iglesia, para el arte y para la piedad popular – el punto vivo y actual del estudio y la reflexión renovada a la luz de la Sagrada Escritura, que siempre nos ofrece sus gérmenes más preciados para iluminarnos.

El uso del título de *Madre de Dios*, iniciado desde el siglo III, sólo expresa lo que resulta de los datos evangélicos: María es Madre de Dios, porque Jesús, el fruto de su vientre, es un ser divino. Él es el hijo de Dios de modo absolutamente nuevo y en un grado de profundidad desconocida en el AT y en el judaísmo. Es el Hijo de Dios, porque nació de una acción especial de la fuerza divina del amor: el Espíritu Santo. La consecuencia más importante de la Concepción virginal de María fue generar al "Santo". Esta es la dinámica conceptual que, especialmente en armonía con la teología del tercer evangelista, se encuentra en la base de la gran verdad fundamental de la fe en Jesús, Hijo de Dios (cf. Lc 1, 32 a).

En él la naturaleza humana, y la divina, unidas hipostáticamente, forman una sola persona: la Persona Divina. Según esta verdad, la naturaleza humana de Jesús, desde el primer momento de su concepción, se unió a la Persona divina del Verbo y no puede existir sin ella. Esta unidad de Persona en Cristo Jesús hace que María sea la madre de la Persona divina del Hijo encarnado. La maternidad, de hecho, se refiere a la persona entera y no sólo el cuerpo o incluso a la naturaleza humana, como acertadamente hace notar M. M. Kolbe: "María, entonces, es la verdadera Madre de Dios... no se dice que una madre es madre sólo de una parte del Hijo, ni un padre es padre solamente de una parte de él, sino que tanto el padre como la madre son los padres de todo el hijo. Así también Nuestra Señora se llama y es la madre de todo Jesús, el hombre-Dios, así que también es la madre de Dios"[21].

La invocación 'Madre de Dios', lejos de perjudicar de alguna manera a Cristo, ayuda a resaltar su doble identidad como verdadero Dios y verdadero hombre, haciendo hincapié en la verdadera humanidad y verdadera divinidad. Además de la perfección de la Encarnación, la misma verdad de la Encarnación está garantizada por la maternidad de María. Si el Verbo hubiera aparecido de repente entre los hombres, con una naturaleza humana totalmente formada y desarrollada, se podría dudar de la realidad de su carne humana.

El título Madre de Dios, en última instancia, es una especie de baluarte, que se opone tanto a la ideologización de Jesús, que lo convierte en una idea o un personaje en lugar de una persona real, como para la separación, en él, entre la humanidad y la divinidad que pondría en peligro nuestra salvación.

a) Configuración de la maternidad divina con la suprema paternidad del Padre

Quien era pensamiento de paz en el corazón del Padre,
Se convirtió en nuestra paz en los brazos de la Madre.
(San Bernardo)

María recibe el Espíritu del Padre, bajo cuyo impulso se dedicará al Verbo encarnado de manera personal y única, se consagrará a Él de manera visible, con sensibilidad humana, con corazón materno.

Junto al Hijo nacido de ella, ella representa al Padre que está en el cielo.

Como Dios Padre da a su hijo a la humanidad y a través de él el Espíritu Santo, y recibe del Hijo en el mismo Espíritu la ofrenda del sacrificio redentor, en el que está presente el sacrificio de toda la humanidad, del mismo modo al hacer partícipe a la Madre, por pura gracia, de una parte de su ser paterno en la forma de su ser materno

---

21. San MAXIMILIANO M. KOLBE, *Scritti,* trad. italiana a cargo del PADRE CRISTOFORO ZAMBELLI, Ed. Città di Vita, vol. III, Firenze 1975-1978, p. 690.

de ella, le permite participar en la oferta del Hijo. Esta participación de María en línea descendente consiste en dar Jesús a los hombres; en línea ascendente consiste en unir su intercesión y ofrecimiento al sacrificio único y perfecto de Cristo[22].

La maternidad de María - sintetiza la Berulle - 'imita' la paternidad del Padre; participa en el tiempo del poder y la fecundidad de la primera Persona: se une a ella "*en qualité de Père*" (= en calidad de Padre) en el misterio de la encarnación (*NDM*, p. 1411).

De manera aún más clara y explícita, dice S. Juan Eudes: "Como el Padre eterno da lugar al Hijo desde toda la eternidad, en tu propio seno y en tu mismo corazón adorable, como lo hace nacer en el corazón y en el seno de la Virgen, como lo forma y lo produce en el corazón de los fieles, así la madre admirable hace nacer este mismo Hijo en su corazón virginal, lo concibe en su seno bendito y lo hace vivir en el corazón de los fieles"[23].

Dios, por lo tanto, ha hecho de la filiación humana del Verbo una imagen de su filiación divina.

b) Madre de Dios: el grado más alto de maternidad

Solemne para nosotros
tu nombre es, María.
Para nosotros el nombre Madre de Dios nos suena:
¡Salve, Santa! Que se iguale a él
¿hubo jamás nombre de mortal persona,
o que se le acerque?[24]
Tienes un nombre honrado,
¡bendita de todos los tiempos![25]

Versos memorables, que cantan desde hace siglos el nombre de María como *Madre de Dios*.

---

22. P. ALESSIO MARTINELLI, *La Vergine Maria Dimora escatologica di Dio ad opera dello Spirito Santo,*en *Maria Santissima e lo Spirito Santo*, o. c., pp. 89 e 210.

23. San JUAN EUDES, *Le Cœur admirable*, I, VI, cap. I.

24. ALESSANDRO MANZONI, *Il nome di Maria*, vv. 19-23.

25. VENANZIO FORTUNATO, *In laudem sanctae Mariae*, in *TMPM*, Vol. III, p. 612.

La humanidad trae su ofrenda más pura: la Virgen, y Dios hace de ella el 'lugar de su nacimiento', la Madre de todos los vivientes: la Eva perfecta. "*¿Qué te ofreceremos, oh Cristo?* - Canta la Iglesia bizantina en la víspera de Navidad- ...: *el cielo te da los ángeles; la tierra te trae sus regalos, pero nosotros, los hombres, te ofrecemos una Madre Virgen*", cuyo "sumo cargo y dignidad es su maternidad divina": cumbre suprema, trono de Dios, síntesis de todas las maravillas realizadas por el Altísimo; un "don de gracia eximia por la cual María precede con ventaja a todas las demás criaturas, celestiales y terrestres" (LG 53).

Bajo esta óptica, el título de "Madre de Dios", además de contar con una finalidad cristológica (protege el misterio de Cristo, hombre-Dios), también tiene un propósito mariológico. Hace hincapié en la posición preeminente de María en la conciencia de la fe de los cristianos: ser la Madre de Dios, en su Encarnación, es una misión que sólo le pertenece a ella.

Madre de Dios – título eterno, irreversible, puesto que es irreversible la encarnación del Verbo en el seno de la Virgen-es una verdad que lanza rayos de luz sobre todas las demás verdades Marianas, que se entienden mejor y más completamente cuando son consideradas en relación con esta: la maternidad divina es el principio primario de toda la mariología y funda, esencialmente, toda la serie de privilegios sobrenaturales de la Santísima Virgen: privilegios, que si bien la distancian, en cierto sentido, de la humanidad pecadora, la hacen más íntimamente cercana a los hombres, para una participación propia en la economía de la salvación.

No debemos olvidar que el título de "Madre de Dios", cuando hablamos de María, está destinado a destacar el límite extremo del amor de Dios, que al mismo tiempo se ha unido humildemente a lo que había creado. Antes que de la humildad de aquella a quien le gustaba llamarse 'sierva', *"Madre de Dios"* nos habla antes de la humildad de Dios.

¡Dios quiso tener una madre!... Esto significa depender radicalmente de alguien, no ser dueño de sí, no ser capaz de diseñar solo su propia existencia.

¡Qué contraste con el Dios de los filósofos, qué ducha de agua fría para el orgullo humano y qué invitación a la humildad!

Todo nos lleva a afirmar que las maravillas de la maternidad divina fueron esencialmente dos, aunque de signo opuesto: ***el abajarse*** *de Dios* y *la elevación de la humanidad* al nivel de Dios.

Un Dios que "se despojaba..., se humillaba" a sí mismo, hasta el punto de hacerse hombre como nosotros, y una mujer era tan "elevada" como para convertirse en nada menos que la *Madre de Dios*: es la locura del amor de Dios, de un amor abismal, que llena el alma de temblor y de estupor conmovido.

Frente al gran, al indecible espectáculo de la maternidad divina, la exégesis se convierte en contemplación, adoración silenciosa. Todo razonamiento humano se calla: la racionalidad pierde terreno y la reemplaza el éxtasis, la exuberancia del corazón, un efluvio vibrante de elevada maravilla:

> *"¡Oh abismo de bondad y amor de Dios para los hombres!*
> *Oh admirable maravilla, nunca vista desde*
>   *el principio del tiempo!*
> *El que es, se hace, y el Increado es creado.*
> *Quien creó los siglos comienza a existir*
> *en lo que había creado.*
> **Dios aparece como un niño...**
> *¡Como un bebé aparece,*
> *el que es el Señor de la gloria!*
> *¡Oh conjunción del todo nueva!*
> *¡Oh unión extraordinaria!...*
> *Aquel que enriquece a los demás*
> *se hace mendigo;*
> *va en busca de mi carne,*
> *para enriquecerme con su divinidad.*
> *¡Oh terrible y maravilloso misterio!*
> *¡Oh santísimo seno de María,*
> *más amplio que el cielo,*
> *que has creado los siglos sin fin!*
> *¡Oh parto preñado de salvación,*
> *que te convertiste en la redención del mundo!*
> *¡Oh cosa divina y sublime! Nace de una Virgen*
> *el que antes había nacido del Padre.*
> *Es llevado en los brazos de una humilde madre,*
> *primera «custodia» del cuerpo de Cristo,*
> *el único que tiene todo el mundo y las edades eternas.*
> *Está envuelto en pañales,*

> *quien en un puño encierra la inmensidad*
> *del mundo entero y que es por esencia intocable.*
> *Se deja poner sobre las rodillas:*
> *trono y altar primordial del gran y único Rey,*
> *aquel que está sentado sobre los querubines"*
> (De los Padres de la iglesia: fusión de múltiples textos).

También la creación participa entusiasta en el evento inaudito e indecible del nacimiento divino: "Entonces la creación miró lo que antes no había visto...: un niño preexistente a la madre. La creación miró y sonrió.

Piensa – hace notar Lausanne - que cuando esta Madre dio a luz, sonrió el rostro del universo"[26]. Se diría que toda la creación, sumida en el asombro, haya como detenido su movimiento: "José, el esposo de María, es testigo el prodigio y dice: 'miré a lo alto y lo vi estremecido por la sorpresa. Miré la bóveda del cielo y la vi inmóvil; las aves del cielo, detenidas. (...) Y he aquí que las ovejas, empujadas hacia delante no avanzaban, sino que estaban detenidas. El pastor levantó su mano para golpearlas con el cayado; su mano se mantuvo levantada (...) Luego, en un instante, todo reanudó su curso"[27].

En esta línea, casi como conclusión y resumen de lo que hemos destacado, Juan el Geómetra encuentra expresiones singularmente felices, marcadas por la dignidad artística y la perfección formal para atraer la mirada del corazón sobre las maravillas de Dios: "Es genial la visión de un cielo que se pierde de vista; destacable es el hecho de que la tierra no se apoya en nada, y también que la luz, obedeciendo a la palabra del Creador, resplandece ampliamente en todo el mundo... Es cierto, todo esto es increíble, pero lo que nos deja aún más atónitos es que Dios se ha dejado plasmar y formar en un seno" (TMPM, vol. II, p. 897).

¿Quién no se estremece? ¿Quién no se queda atónito? ¿Quién no se derrite en acciones de gracias? (León IV el Sabio).

"Realmente en María apareció un nuevo y maravilloso prodigio, un prodigio que desde el comienzo del mundo no se había visto: el

---

26. Cit. en *TMPM*, vol. I, p. 599; vol. III, p. 291.
27. *Protovangelo di Giacomo* XVIII, 2, en *NDM*, p. 783.

parto de la Virgen, la novedad del Salvador, la infancia del Creador"[28].

En el centro de este misterio, en medio de esta maravilla, está la que lo ha experimentado primero: María, la Virgen-Madre, hija de su Hijo "(Dante A.): *Aquella que, con gran asombro de toda la creación, ha engendrado a su santo Engendrador* (RM 51); la que 'sola' ha mecido suavemente en sus brazos al Hijo unigénito de Dios Todopoderoso.

Tú, Oh María - exclama con profunda inspiración espiritual A. Bello -, tú eres la primera criatura que ha contemplado el revelarse de las maravillas de Dios en nuestra historia. Tú eres la primera en haber contemplado la carne del Dios hecho hombre, y nosotros queremos asomarnos a la ventana de tus ojos, para gozar contigo de este primer fruto[29].

b1. María, creatura entre Dios y el hombre

*¡Salve, admirable espectáculo,
por encima de todo prodigio!*
(Sofronio de Jerusalén)

¿Qué corazón materno fue aquel capaz de acoger a Dios?

En la Virgen de Nazaret, elegida para ser la madre de Dios, «hay una grandeza que desciende desde lo alto, no construida por manos humanas. La teología ortodoxa habla de 'divina sofía', rumor de los pasos de Dios, viento del Espíritu, impronta del Eterno. ¿Cómo poner entonces sobre sus hombros el manto de nuestra humanidad?[30]...

Para decir la verdad – nos hace reflexionar Agnoletti -, el aspecto más dramático y espeluznante del misterio de la maternidad divina es el hecho mismo de su auténtica realidad; a saber, cómo una simple y pobre criatura humana puede convertirse en *auténtica madre de Dios* (...). Dios, sí, se despojará a sí mismo, se abajará, tomando la forma de siervo haciéndose similar a los hombres en todo, excepto

---

28. CROMAZIO de AQUILEA, *Ibidem*, III vol., p. 227.

29. ANTONINO BELLO, *Maria, donna dei nostri giorni*, Ed. San Paolo, Cinisello Balsamo (Milano) 1993, p. 46.

30. Sobre esta temática cfr, en particular, F. BOESPFLUG, *Dio nell'arte*, Marietti, Casale Monferrato 1986; C. BO, *Sulle tracce di Dio nascosto*, Mondadori, Milano 1984, p. 136

en el pecado (Flp 2,7-8; HB 4,15), aunque seguirá siendo Dios"[31]: se abajó en la pequeñez (...) pero su grandeza no le abandonó (Giacomo de Batnan). "¿Cómo ser acogido como un niño, en el minúsculo vaso de una criatura humana? Será necesario, por tanto, que esta sea ensalzada y potenciada (¡casi infinitamente!), con el fin de ofrecer hospitalidad conveniente y de alguna manera digna a Dios, en calidad de madre" (Agnoletti).

S. Maximiliano M. Kolbe aclara: "El ser de cada criatura es modelado según el propósito y la misión que debe desempeñar: viene a la existencia con la capacidad adecuada, para poder realizar la tarea confiada a él... y durante toda su vida, todo está preparado para que puede alcanzar su objetivo más fácilmente. Esto también se produjo con la Virgen María... Dios la había preparado con todo un cúmulo de gracia y privilegios, modelándola en el tiempo como la más perfecta semejanza de las perfecciones divinas en una pura criatura, para que ella pudiera realizar dignamente la misión de Madre de Dios. Todo lo que ella tiene y es, todo es de cara a la maternidad divina, todo está relacionado esencialmente con ella"[32].

Realmente debe decirse que la expresión *Madre de de Dios* supera la capacidad de la inteligencia humana: "no hay ningún lenguaje humano para describir lo que es en realidad María como Madre de Dios"[33]; por este carisma suyo único e incomparable, ha sido elevada a un estado tan sobrehumano y a tal altura de dignidad y santidad, que constituye un misterio de la fe incomprensible para la mente humana. En verdad, María en sí misma es sólo una criatura - comentario S. Maximiliano M. Kolbe - ; sin embargo, es un ser tan ensalzado por Dios, que necesitamos comprender quién es Dios para entender quién es la Madre de Dios[34].

Nada en el mundo es semejante, a la Madre de Dios, María[35]. Nada puede existir, después de Dios, más alto y más sublime - ni en

---

31. A. AGNOLETTI, *Maria Sacramento di Dio*, pp. 65-66.

32. Cit. en E. M. PIACENTINI, *Maria nel pensiero di s. M. M. Kolbe*, pp. 46-48.

33. GUILLERMO JOSE CHAMINADE, *La conoscenza di Maria. Diamanti di spiritualità*, Ed. Monfortane, Roma 1984, p. 53.

34. San MAXIMILIANO M. KOLBE, *Scritti*, cit., vol. III, p. 690.

35. PROCLO de COSTANTINOPLA, *Omelia V, Sulla Madre di Dio*, 2, PG 65, 717.

el cielo ni en la tierra, ni entre los hombres, ni entre los ángeles, ni en el tiempo ni en la eternidad – que el misterio de su maternidad divina (A. Agnoletti). Recorre con el pensamiento, oh hombre, toda la creación - exclama Proclo de Constantinopla - y mira si hay algo igual o mayor que la santa Virgen Madre de Dios: sólo ella acogió en tálamo virginal a Aquel que toda la creación canta con temor y temblor (*TMPM*, I, 565).

Ser madre, verdadera madre de Cristo hombre-Dios, significa para María y para la humanidad que ella representa y lleva en sí misma, habiéndolos sobrepasado de alguna manera, como decía Cayetano, los 'límites de la Divinidad', convirtiéndose en *afín* a Dios en una unión física, biológica y espiritual y ser la cumbre de todas las formas de relación con el Creador en la jerarquía de lo creado, inferior sólo a la unión hipostática, con la cual está estrechamente relacionada

La maternidad divina conduce a un abismo metafísico. Es decir, a un orden de las cosas que trasciende y supera toda categoría y condición humana, para crear en María una connaturalidad única con Dios[36], de modo que, en cuanto criatura María está cercana a nosotros, pero en cuanto Madre de Dios, está en contacto con la divinidad. Podemos entender así la famosa frase de S. Dionisio, quién nos asegura que en presencia de María, tuvo que recordar que era una criatura, para no rendirle honores divinos.

Dios ha ido tan lejos en honrar a María, convirtiéndola en la Madre de Dios, que nadie puede decir más (...): al llamarla Madre de Dios, se incluye todo honor; nadie puede decir de él o ella nada mayor, aunque conociese tantos idiomas como son las hojas de hierba, las estrellas del cielo y la arena del mar[37]. En cuanto Madre de Dios, tiene una dignidad en cierto modo infinita, a causa del bien infinito que es Dios[38]: la dignidad de la persona humana nunca ha subido tan alto en la escala de los valores reales como en la Virgen María.

Puede Dios crear un mundo más grande y más perfecto, pero no puede elevar a ninguna criatura a una mayor dignidad que elevó a María (San Buenaventura).

---

36. R. LAURENTIN, *La Vergine Maria*, Ed. Paoline, Roma 1973[4], pp. 260-265.
37. R. CANTALAMESSA, *Maria uno spechio per la Chiesa*, p. 78.
38. Santo TOMAS, *Summa Theol.*, I, q. 25, a. 6, ad 4.

¿Quién es más noble que tú, Santa Madre de Dios?[39] Eres más grande que los cielos, puesto que has encerrado en ti a Aquel que los cielos no pueden contener[40]. ¿Quién no te proclamará bienaventurada? (...) ¿Quién no cantará himnos a tu parto inmaculado, o Virgen? (Damasceno)

b2. En la Virgen Madre de Dios se inaugura nuestra nobleza humana

Si el título de Madre de Dios es glorioso para María, es igual de glorioso para nosotros que, redimidos por Cristo Jesús, nos hemos convertido en sus hijos y hermanos de su divino Hijo.

Asombra, sí, y de modo grandioso, la concepción de Cristo en el seno de María, pero no sorprende menos verlo convertido en huésped de nuestro corazón (S. Pedro Damiano). "Haciéndose hombre, la Persona divina del Hijo ha estimulado el más alto desarrollo de la persona humana de María", elevándola a una altura inconmensurable. "Con esto anunciaba el desarrollo de todas las personas que se derivaría de la Encarnación"[41].

María se ha ofrecido a esta operación divina, envolviéndonos a todos en una maravillosa aventura de grandeza, de alegría, gracia y salvación: ella aparece ante nuestros ojos como la más amable y admirable de las criaturas humanas, "el orgullo de la naturaleza humana" (Máximo el Confesor), "la *gloria de Jerusalén,* la *alegría de Israel,* la *honra de nuestro pueblo*". (lit. de la Inm. Conc.).

La elección para la maternidad divina de nuestra Hermana, los dones extraordinarios y gracias otorgados a ella y luego el tener lugar en ella el evento excepcional, honran de tal modo a la raza humana que provoca la envidia de los Ángeles y cualquier otro espíritu por debajo de Dios: en María el advenimiento de toda la humanidad tomó la forma más completa, ha alcanzado su *"zenit"*.

Madre del *más bello entre los hijos del hombre* (Sal. 45.3), lleva en sí la emoción de misterio, el signo manifiesto de la nueva dignidad

---

39. San AMBROSIO de MILAN, *Le Vergini*, 2, 6-7; PL 16, en *TMPM*, vol. III, p. 163.
40. JUAN PABLO II, *Insegnamenti*, en *Marianum,* 58 (1996), p. 523.
41. J. GALOT, *Maria, la donna nell'opera...*, p. 106.

del destino del hombre.

A lo largo de estos senderos encontramos las sugerencias de los artistas, que han sido capaces de evocar de manera breve la densidad del todo: en las místicas y realmente inspiradas en tercetas del poeta divino, la combinación se convierte en invocación de aliento litúrgico:

> *"Virgen Madre,*
>
> ....
>
> *Tú eres la que la naturaleza humana*
> *ennobleciste, sí, pues su creador*
> *no desdeñó hacerse obra suya"*[42].

¿Qué signo mayor podría habernos dado Dios de la admiración que siente por sus criaturas, que el confiar a una de ellas la tarea de imprimir profundamente su semejanza en la naturaleza humana del Verbo?

Cuando se piensa en el destino de este cuerpo de Cristo, que iba a ser no sólo el instrumento de nuestra salvación en la pasión, sino que después de revestir el esplendor de la resurrección, iba a continuar indefinidamente su presencia en la Iglesia bajo las especies eucarísticas y ofrecer alimento a todos los cristianos, entendemos la inmensidad de la confianza de Dios, que ha hecho nacer este cuerpo de la Virgen María.

Por todas partes en el universo y a través de los siglos, hasta el fin del mundo, este cuerpo llevará las señales profundas de su origen materno. Por otra parte, un hijo «no deja nunca de ser un hijo de su madre; así que Jesús siempre será el hijo de María, y ella será eternamente su madre «(Kolbe).

Jesucristo - completa Montfort - ahora como siempre, es el fruto de María. El cielo y la tierra lo repiten miles y miles de veces al día: *y bendito es el fruto de tu vientre, Jesús* (VD, n. 33).

Pensad - observa, a su vez, Pietro Parente – que dentro de la Trinidad, desde la encarnación del Verbo y por toda la eternidad, late un corazón humano, que es el corazón de Cristo: ese corazón le

---

42. DANTE ALIGHIERI, *Paradiso*, XXXIII, 1-6.

pertenece a María, que ha revestido el Verbo con su carne virginal[43].

En este orden de ideas se sitúa Juan Pablo II cuando dice: "Si el Cuerpo que comemos y la sangre que bebemos es el inestimable regalo del Señor resucitado a nosotros que vamos en camino, todavía lleva en sí mismo como el pan fragante el sabor y el aroma de la Virgen Madre. Aquel cuerpo y aquella divina sangre conservan su origen de María"[44]: cuando recibimos a Jesús Eucaristía recibimos su Cuerpo y su Sangre, sí, pero tenemos que pensar que son carne y sangre de María, formadas en su seno purísimo.

En virtud de la maternidad divina, aun siendo infinitamente distantes Dios y el hombre, en María se convierten en una sola carne. El envío del Hijo Unigénito entre los hijos de los hombres, por Dios Padre, es "garantía de que nada de lo que es auténticamente humano puede ser simplemente ajeno a Él. La Madre, seno humano de Dios encarnado, testimonia la solidaridad del Creador con la criatura, la profundidad del hecho de que esa carne no es extraña al Espíritu, y que Dios mismo es como el seno adorablemente trascendente de toda la aventura humana" (B. Forte).

c) Madre a todos los efectos

Está claro que la maternidad de la Virgen no es un fenómeno solamente corporal, como erróneamente declaraba el nestorianismo: María es madre en sentido real, y propio, como todas las madres lo son para sus hijos. No les dan sólo el cuerpo y Dios les da el alma y la personalidad: son madres de las personas concretas que existen y se realizan históricamente en este cuerpo. Así, la Virgen de Nazaret es la madre en toda la plenitud y el alcance de su significado. Basta con echar un vistazo al Evangelio, que siempre nos viene al encuentro para ilustrarnos:

"*Su madre le dijo: hijo, ¿por qué has hecho esto? Mira, tu padre y yo te estábamos buscando angustiados*" (Lc 2.48).

Por la fuerza intrínseca de esta expresión simple se entiende inmediatamente qué estrechamente se une el aspecto físico al psicológico y espiritual: al factor físico se une una gran participación interna.

---

43. *La teologia della Madre del Buon Consiglio*, in *Lo Spirito Santo e Maria Santissima*, p. 201.

44. *Allocuzione* in *Audientia generali* (2 dic. 1983).

Puesto que se crean los sentimientos y afectos correspondientes (María cumplirá con Cristo, después de haberlo engendrado, todos los oficios y deberes de la maternidad más auténtica, durante largos años, hasta su muerte), la maternidad de la Virgen es una maternidad perfecta, no sólo en términos humanos y físicos, sino también en el psicológico: afectivo, moral y espiritual.

A pesar de que sea importante y fundamental el aspecto biológico, la maternidad de María no termina en absoluto en él. Por el contrario, los padres tienden a relativizarlo a favor del 'parentesco espiritual' de la Virgen con su Hijo: *"Ella fue bienaventurada, no tanto por haber alimentado al Hijo de Dios, sino por haberse ella misma alimentado con la leche saludable de la Palabra de Dios"* (Damasceno). La profundidad de su actitud de fe establece entre ella y su Hijo una relación aún más estrecha que la misma maternidad física. Esta, de hecho, fue sólo un privilegio personal. Pero "Si María hubiera sido sólo la madre física del Señor, no la podríamos llamar '*bendita entre las mujeres*'"[45]. Su singularidad, su eminente dignidad le vienen más de su compromiso personal y libre, de su actitud espiritual de lealtad consciente y por lo tanto meritoria a la misión divina, que de su condición de madre afortunada del Mesías prometido.

San Agustín, Padre y Doctor de la Iglesia, que elabora explícitamente la relación entre la maternidad según la carne y la maternidad según el espíritu, da la primacía a la segunda. Comentando el texto de los sinópticos "¿Quién es mi madre?" (Mt 12, 48-49; Mc 3, 33-35; Lc 8,21), atribuye a la Virgen, en grado sumo, la maternidad espiritual que viene de hacer la voluntad del Padre.

María - dice el obispo de Hipona - corporalmente es sólo la madre de Cristo, mientras que espiritualmente, como hace la voluntad de Dios, es su *hermana y madre*[46].

Ella "*concibió al Hijo antes en su corazón que en su cuerpo*". Antes de ver a Jesús creyó en él: "*primero fue creyente, y luego madre*".

Cristo es Verdad, Cristo es carne: Cristo-Verdad en la mente de María, Cristo-carne en el seno de María (...). Dios ya había nacido en su alma. Por eso ella podía concebirlo en el cuerpo.[47]

---

45. O. CASEL, *Il mistero dell'Ecclesia*, Città Nuova, Roma 1965, pp. 438-440.

46. San AGUSTIN, *La Santa Verginità*, 5-6, PL 40, 399.

47. IDEM, *Sermo* 25 (Sermones inediti) 7: PL 46,938.

Esta maternidad pneumática a diferencia de la física, única e irrepetible, María la comparte con toda la Iglesia, en la cual ella es y seguirá siendo el modelo perenne de cómo cada alma puede concebir, llevar en el corazón y engendrar a Cristo en la propia vida por la fe.

Conforme a la carne de una sola, de hecho, es la madre de Cristo; según la fe todas las almas engendran a Cristo reciben la Palabra de Dios. Cada alma que cree (...) concibe el Verbo de Dios" (S. Ambrosio) y por lo tanto, "hace de su persona el Santuario de la inhabitación divina" (Juan Pablo II). "De todas las almas devotas – dice S. Agustín - se puede decir que son la madre de Cristo, en el sentido que, haciendo la voluntad del Padre, a través de la caridad, que es una virtud fecundísima, transmite la vida a todos aquellos en los que imprime la forma de Cristo" (*TMPM*, III, 317).

Otro Padre de la iglesia se hace eco desde el Oriente, señalando: "Cristo nace siempre místicamente en el alma, tomando carne de aquellos que se han salvado y haciendo del alma que lo genera una madre virgen"[48].

3. Madre de la humanidad

Somos todos el regalo de Dios a María:
Somos el regalo de Dios a su maternidad.

a) Introducción

En la vida del cristiano todo está iluminado por una dulce nota que toca el corazón: María nuestra Madre (Juan XXIII).

A esta madre, de inmensa ternura, Dios quiso asignar un lugar único en la historia de la salvación. El despliegue de esta historia en la vida de Jesús Redentor, revela que la misión de María no estaba dirigida sólo al hecho de la Encarnación: no termina simplemente con el nacimiento de Jesús, sino que se inserta en todo el plan de la salvación.

Asociada a la obra de la Trinidad en la propagación y desarrollo de la vida divina en el mundo, María desempeña una función principalmente materna, de naturaleza espiritual y universal como la paternidad del Padre: **a su maternidad pertenece con Jesús toda la humanidad.**

---

48. San MAXIMO EL CONFESOR, *Commento al Padre Nostro*, (PG 90,889).

Por la gracia de su extraordinaria maternidad divina, ella está *'llena de gracia'*; gracia que se vierte abundantemente en beneficio de todos (San Bernardo): María recibió una singular riqueza de gracia, sólo para compartirla, como una Madre, con todos los hombres.

Cada criatura, cada uno de nosotros lleva a cabo su existencia dentro del radio de inestimable, dulce amor materno, que el Amor Trinitario ha formado con un derramamiento especial de gracia.

Esta expansión maternal de María no es una expansión indebida: como demostraremos más adelante, tiene el germen de su desarrollo en el mismo terreno bíblico.

b) Una Madre en el camino de cada hombre

No hay vida sin una madre.
Incluso la vida sobrenatural tiene una madre:
la madre de la gracia divina,
refugio común de todos los cristianos.

El hombre, *'ser social'*, en el orden de la naturaleza no está, ni puede estar nunca solo: nace, crece y vive en una sociedad que es principalmente la familia, que no puede existir sin una madre.

Lo que una madre representa y hace en una familia y por una familia totalmente no se puede decir o listar de manera exhaustiva, porque muchas cosas, quizás la mayoría, siguen siendo invisibles e indecibles. Lo cierto es que su función es siempre fundamental e insustituible.

El de la madre es un sentimiento profundo e irreprimible del corazón humano...

¿En qué nos convertiríamos, pobres y débiles como somos, si en nuestros años de incapacidad y miseria no se inclinase sobre nosotros alguien hecho a propósito para amarnos? ¿Si no lleváramos en el torrente sanguíneo la certeza de ser valiosos para alguien?...

Recurrir a la madre es un instinto de vida: es el primer llanto del bebé en la cuna, la última invocación del herido en el hospital.

Puesto que, como enseña la teología, la gracia no destruye la naturaleza sino que la perfecciona, Dios ha establecido, en su plan providencial de la salvación, que ni siquiera en el orden sobrenatural el hombre esté solo, sino en un contexto de comunidad de una gran familia: la de los Redimidos en Cristo, sostenida por la fuerza dinámica del Espíritu divino y por la **brillante presencia de una Madre**, María: presencia tan silenciosa y discreta como activa, fructífera y verdaderamente solícita por el bien de todos sus hijos, más que cualquier otra madre. Presencia misteriosa pero innegable, íntima a todos los cristianos y al mismo tiempo real viva y personal: una presencia dulcísima, que ilumina la existencia de los hombres, que no molesta a nadie, sino que abre los corazones de todos a la vida, la esperanza y la alegría.

En este sentido, el Papa Montini escribe: "Al igual que en cada hogar, así en su familia - la Iglesia - Dios ha colocado la figura de una Mujer, quien secretamente y con un espíritu de servicio vela por ella y la protege benignamente en su camino... hasta que llegue el día glorioso del Señor" (MC, introd.). "Ella tiene un corazón materno para nosotros y mientras se ocupa de los asuntos de cada uno, vela por toda la humanidad" (Pío IX).

Como en la generación natural y corporal hay un padre y una madre, así en la generación sobrenatural y espiritual hay un padre que es Dios y una madre que es María (VD, nº 30). Dios no ha querido que la vida sobrenatural fuese menos humana que la vida natural, lejos de ello; y que los hombres adoptados por Él, en su propio Hijo, fueran medio huérfanos. Y creó a la Virgen María[49]: la madre de las madres, a la que "la suma de todo el afecto, la bondad, la misericordia de las madres del mundo no logra igualar" (Chiara Lubich).

La maternidad sobrenatural o espiritual de María completa la encarnación de la economía de la gracia: la encarnación se manifiesta en su totalidad, dando la misma madre de Dios como madre a los hombres: ante este invaluable regalo, el corazón del hombre se desborda de alegría y grita sorprendido: *"¡Oh bendita confianza y refugio seguro! ¡La madre de Dios es también nuestra madre"* (San Anselmo), *amantísima madre de todos nosotros!* (Pío IX).

Es muy bonito, de hecho, poder decir que nuestra madre es la madre de Jesús, que la madre de Jesús es nuestra madre, que Jesús y nosotros somos hijos de la misma madre. No hay ningún punto de la doctrina mariana más común y universal en la Iglesia Católica, ninguno más sentido y querido para el corazón de cada creyente que este. El Vaticano II subrayó fuertemente: los expertos son unánimes

---

49. E. MERSCH, La théologie du corps mystique,I, Desclée, 1944.

en reconocer que una sola palabra domina, como un estribillo, en el capítulo VIII de *Lumen Gentium*. Esta palabra es: "María es nuestra *Madre*". Al menos quince veces el documento Conciliar expone la función maternal de María en relación con la humanidad.

A decir verdad, nos recuerda Pablo VI, todos los períodos de la historia de la Iglesia se beneficiaron y se beneficiarán de la presencia maternal de la madre de Dios, ya que ella siempre estará inseparablemente unida al misterio del cuerpo místico, de cuya cabeza se ha escrito: Jesús Cristo es el mismo ayer y hoy, y lo será por los siglos (*Signum Magnum*, 23).

Si la maternidad humana no cesa mientras estamos en este mundo, con más razón la maternidad espiritual de la Virgen Madre no se interrumpe, ni se agota nunca, sino que continúa sin cesar: "Con su caridad materna, ella se encarga de los hermanos de su Hijo aún itinerantes y colocados en medio de peligros y dificultades, hasta que sean conducidos a la patria bendita" (*LG* 62).

Pistas evangélicas de la maternidad espiritual de María

Por las fuentes evangélicas nos enteramos de que la *Madre de Jesús* está atenta a las necesidades de los demás. Va, por ejemplo, a visitar a Isabel, avanzada en años, que la necesita (Lc -56 1,39); pide el milagro para aquellos que no tienen más vino en la boda de Caná (Jn 2, 1-11). En definitiva, está animada por el cuidado y la solicitud materna hacia todos los hombres; " Aparece animada - dice Juan Pablo II – por el deseo de llegar hasta ellos, en la amplia gama de sus necesidades y carencias "(RM 21): nada es indiferente a su amor maternal que no tiene límites.

Observémosla en las bodas de Caná, donde aparece la más exquisita dimensión de su amor maternal: la de prevenir la necesidad o conocerla, incluso en la ausencia de palabras.

El evangelista Juan relata: *Tres días más tarde había una boda en Caná de Galilea, y allí estaba la madre de Jesús. Fue invitado a la boda también Jesús con sus discípulos. Mientras tanto, el vino se terminó, y la madre de Jesús le dijo: 'No tienen vino'* (Jn 2, 1-3).

María, pues, está atenta en el amor. Y este es el primer signo de la maternidad. ¿No es cierto que una madre entiende las necesidades del hijo sin que se las diga el hijo? El amor que se da sabe ver la necesidad más allá de las palabras. Lo decían los medievales con una bella frase: *"ubi amor, ibi oculos"* (donde hay amor, hay ojos). ¡Es cierto!

María En Relación Con El Padre

Donde hay amor, la mirada es más poderosa que las palabras. Si realmente se ama, uno entiende lo que el otro necesita, sin esperar que el otro hable: se sabe ver en el corazón.

Ahora bien, este cuidado delicado, esta exquisita amabilidad, propia de una verdadera madre, que no sólo ofrece ayuda a quien la pide, sino que generosamente sabe prevenir las necesidades, brilla claramente en María, con aquellas palabras tan llenas de bondad que pronuncia en Caná: "*No tienen vino*".

Una connotación similar de la madre de Jesús no pudo escapar a la sensibilidad de los grandes genios, que la han retratado con un toque de poesía:

"*Tu bondad no sólo ayuda
a quien te lo pide, sino que muchas veces
libremente precede a la petición*".

Dante pone estas palabras en la boca de San Bernardo, en su sublime *Oración a la Virgen* (pár. XXXIII, 16-18), que se basa en las fuentes puras de la Palabra de Dios y de los grandes doctores marianos.

María es madre porque ella ama, viendo allí donde los ojos del des-amor nunca podrían llegar. Está muy cerca de los fieles que le ruegan y también de quienes ignoran ser sus hijos " (MC 56).

De la descripción del evento en Caná se deduce lo que concretamente manifiesta como nueva maternidad (de María) según el espíritu y no sólo según la carne "(RM 21). Como en las bodas de Caná, así en todo momento la excelsa Madre de Dios "está entre su hijo y los hombres en la realidad de su privación, pobreza y sufrimiento. 'En medio', es decir, actúa como una mediadora, no como un extraño, sino en su posición de madre, consciente de que como tal puede, más aún, tiene el derecho de señalar a su Hijo las necesidades de la humanidad" (ibid).

Es importante señalar aquí cómo la compasión y el celo de María por esa pobre gente que no podía comprar una cantidad suficiente de vino para la fiesta nupcial, es una preocupación que invoca particularmente la Providencia del Padre, de la cual Jesús hablará más tarde, pensando en las necesidades materiales: "*Vuestro Padre celestial sabe lo que necesitáis*" (Mt 6,32).

La maternidad de María no es una mera maternidad metafísica, sino una verdadera maternidad: "ella es nuestra madre más que nuestras madres, para todos y para cada uno, y nos ama mucho más que ellas, tanto que no se puede expresar: nos quiere más de lo que se pueda decir o pensar"[50]. Su corazón "es la consumación, la síntesis y la perfección de todas las obras de la Stma. Trinidad, que se encuentran en el ser puramente creado, puesto que ese corazón contiene en sí mismo, en grado eminente, todo cuanto de grande y extraordinario hay en todas las puras criaturas" (S. Juan Eudes): es como un cristal que refleja la divinidad.

Si Dios - que en su creación hizo esta maravilla de maravillas, como es el corazón de las madres - sabe poner en el corazón de las madres comunes auténticas maravillas de ternura, de un amor profundo, obstinado, que se diría irracional: un amor dispuesto a todos los sacrificios, a todas las renuncias, ¿qué no pondrá en el corazón de la Madre por excelencia? De hecho, su amor por el único Hijo y por nosotros, los hijos adoptivos, debe ser en cierto modo igual al del Padre[51].

En verdad podemos decir que el cielo se vuelve más cercano, la tierra más adorable, allí donde María es madre. En cada etapa alegre o triste de nuestro viaje, de cualquier modo que vayan las cosas, cualquier camino que tome el hijo, el poder del amor materno de María se encuentra a lo largo de todos los caminos, da seguridad para el día de mañana, atraviesa el umbral de la debilidad humana, del poder del mal y de la muerte.

Si la religión pre-cristiana del culto de las diosas madres había percibido la importancia arquetípica de la fertilidad, la capacidad de dedicación absoluta, de la enorme potencia de la esperanza, representada en el vientre que crea vida, todos estos valores están en realidad reasumidos, renovados y llevados a plenitud en María, Madre de Dios y de la humanidad, que lleva en sí misma, completamente esculpida, la huella y el poder de lo divino.

No creo que se pueda concluir mejor esta primera parte de nuestras reflexiones sobre la maternidad espiritual de María, que con una de los miles y miles de oraciones, que le han dirigido durante siglos sus fieles.

---

50. JUAN EL GEOMETRA, *Omelia sulla Dormizione*, in *TMPM*, II vol., p. 967.
51. E. MERSCH, en *Meditazioni Mariane*, pp. 176 - 177.

Detengámonos un poco con el poeta, quien en el templo, después de haber adorado a Jesús Eucaristía, en éxtasis, saluda en el silencio del corazón a la Virgen Madre, diciéndole:

> *"No tengo nada que ofrecer, nada que pedir...*
> *Vengo sólo para mirarte, oh Madre:*
> *Mirar tu rostro,*
> *Dejar que el corazón cante en su propio lenguaje...*
> *llorar de felicidad,*
> *Saber que soy tu hijo, y que tú estás ahí...*
> *Simplemente porque existes,*
> *Madre...,*
> *Te doy las gracias".*
> (P. Claudel)

c) Cómo y cuándo Madre
c1. Madre de la Gracia Divina

> *¿Qué diremos, pues, hermanos? ¿No es María nuestra madre?*
> *Cierto, hermanos, Ella realmente es nuestra madre.*
> *Por ella de hecho hemos nacido, no al mundo, sino a Dios.*
> (Elredo)

En la explicación de la maternidad de Gracia, o maternidad espiritual, debemos referirnos directamente a la Persona del Padre que, como hemos tenido ocasión de decir, comunica a María una fecundidad no sólo para la divina maternidad de su Hijo, sino también una fecundidad real de gracia para todos los redimidos: una maternidad espiritual, que es participación en la generación activa de los hijos de adopción.

El Padre adopta a los hombres como sus hijos en Cristo, pidiendo la colaboración materna de la Virgen; así, pues, María desempeña un papel de Madre en toda la obra de la difusión de la Gracia.

La misión que ha asumido y cumple para con sus hijos nos es sugerida por el título de *Madre de Dios*. De hecho, en cuanto tal, la Virgen participa en el evento de la más alta auto comunicación de Dios al hombre: es llamada a cooperar con el Padre para traer a Cristo a los hombres y entregárselo, convirtiéndose, en este sentido, en la primera misionera: la que introduce a Cristo en el mundo, dándolo a todos: "*desde hace (más) dos mil años, la Iglesia es la cuna donde María pone a Jesús y lo confía a la adoración y la contemplación de todos los pueblos*" (I M 11).

En verdad, hay muchos Padres que, en base a las afirmaciones de las Escrituras relativas a la función maternal de María, reconocieron en la Madre de Cristo a la madre de la obra de nuestra salvación. Respigando en sus campos ricos y vastos, nos encontramos con preciosas indicaciones al respecto: "María, al traer al mundo a Jesús nuestro Salvador y nuestra vida, nos ha dado a luz a todos para la salvación y la vida" (San Guillermo). Engendrando la vida (Cristo), también ha engendrado a los vivientes, es decir a los cristianos[52]. Ella es la Madre de la Vida por la que viven todos los hombres: engendrando por sí misma esta Vida, en cierta manera ha regenerado a todos aquellos que la habrían vivido. Sólo uno fue engendrado, pero todos fuimos regenerados en Dios, en el seno purísimo de María (Guerrico de Igny); por el hecho de que haber dado a luz la Vida para nosotros, ella nos ha dado a luz para la Vida (Guillermo de Newburgh).

S. Anselmo explicita aún más el objeto de la maternidad espiritual de María, definiéndola como el conjunto de la obra salvífica: "Tú eres la madre de la justificación y de los justificados, la madre de la reconciliación y de los reconciliados, la madre de los salvación y de los salvados: la madre de las cosas 'recreadas', la madre de la restauración de todas las cosas" (*Oratio* 52, 7- 8, Pl 158, 956 AB. 957 A.).

Comparable es el título *Madre de la Gracia*, cuyo uso justifica Godofredo de san Víctor, fundándolo no sólo en el poder de intercesión de María, capaz de obtener toda gracia del Padre, sino ante todo por el hecho de que Cristo puede ser llamado 'la Gracia' en persona. Ahora bien, ¿de quién viene Cristo, esta Gracia en persona, sino de María, que "lo engendra para todos, en todas las almas" (S. Efrén), en cada corazón que renace en Dios? Si Pablo, que es un siervo y apóstol de Cristo, puede decir a sus seguidores: "Soy yo quien os he engendrado en Cristo por medio del Evangelio" (1 Cor 4,15), ¡cuánto más puede decirlo María, que es su Madre! Ella es Madre, donde Jesús es Salvador: está presente y operante allá donde llega el misterio de la salvación. "Donde la humanidad de Cristo es la fuente de la vida, allí está María que le dio la carne, allí está inscrita su imagen de Virgen y su acción de madre. Donde está presente Cristo en su misterio y se

---

52. Cit. de A. AMATO, en *Maria e lo Spirito Santo*, p. 52.

hace presente con su acción salvadora, allí está presente su Madre, en comunión con la Trinidad y con la Iglesia"[53]

Toda la vida de la Virgen se resume en su ministerio de maternidad, a través del cual da su Hijo a las almas. Incluso en la gloria continuará siendo la que entrega a su Hijo.

Si podemos decir que estamos "fundados" sobre los apóstoles, porque nos han transmitido por primera vez la palabra de vida, tanto más podemos decir que estamos "fundados" sobre María y "generados" por María, que nos ha transmitido al autor de la Palabra no a esta o aquella Iglesia, como cada uno de los apóstoles, sino a todo el mundo (R. Cantalamessa).

Es esta prerrogativa la que hace de María nuestra madre en la Gracia: madre de los hijos de Dios, "madre de todos los que son divinizados según la gracia, porque ella les da tal divinización" (Teófano de Nicea).

Es muy significativa, en este contexto, la afirmación de S. Juan Damasceno: "La Virgen María se llama Theotokós (= Madre de Dios) no sólo debido a la naturaleza del Verbo, sino también debido a la divinización de la humanidad" (*De fide orthodoxa* 3.12, PG 94).

Es alentador descubrir que en tal verdad coinciden los mismos iniciadores de la Reforma, que reconocieron a María el título y la prerrogativa de Madre, incluso en el sentido de madre nuestra y madre de la salvación: "Este es el consuelo y la desbordante bondad de Dios - dijo Lutero en un sermón de la Misa de Navidad - : que el hombre, en cuanto cree, puede presumir de un bien tan valioso, que María es su verdadera madre, Cristo, su hermano, Dios su Padre... Si piensas así, entonces te sientas en el regazo la Virgen María y eres su hijo querido" (*Ibidem*).

La maternidad de gracia, en su ejercicio actual, no se limita a la simple intercesión o al cuidado materno: indica una actividad que tiene por objeto los dos elementos característicos de la maternidad: engendrar y educar (a los cristianos). Por esto merece plenamente el título de maternidad.

---

53. JESUS CASTELLANO CERVERA, *La presenza di Maria nel mistero del culto. Natura e significato,* en Marianum, 58 (1996), p. 395.

c2. Momentos y características peculiares de la maternidad de gracia

I) Visión de conjunto

El plan de realización de la maternidad de María para con los hombres puede verse en dos momentos importantes: su origen y su aplicación en varias etapas, con el tiempo. Para una visión más clara y completa, en ese sentido, es apropiado dar un vistazo de conjunto, antes de centrarse en los detalles singulares.

Vamos a empezar diciendo, en primer lugar, que el proyecto de realización de la maternidad de gracia tiene su origen en el plan divino de la salvación del hombre a través de Cristo, nacido de Mujer (Gal 4,4), de acuerdo con el amor eterno del Padre que, después de haber creado al hombre a su imagen, quiere unirlo a sí con un vínculo de filiación.

La abundante Tradición eclesial habla a menudo de la maternidad de María, vinculándola a la paternidad de Dios y a la vocación del hombre a convertirse en hijo de Dios.

El proyecto es ejecutado en la Encarnación: comienza en el tiempo con el "sí" de María a la propuesta que Dios le hace a través del ángel.

Con su sí a la maternidad, María responde al designio del Padre y se convierte, desde ese momento, en la madre de todos los futuros redimidos. Así, pues, el "sí" de la Anunciación, que se refiere directamente a la concepción del Redentor, indirectamente se refiere a regenerarnos a cada uno de nosotros.

Esta maternidad, que podría ser definida en potencia, se actualiza en María a través de su colaboración activa con Cristo para la salvación de la humanidad.

Desde la cruz, se podría decir que desde el mismo corazón del misterio de la redención (RM 19), Jesús confía a María los cristianos de todos los tiempos, para los cuales ella es madre.

Queda por destacar la maternidad de María para con cada hijo en particular: se lleva a cabo en su renacimiento en el momento del bautismo, en su crecimiento en la vida y en su glorificación en el cielo: la maternidad de María continúa, así, en el tiempo y llega hasta la eternidad.

Con razón dice F. Jurgensmeir: "La maternidad eclesial de María debe ser una realidad que opera continuamente, mientras exista la Iglesia en la tierra. De lo contrario, sería muy difícil no encontrar falta de lógica y ruptura de armonía en la obra de Dios"[54].

II) Mirada analítica

IIa) La Madre de la Cabeza es también Madre de los miembros

En el Nuevo Testamento encontramos elementos muy importantes para validar la doctrina de la maternidad espiritual de María extendido a todos los hombres, pero siempre arraigada en su maternidad física, que la coloca en una relación única y exclusiva con Cristo.

De hecho, el principal fundamento de la maternidad de gracia es la maternidad divina de la Virgen que, como ha generado a la Cabeza de la nueva humanidad (Jesucristo), del mismo modo sigue generando el cuerpo y los nuevos miembros (la Iglesia) a lo largo de los siglos: de la maternidad concreta proviene la maternidad espiritual para con todos los Redimidos.

El salmo 87 (v. 2s), aplicado por la liturgia a la Virgen, dice: *"... He aquí, Palestina, Tiro y Etiopía: todos nacieron allí. Se dirá de Sión: 'uno y otro han nacido en ella'. El Señor escribirá en el libro de los pueblos: este ha nacido allí"*.

Es cierto: ¡todos hemos nacido allí! También se dice de María, la Nueva Sión: *"uno y otro han nacido en ella"*. De mí, de ti, de todo el mundo, incluso de aquellos que no lo saben aún, en el libro de Dios está escrito: *"Allí ha nacido"*. ¿Acaso no hemos sido todos nosotros regenerados por la Palabra del Dios viva y eterna?" (cf. 1 P 1,23) ¿No somos "nacidos de Dios?" (Jn 1, 13); ¿"Nacidos de nuevo por el agua y el Espíritu"? (Jn 3,5). Es cierto, pero esto no excluye que en un sentido diferente, instrumental y subordinado, seamos nacidos también de la fe, así como del sufrimiento de María (Cantalamessa).

El Magisterio ordinario, con San Pío X, recurre a un principio preciso: "¿No es María la Madre de Cristo? Por lo tanto también es nuestra madre "(*NDM*, 836); madre de Cristo, también debe ser

---

54. F. JURGENSMEIR, *Il Corpo mistico di Cristo come principio dell'ascetica*, Morcelliana, Brescia, 19454, p. 361ss.

madre de los cristianos: madre de la cabeza y los miembros, pues cabeza y cuerpo son un solo Cristo. Por esta razón, podía escribir S. León Magno: "la generación de Cristo es el principio del pueblo cristiano, y la Navidad de la cabeza es el nacimiento del cuerpo" (*Sermón* 26, PL 54, 213). Todos sabemos que estamos unidos a Cristo y somos *miembros de su cuerpo* (Ef 5,30), hemos salido del seno de María como un cuerpo unido a la cabeza.

De hecho, "Si Jesucristo, Cabeza de los hombres, ha nacido de María – sostiene Montfort - incluso los predestinados, que son miembros de esta Cabeza, deben necesariamente nacer de ella. Una misma madre no da a luz la cabeza sin los miembros, ni los miembros sin la cabeza: de lo contrario tendríamos un monstruo de la naturaleza. Así, pues, en el orden de la gracia la cabeza y los miembros nacen de la misma madre; y si un miembro del cuerpo místico de Cristo, es decir, un predestinado, hubiese nacido de una madre diferente de la que dio a luz la cabeza, no sería predestinado, ni un miembro de Jesucristo, sino un monstruo en el orden de la gracia "(*VD*, n. 32).

La inseparabilidad de la cabeza con respecto a su cuerpo místico hace que, puesto que la cabeza se ha formado por obra del Espíritu de Dios en el seno de María, de la misma manera se debe formar en María, por obra del Espíritu, también el cuerpo místico de Cristo.

Los Padres de la Iglesia muestran su fe al respeto, con toques singularmente afortunados:

"Engendrando al primogénito de la familia cristiana (Cristo), la Virgen también ha engendrado a todos los otros hermanos (cristianos) de la misma (Ruperto de Deutz); engendrando al hijo natural de Dios, también ha engendrado a los hijos adoptivos de Él (Beato Guerrico de Igny); engendrando el grano de trigo (Cristo) ha engendrado el montón de trigo que se deriva de él (S. Ambrosio, Raimundo Giordano). En el momento en que se convirtió en Madre del Creador, se ha convertido verdaderamente en la soberana, la madre de todas las criaturas (Damasceno)".

Todos nos hemos convertido en hijos de María en el Hijo y con el hijo, nuestro hermano: "la misma única Virgen Madre, que tiene la gloria de haber engendrado al Hijo unigénito del Padre, abraza a su mismo Hijo único en todos sus miembros y no se avergüenza de llamarse madre de todos aquellos en los que reconoce a su Cristo ya formado, o que se formará" (Guerrico de Igni).

Su corazón fue forjado no sólo para Cristo, sino que fue creado también para su cuerpo místico: "**ella abraza en un único amor a Cristo y a nosotros sus miembros**" (C. Marmion).

Por lo que se ha dicho está claro que los cristianos no pertenecen a María sólo desde el momento en que el Salvador, desde lo alto de la Cruz, los confió solemnemente a su amor de madre. Es cierto que el precio de nuestra redención fue pagado a la justicia divina en el Calvario: es allí donde se realizó la obra de regeneración; es allí donde Jesús mereció la gracia de la adopción y de la gloria; es allí, pues, donde, estrictamente hablando, *María nos ha dado a luz* a la vida de fe. Sin embargo, no es entonces cuando comenzó a ser nuestra madre.

Debemos volver al *Fiat*, a la Encarnación: el momento en el que la Virgen, en Jesús, nos ha acogido y concebido a todos en su seno. Es aquí donde María empezó a ser nuestra madre; es aquí donde empezó a llevarnos a todo en su seno: llevando en él al Salvador, llevaba a todos aquellos cuya vida estaba contenida en la del Salvador. Concibiendo la cabeza, María 'concebía', es decir, nos acogía literalmente junto con él, al menos objetivamente, también a nosotros, que somos sus miembros[55]. Esto significa que el "sí" de la Virgen Madre fue, de alguna manera, también un "sí" dicho a nosotros.

Por lo tanto, análogamente a la maternidad física, también la espiritual se ha realizado y se realiza en María a través de dos momentos y dos actos: *concebir* y *dar a luz*. Ninguna de estas dos realidades, por sí sola, puede ser suficiente. *María* ha pasado precisamente por estas dos etapas: **nos ha concebido y dado a luz** *espiritualmente*.

Si Dios nos amó primero "(1 Jn 4,10), también la Virgen María nos amó primero, cuando nos entregó con su *fiat* su maternidad.

IIb) Madre nuestra porque coopera a la restauración de la vida sobrenatural

> *María de Nazaret… una oferta total, sin reservas;*
> *una existencia gastada para que el amor redentor del Hijo*

---

[55]. Son conceptos que emergen con fuerza en los textos patrísticos y son apoyados por la palabra autorizada del Magisterio de la Iglesia. Los testimonios en este sentido podría multiplicarse: baste recordar, además de S. Anselmo, S. Alberto Magno, S. Buenaventura, S. Alfonso M. de Ligorio… y, hoy en día, entre otros, Juan Pablo II.

envolviese la humanidad y las cosas[56]
No es un sin parto doloroso como ella nos ha llamado a todos y regenerado para la vida eterna en su Hijo y con su Hijo[57].

Todo lo que podemos retener como esencia de lo que estamos desarrollando está aquí, en la energía contenida en estas palabras brillantes y perspicaces; es aquí donde se concentra la verdad del segundo fundamento de la maternidad sobrenatural de María, formado por su asociación con el hijo en la obra de la salvación humana. Debe indicarse que la figura de María, especialmente en el marco teológico del cuarto Evangelio, siempre se encuentra en un contexto altamente cristológico; ella constituye el marco dentro del cual se encuentra, de principio a fin, la historia mesiánica de Cristo: la madre de Jesús, para el evangelista Juan, forma parte de *la hora del Hijo*.

Con el episodio de Caná, que es "como un preludio a la gran sinfonía del cuarto evangelio" (A. Serra), María es el punto de partida de los "signos" hecho por el Hijo de Dios, suscitando la fe incipiente de los discípulos en él como el Mesías (Jn 2.11); en el Calvario, al pie de la Cruz, ella marca el "cumplimiento de las escrituras" (Jn 19,28).

Juan, por lo tanto, interpreta el evento María no como un momento anecdótico, sino como una parte esencial de la historia de la salvación.

La Virgen es aquella que "bajo la guía del Espíritu Santo se consagró totalmente al misterio de la redención humana"; su "participación en el desarrollo histórico del misterio de Cristo fue íntima, activa, prevista en el plan divino de la salvación; de modo que los episodios del evangelio en los que participa resultan acontecimientos salvíficos llevados a cabo por Cristo a que estaba unida la Madre "(LG, 56-58; 61). "Al concebir a Cristo, engendrarlo, alimentarlo, presentarlo al Padre en el Templo, sufrir con su Hijo al morir en la cruz, *ella cooperó de manera muy especial en la obra del Salvador*, con obediencia, fe, esperanza y caridad ardiente, para restaurar la vida sobrenatural de las almas. *Por eso fue nuestra madre en el orden de la gracia*" (ibídem nº 61).

Definida por su papel esencial, María es la mujer con la que Dios

---

56. PAOLO PIFANO, *Tra teologia e letteratura. Inquietudine e ricerca del sacro negli scrittori contemporanei*, Edizione Paoline, Cinisello Balsamo (Milano) 1990 p. 220.
57. *Mariale*, q. 29, III; en J. GALOT, *Maria, la donna...*, p. 367.

ha hecho alianza. Al participar en esta alianza, ha colaborado, decisivamente, a la formación de una nueva humanidad; creyendo y haciendo propia la propuesta de Dios revelada por el ángel, ella cooperó activamente y con eficacia al desarrollo de la misión del Salvador, contribuyendo así a comunicar la vida superior que fluye de Dios y que fue obtenida para la humanidad por el sacrificio de Cristo "(J. Galot).

La Virgen María participó en la regeneración de los hombres de manera excepcional, bien por la universalidad de su influencia, puesto que su sí se presenta al comienzo de la nueva economía, bien por la singularidad de las funciones como madre de la Vida misma que todo renueva, bien por el carácter excepcional del modo, ya que María estaba unida con Cristo en el modo más íntimo e indisoluble[58].

Desde la cuna hasta la tumba, en la infancia y en la vejez, en los días de alegría y durante la noche del dolor, **el cristiano debe todo a María**: la gracia del bautismo y de la educación religiosa; la gracia de la conversión y de la perseverancia; la fuerza y el coraje en la lucha; la protección y defensa en la tentación; el refugio y consuelo en la desgracia; el consejo y la sabiduría en la elección del estado de vida y en los compromisos; la gracia para hacer el bien y huir de la maldad. En una palabra, todo lo que está destinado a preservar y revivir en nosotros la vida de Jesucristo, proviene de su ternura maternal[59].

IIc) Maternidad en cada hijo

Convirtiéndose en madre de Cristo, María se convirtió en la madre espiritual de cada persona que nace, para que éstos se conviertan en hijos de Dios, guiados por su protección maternal.

Es una verdad concluyente - decir S. Bernardo – que la vida del cristiano se desenvuelve a la sombra de la presencia materna de María: para todos y cada uno ella sigue siendo la puerta abierta, siempre accesible y abierto sigue su seno espiritual.

Ese seno, que el Purísimo hizo puro al encarnarse – recuerda S. Ireneo - sigue siendo la fuente permanente de la regeneración de los hombres en Dios, siempre que por fe lo acojan como "*Emmanuel de*

---

58. DE FIORES, *Maria nel mistero di Cristo e della Chiesa. Commento al capitolo mariano del Concilio Vaticano II*, Ed. Monfortane, Roma 1984³, pp. 105-106.
59. G. G. CHAMINADE, *La conoscenza di Maria*, p. 75.

la Virgen", es decir, como Salvador (*TMPM*, I, 155).

La maternidad espiritual de María no es sólo una preocupación o un afecto materno, al cual se debe corresponder con confianza y amor filial. Ante todo es la tarea primordial de María, su cooperación con el nacimiento de la vida cristiana, así como su desarrollo en cada alma (J. Galot). María está presente, con su concurso materno real, junto a todos aquellos que son hechos hijos en el Hijo mediante el influjo de la gracia, de modo que, en el bautismo, el cristiano que se convierte en hijo del Padre se convierte también en hijo de María, como Cristo mismo: no podríamos ser hermanos de Jesús si no tuviéramos a María como madre. "Los verdaderos hijos de Dios tienen a Dios por Padre y a María por madre; y quién no tiene a María por madre - dice Montfort – no tiene a Dios por Padre y el Padre no le enviará al Hijo "(*VD*, Nº 30).

Madre de la gracia divina, la Virgen encuentra a las criaturas humanas en la transparencia más total, en la raíz de su ser, en el corazón de sus corazones: ahí, donde ellos son recibidos por el Hijo para ser presentados al Padre y recibir en Él y por Él, el único mediador, el don de la vida (B. Forte). Este papel ella lo ejerce más particularmente en el momento del bautismo, asistiendo como madre al nacimiento espiritual de cada miembro de la Iglesia.

Al mismo tiempo en el que un hombre, por el bautismo, va a ser incorporado al Cristo místico, en el momento en que va a ser actualizado el potencial para la vida sobrenatural, recibida en la encarnación de Cristo, para él místicamente se repite el misterio de Nazaret. Vemos así a María, que repite su consentimiento y su maternidad con respecto a ese hombre que engendra individualmente a la vida sobrenatural, por obra del Espíritu Santo, explicitando su pertenencia al cuerpo de Cristo, ya implícito en el momento de la encarnación[60].

En la ceremonia del Bautismo, por ejemplo, cuando el sacerdote pregunta al neófito: ";Quieres ser bautizado?" se le responde: "Sí, quiero". Ese "*sí*" es la repetición del "*fiat*" de María. Hay sólo una diferencia: el " *fiat* " se ha pronunciado para toda la humanidad; el "sí" por el que una sola persona recibe en ese momento el bautismo, y por el cual nace a la vida cristiana, coincide exactamente con su nacimiento de María.

---

60. L. H. MARVULLI, *Maria Madre del Corpo Mistico*, Roma 1948, p. 49.

Nos hacemos cristianos, porque nos hacemos hermanos de Cristo y, por lo tanto, hijos de la misma madre de Jesús, que reconoce y ama a su propio Hijo en cada uno de sus hijos adoptivos.

Como la obra de la Virgen de Nazaret en la encarnación consistió en formar a Jesucristo, del mismo modo en su maternidad mística en relación con los hombres, su función es formar a Jesucristo en ellos, en colaboración con el Espíritu Santo[61]. Con esto, la maternidad que se había realizado desde el momento del nacimiento virginal, llega al final de sus consecuencias, como un reflejo de la paternidad divina y la cooperación con el Padre, hasta el nacimiento de una nueva humanidad en Cristo.

Los deberes de una madre, por supuesto, no se agotan en dar vida al hijo: una madre se ocupa del crecimiento y el pleno desarrollo de su hijo; lo mismo la maternidad de María. Lejos de detenerse en una relación afectiva, se ha comprometido a formar a los hijos de Dios, para que lleven a la madurez la gracia bautismal y para que vivan como verdaderos hermanos.

El documento de la Iglesia latinoamericana de Puebla (nº 295) nos recuerda: "María, la Madre, despierta el corazón filial que duerme en cada hombre y nos lleva a desarrollar la vida del bautismo". El fin de su enseñanza espiritual es *reproducir en los hijos las líneas espirituales del Hijo primogénito*" (MC 57): ser madre de los cristianos para formar a Cristo en todos los miembros del cuerpo místico es lo mismo para la Santísima Virgen: ella "anhela formar a su único Hijo en todos los hijos de adopción... los engendra todos los días con los deseos ardientes y el cuidado de su afecto hasta que... lleguen a la edad madura de su Hijo": estos son los "frutos de bondad que sus vísceras no dejan de producir"[62].

Todos los predestinados en este mundo - dice S. Agustín - están ocultos en el seno de Stma. Virgen, donde son guardados, alimentados, alojados y hechos grandes por esta buena Madre, hasta que los engendra para la Gloria después de la muerte.

A la Virgen María podríamos aplicar, con mucha fuerza y verdad, las palabras del Apóstol: "Yo siento por ellos (los hijos de Dios) una ternura materna, hasta que en ellos se forme hasta su plena madurez

---

61. ROBERTO MASI, en *Lo Spirito Santo e Maria Santissima*, p. 116.
62. GUERRICO D'IGNY, PL 184, 205 A, en *Marianum*, 54. (1992), p. 250.

Jesucristo, mi Hijo"[63].

En este contexto, uno no puede hacer caso omiso de una página interesante del Arzobispo Carli, que rebosa fuerza de sugestión y de verdad: "... Los fieles individuales necesitan aún más de la maternidad de María, puesto que en el espíritu son siempre *niños* (Mt 18,3; Lc 10,21) que deben ser regenerados (...), crecer en la verdad y gracia, ser reconciliados con Dios continuamente, porque están continuamente expuestos a las fuerzas de la disolución (Ga 4, 19)"[64].

Del mismo modo que la Virgen María nutrió, formó y educó a Jesús, dela misma manera debe nutrir el alma con la leche de su gracia, formarla delicadamente y educarla. Sobre sus rodillas el alma debe aprender a conocer y amar a Jesús. Desde su corazón debe expresar amor hacia Él, incluso amarlo con el corazón de ella y llegar a ser similar a él por medio del amor (San M.M. Kolbe).

Por qué la maternidad de gracia

Si uno se pregunta por qué la maternidad de gracia fue establecida para el desarrollo de cada cristiano, es importante reconocer en ella un signo, particularmente accesible a la psicología humana, de la paternidad divina. A la imagen de la propia paternidad y para mejor darla a entender, el Padre estableció un rostro materno en la comunicación de la gracia.

Es obvio que la maternidad es una de las imágenes más profundas y simbólicas arraigadas en la experiencia psíquica humana. "Los hombres son más sensibles a la presencia de un rostro materno y, a través de él, pueden ver más fácilmente el rostro del Padre. Saben por experiencia la absoluta dedicación y bondad indulgente de la madre: viendo a María se sienten en su vida espiritual guiados y protegidos por un amor lleno de simpatía. Así es como son llevados a descubrir la realidad más profunda de la gracia, la bondad misericordiosa de Dios, que se inclina sobre ellos para hacerles llegar a la felicidad de la vida divina. En su designio inescrutable, el Padre ha querido entregar a los hombres, a través de la maternidad de María, la imagen más conmovedora de su propia paternidad; quería, por así decirlo, hacer

---

63. (Ef 4,13): expresión querida para MONTFORT: *AES* 214. 226; *SM* 67; *VD* 119. 156. 164. 168.

64. ARCIV. CARLI LUIGI MARIA, *DME*, en *Marianum* 38 (1976), p. 475.

experimentar a los hombres algo de su paternidad divina"[65].

María fue dada por Dios a todos los hombres como una solícita madre de gracia, para hacernos llegar de manera más humana, por la vía más fácil y más agradable para ellos, la gracia de la salvación eterna, de cara a su regeneración y santificación. Con la ternura de su presencia materna ella ayuda a los cristianos a probar la calidez del divino amor paterno.

El papel de la Virgen Madre no puede considerarse simplemente como añadido a una economía de gracia ya completa: no tiene nada de superfluo, porque está destinado a expresar y revelar lo que es más esencial en la gracia misma: la intención de la bondad del Padre. Por esta razón, pertenece a la naturaleza fundamental de la gracia (J. Galot).

Dios Padre - escribe M. Thurian – nos ha dado a María como madre en el orden de la gracia, porque el cristianismo parecería insoportable sin la ternura femenina, virginal y maternal de María que nos da a Cristo; porque la Iglesia parecería una estructura árida y encerrada en su autoridad y en su ministerio, si no estuviera atravesada y como incluida en el "icono" solícito y tranquilizador de María. En este sentido, el Señor Jesús se revela como vértigo y caricia: es Dios, Hijo de María (en *Avvenire* 26/03/1987, pág. 3).

Al concluir estos pensamientos, no es superfluo mencionar que por parte de María no hay ninguna sustitución en el lugar debido al Padre: "Es Él mismo quien ha querido esta maternidad como imagen expresivo de su paternidad. El rostro materno de María no evita al cristiano de recurrir al Padre; invita más bien a volverse hacia Él y a descubrir su rostro paterno" (J. Galot).

El objetivo de la acción materna de la Virgen sobre los hijos no es ella sino ellos, y detrás de ellos el designio del Padre.

IId) Maternidad en el ejemplo

Padre Santo, en tu bondad sin límites,
has ofrecido a tu Iglesia en María de Nazaret
un espejo ejemplar del culto que te agrada...
En su escuela redescubrimos

---

65. J. GALOT, *Maria, la donna nell'opera della salvezza*, pp. 377-378.

el modelo de vida evangélica.
y aprendemos a amarte sobre todas las cosas.
(de la Lit.: Pref.).

"Mirar a María es reflejarse en un modelo que Él mismo nos ha dado para nuestra elevación y para nuestra santificación" (Juan Pablo II). El cristiano que traduce en la historia el proyecto del Creador, necesariamente se cruza con este modelo luminoso.

Según la doctrina bíblico-judaica, la maternidad o paternidad espiritual implican esencialmente la ejemplaridad. Es decir, un padre o una madre son ejemplo, modelo de vida para sus hijos[66].

Ahora bien, es innegable que este valor alcanza su punto máximo de expresión y su plena vigencia en la maternidad espiritual de María, que opera en los creyentes con una fuerte influencia de ejemplaridad: Dios ha mostrado históricamente en ella lo que quiere de todos nosotros. Todos los aspectos de su persona (virtud, privilegios...) tienen una dimensión y una intención eclesial. Esto es, son un 'tipo', 'modelo', 'fotografía' de lo que toda la iglesia está llama a ser en la etapa peregrinante y en la gloriosa.

La Virgen, que da "carta blanca" al Señor, se convierte para los creyentes en un paradigma perfecto de la existencia cristiana, un paradigma del comportamiento del hombre hacia Dios: se convierte, para cada uno de nosotros, en estímulo, fuerza para ir a Dios con la totalidad del ser: intelecto, voluntad, corazón, afectos, sentimientos, acciones. Ella nos dice, en pocas palabras, lo que significa dejar lugar al Señor.

Excelente modelo de fe, de caridad y de perfecta unión con Cristo, su vida brilla como un modelo de virtud ante toda la comunidad de los elegidos, proyectando luz sobre todos los fieles (LG nn. 53 y 63; y particularmente el nº 65).

De las virtudes de la Madre se adornarán los hijos que con tenaz propósito observan sus ejemplos, para reproducirlos en su propia vida (Pablo VI, *MC* 57).

Como cualquier mamá en el orden natural transmite a sus hijos su fisonomía, así en la dimensión sobrenatural, entre María, *la Madre* y los cristianos, sus hijos, hay y debe haber una relación de parecido.

---

66. A modo de ejemplo, cfr (1 Co 4,15 y 1 Ts 2, 7.11). Para comentarios y consideraciones al respecto, véase: A. SERRA, *Bibbia*, in *NDM*, pp. 289- 290).

De hecho, actuar como verdaderos hijos suyos nos compromete a ser como ella.

Por su magnífico ejemplo somos conducidos no sólo a una profunda experiencia de Dios, sino también a una participación activa en el mundo, hecha de gestos y decisiones concretas. Sólo quien se parezca a María: *sierva del Señor*, podrá realmente parecerse a Cristo, nuestro supremo Modelo inspirador.

Modelo hecho de vida evangélica, la Virgen Madre puede decir realmente como Pablo y más que Pablo: "*Sed imitadores míos, como yo lo soy de Cristo*" (1 Co 11,1; también 1 Co 4,16). En ella "Toda la iglesia, en su variedad incomparable de vida y obras, alcanza la forma más antigua de la perfecta imitación de Cristo" (Pablo VI).

Si amamos, imitamos. No hay mejor fruto del amor que la imitación.

Se ha escrito que en el futuro no serán los académicos quienes hablarán de María, sino los testigos, los que siguiendo su modelo se empeñarán en construir el Reino de Dios[67].

IIe) La extensión más grande de maternidad: una maternidad proclamada desde lo alto de la cruz

Al pie de la cruz, por el testimonio de amor de su Hijo
María extendió su maternidad a todos los hombres,
engendrados por la muerte de Cristo a una
vida que nunca terminará.
(Lit.: Pref. Fiestas marianas)

1. MATERNIDAD UNIVERSAL

La maternidad de María con respecto a los hombres fue confirmada en el Calvario por la palabra irrevocable de Jesús, en el momento en que cumplía su sacrificio redentor: "Emerge a partir de la maduración definitiva del Misterio Pascual del Redentor: Si ya anteriormente había sido esbozada, ahora es claramente precisada y establecida" (RM, 23) como maternidad universal, a la medida de la universalidad de la obra de salvación. María recibe en el Calvario una

---

67. S. DE FIORES, *Mariologia*, en PAOLO PIFANO, *Tra teologia e letteratura*, p. 218.

maternidad con una apertura infinita, en la extensión y en el misterio que envuelve; una maternidad que se extiende a todos los hombres, a todos los herederos de la Nueva Alianza, a todos los hijos de la cruz, engendrados por la muerte redentora del Salvador, de modo que ella "no es sólo la madre de cada discípulo que se adhiere a Jesús por la fe, sino la madre de todos los seres humanos, en la medida en que cada uno está llamado a acoger la gracia de Cristo. Del mismo modo, no es sólo la madre de la Iglesia formada actualmente bajo su forma visible; María es madre de la que podría llamarse la Iglesia en devenir: madre del *encuentro* progresivo de los hombres en la fe en Cristo.

Esta maternidad de proporciones infinitas la hace apta para representar la paternidad espiritual del Padre, porque se trata de una maternidad en el orden de la gracia "(J. Galot).

La sangre de la cruz de Jesús, que implica a la creación entera, reconcilió todas las cosas con Dios (Col 1,20; Hb 2, 14-16). Estas dimensiones cósmicas y universales de la salvación, obrada por el sacrificio de Cristo, anuncian el dominio soberano del Padre, que se realizará totalmente al final de los tiempos. En este sentido, María es llamada, al pie de la cruz, a cooperar más específicamente con su propia actividad materna en la extensión de la paternidad del Padre en el mundo, de modo que hay un desarrollo más completo de la función de representante de la paternidad divina y de cooperación con ella, en relación a cuanto se había afirmado en el nacimiento virginal del Hijo.

Si se considerando que la cooperación de María en la Encarnación, a través de la maternidad, implica en su asociación al amor divino con el que el Padre ofrece su Hijo a la humanidad, y que el amor del Padre toma su forma sublime en el drama de la pasión, no podemos dejar de admitir que es principalmente aquí, en el Calvario, donde María, en virtud de su participación activa en el sacrificio del Hijo, es introducida en el misterio de la paternidad de Dios con una profundidad hasta entonces ignorada. En el mismo momento en que la tierra fue hecha fructífera por la preciosa sangre del hombre Dios y todos fueron lavados y purificados en aquella sangre, la fecundidad de María se acentuó: "ella ofreció el Hijo al Padre eterno en el Gólgota, inmolando todos los derechos materno y su amor de madre... de ese modo, aquella que según el cuerpo era la madre de nuestra Cabeza, pudo convertirse, en cuanto al espíritu, en la madre de todos sus miembros, con un nuevo título de dolor y gloria (Pío XII).

En el sacrificio redentor - explica, en este sentido, J. Galot - es útil precisar la proporción de co-dignidad por analogía con el mérito de Cristo. Siendo Dios, Jesús se abajó en la obediencia hasta la muerte de Cruz, y con esto mereció su poder glorioso de Salvador. Así que, por analogía, como *Madre de Dios*, María se dedicó a una obediencia perfecta en el sacrificio de su afecto maternal y con eso ha merecido la maternidad espiritual de todas las personas: una maternidad que, a pesar de ser consecuencia de la maternidad divina, es el resultado más inmediato de su participación en el sacrificio redentor[68].

Con su "*sí*" a la Encarnación del Verbo, María había representado a toda la humanidad; en el Calvario, por el consentimiento dado al sacrificio de su Hijo, la maternidad asumida por ella, en lo que respecta a este Hijo, eleva su representatividad a un nivel superior: la relación estrecha y única que la une a su Hijo, la asocia a la función representativa del Salvador mismo.

Madre de Aquel que es Dios, el Totalmente Otro, el Salvador del mundo, María adquiere una maternidad capaz de afectar a toda la humanidad: ella es la única persona creada que tiene una función universal en la economía divina de la salvación.

2. LA HORA DEL PARTO

Tú, siendo bendita, un día probaste las lágrimas;
No llegará el día que lo cubra de olvido:
cada día se habla de ello; a pesar de que muchos
siglos pasaron desde entonces[69].

El amor conduce a trabajar juntos: Si esto es cierto para todos, es extraordinariamente verdadero en el caso del dúo inseparable: 'Jesús-María de Nazaret'.

No en vano, en la hora de la Cruz, el Evangelio señala la presencia en el Calvario de la Madre de Jesús: de la que era la "*generosa compañera totalmente excepcional del Divino Redentor*" (LG 61): estaba demasiado íntimamente ligada a su Hijo, como para no estar con Él también (y yo diría que especialmente) en esta hora fatídica, llena de

---

68. J. GALOT, Maria, la donna nell'opera di sal..., p. 292.

69. A. MANZONI, *Il nome di Maria*, vv. 57-60.

misterio y de salvación para todos. "Dios la conduce hasta este punto, para que pueda dar la mayor prueba de amor" (René Voillaume).

Sabemos muy bien que si la mayor prueba de amor es dar la vida por aquellos a quien se ama, el sufrimiento más grande es también la mayor prueba de amor. Así fue para María. De la obediencia cumplida al pie de la Cruz, su amor salió agigantado, convirtiéndose en el principio de una nueva maternidad: lo que en la Anunciación había sido la concepción con el "sí" del corazón, ahora se convierte en el trabajo de parto.

Odón de Morimoud - uno entre los muchos que ven en los sufrimientos de María al pie de la Cruz un carácter de universalidad y de valor redentor, por supuesto distinto del valor redentor del Hijo - tiene una expresión especialmente esclarecedora que, a pesar de su brevedad, abarca toda una teología de la maternidad espiritual de la Virgen: "Era la madre de todos y por lo tanto tuvo que sufrir todos y, según ese nombre, beber las amarguras de todos"[70].

Con sus dolores - dice S. Alfonso M. de Ligorio - la Virgen nos dio a luz para la vida eterna; así que todos podemos llamarnos hijos de los dolores de María (*Las glorias de María*, 60-61). A ella se le pueden aplicar bien las palabras del Apóstol: "Hijitos míos, a los que de nuevo doy a luz en el dolor" (Gal 4, 19).

En la Virgen de los Dolores se realiza, de modo particularmente intenso, la imagen con la que, en la víspera, Jesús había anunciado la participación de sus discípulos en la pasión: "la mujer, cuando da a luz, está angustiada porque ha llegado su hora; pero cuando ha dado a luz al niño, ya no recuerda la aflicción a causa del gozo porque ha venido al mundo un hombre" (Jn 16,21).

La escena de la presencia de María al pie de la Cruz, exclusiva de Juan, reviste un auténtico significado histórico-salvífico, que no puede ser considerado aisladamente, ni en un plano simplemente simbólico e histórico; debe considerarse, por el contrario, como el corazón, la culminación del misterio de la salvación.

El Calvario es el momento cuando María da al Padre lo que posee más precioso por derecho materno: su hijo unigénito. Para ella, como para Jesús, este es el momento del amor supremo; es la hora en la que "para salvar muchas almas, María ha entregado a la muerte su alma: Jesús" (S. Alfonso). Ella hace esta ofrenda uniendo sus intenciones

---

70. *Marianum*, 54 (1992), p. 248.

a las de su Hijo, asociándose de la forma más completa al sacrificio que debe obtener la salvación para la humanidad. Su "sí" asciende al Padre con el "sí" del Hijo: María está allí en el Calvario porque ha querido, porque quiere compartir en su corazón de Madre todos los sufrimientos del crucificado; está ahí, para hacer extrema su caridad para los hombres, para ratificar el misterio del amor, que se realiza en la tierra. Muriendo uno al lado de la otra, sosteniéndose con un mutuo, profundo e intenso amor, Madre e Hijo juntos fueron ambos víctima pura, santa e inmaculada. Así dieron comienzo a una nueva era: del amor del Hijo en el vientre de la madre, surgió la nueva humanidad: nació la Iglesia, que será para siempre el cuerpo de Cristo.

Al pie de la Cruz, "María es heroica, en la obediencia de la fe" (RM.18) y en el amor.

En su dar y darse incondicionalmente y sin limitaciones, no es difícil ver el reflejo de la magnanimidad del Padre, a quien está particularmente asociada en la oferta suprema del Hijo Único. María está allí en el Calvario, junto al Padre para entregar al mundo, en unidad de intención, el mismo Hijo Unigénito; está allí para permitir el holocausto del Hijo, para imitar el mismo gesto del Padre - *que tanto amó al mundo, que le dio a su Hijo Unigénito* (cf. Jn 3,16); *tanto amó al mundo, que no se reservó para sí a su propio Hijo* (Rm 8,32) – "En su figura de madre traspasada por el dolor, observa J. Galot, podemos descubrir el rostro del Padre comprometido en el drama redentor; su compasión evoca el sufrimiento misterioso del Padre unido al de Jesús"[71] ; su dolor es el reflejo humano, el principio de la participación cristiana en la pena que el Padre celestial siente por la muerte del Hijo[72].

Pero ahora escuchemos la Palabra viva y eterna del Evangelio y dejemos que sea la que nos guíe paso a paso: *"Estaban junto a la Cruz de Jesús su madre, la hermana de su madre, María de Cleofás y María de Magdala. Entonces Jesús, viendo a su madre y allí junto a ella al discípulo que amaba, le dijo a su madre:* **'¡Mujer, he aquí a tu Hijo!'** *Luego dijo al discípulo:* **'¡He aquí a tu madre!'** *Y desde ese momento el discípulo la tomó consigo"* (Jn 19, 25-27).

Estamos en el Monte Calvario: delante de nuestros ojos se ofrece

---

71. *Maria, la donna...*, p. 275: cf también p. 268.

72. J. MOLTMANN, *Il Padre materno. Un patripassianismo trinitario...* (o. c.), p. 428.

plásticamente la escena descrita por el evangelista Juan. Es concisa: sólo una breve referencia, que basta para hacernos entender qué abismo se esconde detrás. Hay una cruz. Jesús está clavado en ella y, a su lado está María, su madre, rodeada por algunas mujeres. También está Juan, el discípulo amado.

Esta es la *'hora'* indicada tantas veces por Jesús (Jn 7,30; 8,20; 12,27; 13,1; Mc, 14, 35.41; Mt 26,45; Lc 22,53): es su hora, la gran hora del Hijo y de la Madre; esa hora que en Caná todavía estaba por venir; aquella *'hora'*, que, en consonancia con la doctrina de Juan, señala el tiempo establecido por el Padre, en el cual el Hijo cumple su obra y debe ser glorificado (cf. Jn 7, 30; 8,20; 12, 23.27; 13,1; 17.1; 19,27)[73]: es la hora de las tinieblas, de la cual nacerá la luz de la resurrección y la vida nueva para todos los hombres; la hora en que la humanidad es salvada y redimida.

En esta hora, la más trágica de su existencia, la más atroz para su corazón de madre, la Virgen, que *conservaba en su corazón* las misteriosas palabras predichas por Simeón: *"Una espada te atravesará el alma"* (Lc 2, 35), conocerá el dolor más agudo que la espada: una espada que no ha dejado penetrar en su alma y de poner a prueba su fe.

Ese hijo que ha engendrado, amado, educado y por el que esperaba el reinado mesiánico prometido, lo ve ahora en el colmo de su derrota, crucificado, agonizando sobre el leño, como un criminal, *"despreciado y rechazado por los hombres, varón de dolores"*... (Is 53,3).

Al pie de la Cruz ella es testigo, humanamente hablando, de la negación completa de las promesas del ángel: *Será grande y será llamado Hijo del Altísimo; el Señor Dios le dará el trono de David, su padre (...), reinará para siempre en la casa de Jacob y su reino no tendrá fin"* (RM, 21). ¡Qué drama interior para María! ¡Qué fe debía tener para no dudar de aquellas palabras y entender de nuevo que la Gloria quiere vivir en la pobreza más total! Su alma de madre y de creyente está más traspasada que nunca por el dolor de la espada, que la coloca ante el acto de fe más pura: creer, contra toda evidencia, que Dios es fiel a sus promesas: creer en el triunfo del Hijo, en la Resurrección que él predijo; seguir convencida de la victoria final del Salvador.

Está escrito en la Biblia que cuando Judit volvió con los suyos después de haber puesto en peligro su vida por su pueblo, los habi-

---

73. JUAN PABLO II, *RM* 21.

tantes de la ciudad corrieron a su encuentro y el sumo sacerdote la bendijo diciendo: "*Bendita eres tú, hija, delante del Dios Altísimo sobre todas las mujeres que viven en la tierra... El valor que has tenido no se olvidará de los corazones de los hombres*" (Jdt 23,18 s).

Las mismas palabras queremos decir a María: "*¡Bendita tú entre las mujeres! El valor que has tenido nunca desaparecerá del corazón y la memoria de la Iglesia!*"

La fe heroica de la Madre de Jesús arroja mucha luz sobre las ineludibles pruebas que encontramos cada día.

Para los cristianos de todos los tiempos, la presencia de María en el Calvario es la señal de que la fe no está necesariamente sometida a pruebas y luchas. Asociada al drama de la Pasión, ella debe enfrentarse a la hostilidad de aquellos que rechazan a Cristo, el espectáculo de los aparentes fracasos de la Iglesia, los sufrimientos y persecuciones infligidas a los creyentes. No podemos perseverar en ella, si no superamos las dificultades y tentaciones (J. Galot).

A los pies de la Cruz, la Madre de Jesús es figura y modelo de la Iglesia y del cristiano que, perseguidos hasta la angustia extrema, creen y esperan contra toda esperanza. Aquí, más que en cualquier otro lugar, María es capaz de estar junto a Cruz de cada hombre, de cada hijo, para ser consuelo en el camino y en la fatiga de cada día. "En todo lugar en que la comunidad cristiana está sometida a luchas dolorosas, recibe el apoyo de aquella que estaba tan profundamente asociada a la Pasión de Cristo que ayuda a todos los cristianos a unirse a Él"[74].

Si la Virgen siempre lleva a cabo su maternidad para con sus hijos, en particular esto sucede cuando les llega el momento de la prueba. No se olvide, en esta sentido, la prueba de las pruebas: "*la hora de nuestra muerte*", durante la cual "María, así como lo hizo por su Hijo Jesús, estará más que nunca junto a cada uno de nosotros" (CCC, Nº 2677), lista para librarnos de la angustia atenazante de esta último y fatal momento de nuestra vida terrenal, que convertirá en brillante esperanza de resurrección y verdadera vida, en un ocaso sereno, casi un plácido salto en el infinito: en el radiante amanecer del nuevo día sin fin.

---

74. D. HRUSOVSKY, *Beata Virgo Maria corredemptrix et passiones atque Dolores actuales Mystici Corporis Christi*, ME 9, 29-42.

3. CRISTO HACE DE SU MADRE LA MADRE DE TODOS SUS DISCÍPULOS

Volvamos al pie de la Cruz. Permanezcamos otra vez con María tanto como sea posible, para recibir con amor las palabras de Jesús, su Testamento, que no hay que olvidar, para llevarlo siempre con nosotros, como un hijo recoge y conserva las últimas palabras de su padre.

Aquí, al pie de la Cruz, donde, según nuestros limitados esquemas humanos, todo tendría que haber encerrado a María de Nazaret en la soledad y el dolor, aparece la dimensión real de su maternidad. Justo aquí, en la culminación que es el misterio pascual, lo impensable sucede: Jesús hace de su madre la madre de todos sus discípulos de todos los tiempos; la Madre de Jesús de Nazaret se convierte en la Madre de Juan, y en él, la Madre de la Iglesia, apenas nacida del costado abierto de Cristo.

Como Salvador de toda la humanidad, Jesús quería dar a la maternidad de María la extensión más grande. En el Calvario es invitada a abrir su corazón a todo el mundo cumpliendo las palabras testamentarias del Hijo:

"¡Mujer, he aquí a tu hijo!" (Jn 19, 26)

Estas son las palabras arcanas y sorprendentes con las que Jesús, en medio de la agonía de la Cruz, proclama a María Madre de la humanidad, Madre de todos los discípulos, figurados en el discípulo amado, presente allí. En virtud de este testamento de amor, María recibe en lugar de un hijo un número indefinido de hijos. En las palabras de Jesús, de hecho, se descubre una intención que supera la esfera doméstica entre madre a hijo, para extenderse a toda la comunidad cristiana.

Interpelada como *mujer*, ella que es *Madre*, María es invitadas a establecer su maternidad en un plano más elevado: el plano de la hora de Jesús, en la cual los límites de su maternidad se convertirán en los límites de toda la humanidad.

"*¡Mujer, he aquí a tu hijo!*"

Jesús pide así a su madre que acepte la pérdida de su único Hijo, para convertirse en la madre de cada discípulo; le pide que complete su sacrificio materno, aceptando que su único hijo, que concentraba en sí mismo el divino infinito sea sustituido por otro.

¡Vaya cambio! - exclama al respecto San Bernardo dirigiéndose a

María – Te dan a Juan en lugar de Jesús; el siervo en lugar del Señor; el discípulo en lugar del maestro; el hijo de Zebedeo en lugar del hijo de Dios; un hombre sencillo en lugar del Dios verdadero. ¿Tal vez fue para ti más que una espada, esa palabra la que realmente te traspasó el alma y penetró hasta separar el alma y el espíritu?[75]

María está convencida: Jesús pertenece a todo el mundo, aunque su corazón maternal debe hacerse pedazos. En ella no hay egoísmo, ninguna iniciativa para defender el objeto de su amor del deseo de posesión de los demás; lejos de ello. En la perpetuación del sacrificio de su Hijo a lo largo de los siglos, ella, en la soledad y el silencio de su caridad, renueva siempre, junto al Padre, la ofrenda del Hijo para la salvación del mundo.

Nunca en el corazón de mujer el olvido de sí misma y el altruismo han alcanzado cotas tan sublimes.

"¡Mujer, he aquí a tu hijo"

Como se puede ver, las palabras que Jesús pronuncia desde lo alto de la Cruz, no tienen como primer objetivo el confiar María a Juan, sino más bien confiar Juan a María: es ella la invitada a considerar a Juan como su hijo. Como resultado recibe una nueva misión: cuidar a los discípulos y dedicarles una solicitud materna.

Al elegir a Juan como símbolo de todos los discípulos que Él ama, Jesús da a entender que el regalo de su madre es un signo de una intención especial del amor con el que abarca a todos aquellos que quiere atraer a sí mismo como discípulos, es decir a todos los cristianos, a todos los hombres, a todos los que quieran serlo.

La mayoría de los exegetas modernos creen que la expresión: *"el discípulo a quien Jesús amaba"* (Jn 19,26) implica no tanto una preferencia personal de Jesús, sino, más bien la situación de quien, observando la palabra evangélica, se encuentra en la esfera del amor del Padre y el Hijo.

En esta interpretación, *el discípulo a quien Jesús amaba* sería el 'tipo' de cualquier otro discípulo perfecto, que, en virtud de la fe, es amado por Jesucristo.

Como resultado de la nueva maternidad entregada a su madre, Jesús muriendo se dirige a Juan y le invita a responder al afecto maternal de María con afecto filial:

"¡He aquí a tu madre!" (Jn 19, 27).

---

75. *Meditazioni mariane...*, p. 118.

Sin duda, estas palabras deben ser una expresión de la singular atención del Hijo por su madre, a la que él dejaba en tan gran dolor. Sin embargo, en el sentido de esta atención "*el testamento de la Cruz*" dice más que eso.

Como señala la exégesis reciente, la escena del Calvario no puede reducirse a nivel de simples relaciones familiares de un hijo con su madre. Además, si Jesús hubiera querido prever el futuro de la madre, simplemente habría confiado María al discípulo; en cambio su primera preocupación, como hemos visto, fue a confiar el primer discípulo a María.

En definitiva, el evento del Calvario se debe interpretar en relación con la consumación de la obra salvífica, caracterizada por el gran acto del Redentor, que da a su Madre una maternidad en la economía de la salvación, confiándole como hijos a todos los redimidos. Esto se ve en aún más claramente cuando se considera que las palabras de encomienda son pronunciadas por el Salvador en el momento en que cumple su misión redentora. Después de haberlas pronunciado, nos dice el evangelista, Jesús era consciente de que todo se había cumplido (Jn 19,28): *el regalo de su Madre era el regalo final que el Hijo de Dios daba a la humanidad.*

Con este regalo de amor inestimable, él completó la obra que le había sido confiada por su Padre.

4. CARÁCTER PERSONAL DE LA NUEVA MATERNIDAD

Hemos visto cómo "la 'nueva' maternidad de María es el fruto del 'nuevo' amor madurado en ella definitivamente al pie de la Cruz, mediante su íntima participación en el amor redentor del hijo" (RM, 23). Hay que señalar, sin embargo, que el horizonte universal de esta nueva maternidad no quita nada al carácter personal que, en verdad, se acentúa en la escena del Calvario.

El cuarto evangelista nos da señales valiosas para atribuir a María una maternidad espiritual efectiva, no sólo hacia todos los hombres en general, sino también con respecto a cada hombre en particular.

El hecho mismo de que Jesús le confíe sólo a Juan como hijo (Jn 19, 25-27), es evidencia de que no la proclama directamente Madre de la comunidad cristiana, precisamente porque desea hacer hincapié en que el amor maternal de María pretende ser un amor personal, específico para cada hombre: un amor que se vierte sobre todos los cristianos de modo individual y único, con el mismo cuidado con el cual se dirigió a Juan.

Por medio de la designación de un único discípulo, Jesús quiere hacernos comprender que no se trata de un amor vago o genérico: cada cristiano recibe de María todo el afecto particular que recibe de una madre, sin que el número indefinido de hijos pueda perjudicar a la atención prestada a cada uno. Cristo quiso asegurar a sus discípulos este amor extremo, que se dirige a cada hombre como si fuera el único.

Para mantener su valor, el amor maternal debe, de hecho, individualizarse y no puede olvidar nada de lo que concierne al individuo.

Pero, ¿cuál será el alcance, la calidad del amor maternal individualizado de María? ¿Tendrá alguna marca particular?

Aquí el Evangelio es claro: Juan es el *discípulo amado del Señor* y se entrega como hijo a María *en lugar de Jesús* (Jn 19, 26-27): dos connotaciones muy interesantes, que tienen una importancia singular en la escena del Calvario: de ellas deriva una doble, sorprendente realidad:

a) la maternidad de María, comenzada bajo la Cruz en virtud de la palabra creadora del Salvador, es el signo de una maternidad con respecto a cada discípulo amado del Señor, a cada discípulo por ser amado por Cristo.

b) María es invitada a verter sobre este discípulo el amor maternal que siempre había dado a su Hijo: es invitada a tener con nosotros, sus hijos adoptivos, el mismo cuidado y la misma ternura que tuvo con su único Hijo.

En este punto, creo que es importante polarizar nuestro enfoque sobre la respuesta del "discípulo amado" a la invitación del Maestro, que le confía su propia madre llorando.

El Evangelio nos dice que la respuesta ha sido rápida, resuelta, inmediata: "y desde ese momento el discípulo **la tomó consigo**", o " la acogió en su casa" (Jn 19, 27 b), que en griego suena: la aceptó "entre sus propias cosas" (gr. eis tà ídia), es decir, entre sus bienes, o como propiedad suya.

Por cosas propias muchos comentaristas entienden las propiedades materiales del discípulo; en concreto, su casa. De donde la versión normalmente usada: "y desde aquella hora el discípulo la llevó a su casa".

Sin embargo, un análisis preciso del vocabulario joánico, confirmado por muchos testimonios patrísticos, sugiere que leamos a un nivel más profundo el *tà ídia* del versículo 27b. En esencia, la expresión: "cosas propias" es equivalente a la fe del discípulo en el Maestro, al ambiente vital donde ahora ha establecido su propia existencia. A partir del acontecimiento pascual (la hora de Jesús), los seguidores de Cristo ven en María uno de los tesoros que son "propiedad" de su fe. Y como tal, hacen espacio para ella al acoger a Cristo (*NDM*, 291-292).

También en este sentido, "son muchas las voces en la tradición que han entendido la importancia del *tà ídia* de Jn 19, 27b. Hay, sí, una casa; pero se trata sobre todo del interior místico del corazón, que se abre a Cristo el Señor.

Sofronio de Jerusalén comentaba: "El discípulo distinguido acogió en su casa a la inmaculada Madre de Dios *como su propia madre*... se convirtió en el hijo de la Madre de Dios" (*NDM*, 292).

Es mucho más que una hospitalidad lo que Juan ofrece a la madre de Jesús: es más bien una riqueza que él recibe en depósito, justo para llegar a ser un verdadero discípulo de Cristo. Él '*tomó a María*' no sólo en su casa entendida materialmente, sino que la introdujo en su mundo vital, "marcando el comienzo de una relación espiritual íntima (con ella), que contribuía a profundizar en la relación con el Maestro, cuyos inconfundibles rasgos encontraba en el rostro de madre" (Juan Pablo II): María, la Madre, entró profundamente en la vida del discípulo, formaba ahora parte inseparablemente como un bien, una riqueza, un valioso legado; en una palabra, como un valor irrenunciable.

"*Desde aquel momento...*"

Para nosotros los cristianos, 'aquel momento' fue y siempre será un momento histórico muy importante. La hora se menciona: es la hora en que comienza la presencia maternal de María en la vida de la Iglesia. Desde aquella 'hora' la Iglesia aprende que María pertenece a los valores constitutivos del propio *Credo*; *desde aquel momento* en adelante su misterio estará indisolublemente ligado al misterio de la Iglesia: a la Iglesia de todos los tiempos, quien continúa acogiendo y profundizando la palabra que Cristo mismo le ha dirigido desde lo alto de la Cruz: "*He ahí a tu madre*".

Tomando a María consigo, el discípulo amado ha anticipado, de alguna manera, el gesto que ahora son animados a imitar todos los que deseen adherirse plenamente a Cristo, nuestro hermano, que sigue mostrándonos a María como Madre: imitando a Juan, todos estamos llamados a tomar a María con nosotros; se nos invita a acogerla entre nuestros bienes más caros y más valiosos.

Tomar a María consigo – sugiere Juan Pablo II – significa darle un lugar en nuestra vida, permaneciendo en Unión habitual con ella en los pensamientos, en los afectos, en el celo por el Reino de Dios y por su propio culto; significa confiar en Ella, mantener con Ella las más íntimas relaciones de amor, en comunión de intenciones con Jesús, quien quiso coronar su obra de salvación con el regalo de una Madre: su propia Madre.

Hoy nos repite de nuevo: *"He aquí a tu madre!"*.

IIf) Madre de la Iglesia

María fue declarada solemnemente Madre de la Iglesia por el Papa Pablo VI, en su discurso de clausura de la tercera sesión del Concilio Vaticano II (21 de noviembre de 1964) con estas palabras autoritarias: "Para gloria de la Virgen y consuelo nuestro, proclamamos a María *Madre de la Iglesia*, es decir, de todo el pueblo de Dios, tanto de los fieles como de los Pastores, que la llaman Madre amorosísima; y queremos que con este título dulcísimo, de ahora en adelante la Virgen sea aún más honrada e invocada por todo el pueblo cristiano".

De hecho, el título de "Madre de la Iglesia" no era nada nuevo para la piedad de los cristianos: mucho antes de que se utilizara específicamente en la comunidad eclesial, la doctrina en relación con él había comenzado a emerger desde la época patrística, como reflejo, o más bien como florescencia de la maternidad divina.

Desde entonces, esta doctrina no ha dejado de ser formulada en diferentes formas, durante la historia de la Tradición eclesial.

Si la Virgen de Nazaret es la Madre de Dios, madre de la restauración del universo, madre de todo lo que involucra la salvación ofrecida a la humanidad, debemos afirmar, como resultado, su maternidad con respecto a la Iglesia, por la cual se comunican la gracia y la salvación a todos los hombres.

Que María es madre de la Iglesia es evidente desde las primeras páginas de la narrativa de Lucas. De hecho, en la conocida perícopa de la Anunciación, en el capítulo 1, nos enteramos de que el ángel revela a María la llegada un reino definitivo (v. 33): el Reino mesiánico, la Iglesia, en efecto. Porque todo el contenido del mensaje consiste en que María es invitada a aceptar, su "sí" a la venida del Mesías implica el "sí" a la construcción y la difusión de ese reino: su maternidad culminará con el nacimiento de ese Reino.

Siempre en Lucas, "la orientación eclesial de la maternidad de María se confirma en la presentación de Jesús en el templo, en el cual la madre ofrece a su hijo 'para la restauración de muchos en Israel', aceptando la espada que atravesaría el alma (Lc 2, 34-35)"[76].

En la descripción de la maternidad mesiánica, no es de extrañar que el tercer evangelista deje vislumbrar una fuerte analogía entre el momento de la Encarnación del Mesías y el nacimiento de la Iglesia: la acción del Espíritu Santo en María para engendrar al Niño (Lc 1,35) se presenta como un preludio a la que se desplegará después en Pentecostés para la formación de la Iglesia (Hech 2,1 -4), nacida de aquel "*pequeño núcleo reunido en oración alrededor de María*" (Hch 1, 13-14).

Señalando la presencia de la *Madre de Jesús* en la asamblea que esperaba el evento de Pentecostés, Lucas, que había comenzado su Evangelio hablando de la Virgen María y su papel único en la venida de Cristo, sugiere ahora una extensión, una continuidad entre el nacimiento de Jesús y el nacimiento de la Iglesia. En ambos nacimientos, obra del Espíritu Santo, María tiene un papel importante; ejerce su acción materna en el origen de Pentecostés (origen del nacimiento de la Iglesia), como la había ejercido en el origen de la vida de Jesús (Cabeza de la Iglesia): "Aquella que está presente en el misterio de Cristo como madre, está - por voluntad del Hijo y el Espíritu Santo - presente en el misterio de la Iglesia" (RM nº 24): María de Nazaret y María en el Cenáculo en Jerusalén. En ambos casos, su presencia discreta, pero esencial, indica la forma de "*el nacimiento del Espíritu*".

Juan el evangelista, a su vez, recordando la presencia de la Virgen Madre al principio y al final de la vida pública de Jesús (2, 1-11; 19,25 -27), quería enfatizar la cooperación materna de María en la obra de la Iglesia.

En la *vida pública*, en el *Gólgota* y en el *Cenáculo*: tres fases en la que Cristo, cabeza engendrada, construyó su Iglesia; tres fases en las que participó María, como madre. "¡No separemos, pues, al Hijo de la Madre, ni a la Madre del Hijo! En el Hijo y en la Madre encontra-

---

76. J. GALOT, *María: itinerario spir...*, p. 102.

mos la Iglesia, y en la iglesia a la Madre y al Hijo"[77].
Donde María actúa, nace y actúa la Iglesia. Cuando María se expande, se expande la Iglesia. La Iglesia tiene los límites de la misión maternal de María, y la misión maternal de María se hace concreta, se hace 'historia' en la Iglesia[78].

Como la Virgen ofreció su presencia orante y operante en el principio de la Iglesia naciente, así seguirá presente con su corazón de Madre de la Iglesia de todas las épocas, en todos sus aspectos esenciales, suscitando su expansión y desarrollo en el mundo: "hoy como ayer ella es presencia operante en la Iglesia en camino: apoyo para la fe, palabra para los apóstoles, fuerza de los mártires: porque todo el mundo y en todas partes anuncian y dan testimonio de Cristo, que ella nos ha dado" (E. Toniolo). Su presencia en el drama del Calvario nos hace pensar en la gran preocupación que actualmente debe tener para ayudar a la Iglesia en sus pruebas y sus persecuciones (J. Galot).

María, que nos dio con Jesús la fuente de gracia, no dejará de ayudar a la Iglesia (...). Y nuestra confianza es aún más viva y firme si tenemos en cuenta los lazos que unen a nuestra Madre celestial con la humanidad (Pablo VI).

El Padre quiere reunir toda la humanidad en su amor. El corazón materno de María está animado por la misma intención.

Toda la ambición de la Virgen es que todos sus hijos, engendrados después de Jesús de su amor, le estén completamente unidos para formar con Él un solo Hijo, un solo Jesucristo[79], para alabanza y gloria de Dios Padre.

---

77. L. Da CASTELPLANIO, *Maria nel Consiglio dell'Eterno, ovvero la Vergine predestinata alla missione con Gesù Cristo*, parte 1 (Prefacio), Vol. I, Napoli 1872.

78. MONS. FRANCESCO FRANZI, en *Maria Santissima e lo Spirito Santo*, p. 125.

79. G. J. CHAMINADE, *Lettres*, III, Nivélles 1930, p. 390.

D. COMO EL PADRE, NOS MUESTRA PERPETUAMENTE AL HIJO
(El Testamento de María)

Como conclusión de nuestro capítulo, queremos hacer hincapié en un punto relevante, no secundario: la elaboración sinóptica entre la voz del Padre en la teofanía del Monte Tabor-*"Este es mi Hijo amado... ¡Escuchadlo!"* (Mt 17,5) - y la invitación de María en Caná: "Hacer lo que él os diga" (Jn 2,5).

He aquí la sabiduría de nuestra Madre Santísima: llamar la atención como el Padre sobre el Hijo, recomendar la obediencia a Él, guiarnos a Él: "Ella no vela, sino que siempre da a luz al Hijo y lo señala al amor de los fieles" (S. De FIORES). Después de todo, ¿quién podría orientarnos mejor hacia Él que la Madre que, configurada por el supereminente amor del Padre, nos lo ha dado?

"Haced lo que Él os diga".

Es la gentil invitación de la Madre, que se entrelaza con la voz arcana del Padre, hasta fusionarse, para identificarse con ella: *"Este es mi Hijo amado... ¡escuchadle!"*: María en Caná no hace sino interpretar y reflejar esa voluntad, ese deseo urgente del Padre hacia el Hijo.

"Haced lo que Él os diga".

Son las **palabras mayores** pronunciadas por la "Madre de Jesús", las últimas palabras de María registradas en los evangelios. Son, por así decirlo, "el Testamento" de la Madre de Dios: un Testamento indeleble, que contiene riquezas inagotables y que permanecerá para siempre en la historia de la Iglesia, como una invitación a acoger la palabra eterna de Jesús; un Testamento que parece reunir no sólo todo lo que ha dicho María, sino más aún, lo que ella ha sido y todavía es: corola cándida siempre abierta los rayos luminosos del sol divino, *"tierra fértil, completamente abierta al sol"* (de los cantos de la liturgia): la que "para gozo nuevo y sumo, gozo encantador de nuestras almas, no detiene en ella nuestra mirada, sino que la empuja a mirar más hacia adelante", allí, donde ella mira: a aquel "milagro de la luz, de santidad y de vida"[80], que se realiza en Cristo.

¿Quién es María para nosotros?, se pregunta el Cardenal Suenens: "Es la que... pide nuestros labios, nuestras manos, nuestros brazos para servir a su Hijo, para ser con ella portadores de Cristo a los

---

80. PABLO VI, *Insegnamenti*, II (1964), p. 525.

hombres que mueren porque lo desconocen"[81]; es la que "se presenta delante de los hombres como *portavoz de la voluntad del Hijo*" (RM 2) y, aunque es predicada y honrada, envía hacia Él los creyentes (LG 64).

Sí, María, como el Padre, es y seguirá siendo para siempre en la historia de la Iglesia la que "nos muestra la "orientale Lumen": Jesucristo, su hijo e hijo de Dios" (Pablo VI). Toda su vida es para Cristo, para manifestar a Cristo, para darlo a conocer: esta es su tarea, su propósito, su misión, este es el significado de su intervención en Caná, donde aprendemos que después de la realización del milagro ella desaparece: es Jesús quien ha manifestado su gloria (Jn 2.11).

"Haced lo que Él os diga".

Antiguas, eternas palabras, llenas de vida, que cada vez parecen ser nuevas... Palabras que iluminan nuestras vidas; sublimes palabras, que de ahora en adelante, **María**, como **eco fiel del Padre**, dirá a todos sus hijos, a cada uno de nosotros.

> **Padre** *de la vida,*
> *principio sin principio,*
> *suma bondad y luz eterna,*
> *que te has inclinado sobre la miseria del hombre*
> *y nos has dado a Jesús, tu Hijo,*
> *nacido de mujer,*
> *nuestro Salvador y amigo,*
> *hermano y redentor,*
> *haz que todos tus hijos experimenten*
> *que en el camino hacia Ti,*
> *último destino del hombre,*
> *le acompaña benigna*
> *María Santísima,*
> *icono del amor puro*[82].
> *Te alabamos,*
> *oh Padre, porque has hecho de ella*
> *la Madre, la esposa fiel,*

---

81. Cit. de P. TERENZIO DE POI, *Mese di maggio con Padre Kolbe*, Ed. Mesaggero, Padova 1983, p. 5.

82. JUAN PABLO II, *Preghiera per il terzo anno di preparazione al grande giubileo del duemila*, Roma 1999.

que sigue enamorada a tu Verbo,
el modelo perfecto
de quien acoge tu Palabra con fe
y la guarda con amor.
¡Gloria a ti por siempre!"[83]

---
83. CEI, en *Preghiera con Maria Madre di Gesù* (anno Mariano 1987), Libreria editrice Vaticana.

Capítulo IV

María en Relación con el Hijo

A. MARÍA TOTALMENTE EN RELACIÓN CON EL HIJO E ÍNTIMAMENTE VINCULADA A ÉL

> *El misterio de María encuentra su sentido completo Sólo en el misterio del Hijo, del cual es inseparable.*

En la Virgen María todo es relativo a Cristo y todo depende de él: para él, Dios Padre desde toda la eternidad la eligió Madre completamente santa y adornada con dones del Espíritu a nadie más otorgados (MC 2).

Redimida de modo sublime en virtud de los méritos de su Hijo, María está unida a Él por un vínculo estrecho e indisoluble (LG n. 53); todo lo que ha recibido está en función del Hijo: **Cristo es su razón de ser**, por lo que sólo se puede entender a María a partir de Cristo: su misterio Supremo, único e inconfundible como la Madre de Dios, "su grandeza maravillosa, su santidad, su belleza sublime sólo se pueden entender a la luz del Hijo, porque todos son reflejados: todos vienen de Cristo y todos están dirigidos hacia él, ordenados a Él"[1]. Se puede decir que cuanto más profundizamos en el misterio de Cristo, mejor entendemos la singular dignidad de la Madre de Dios y su papel en la historia de la salvación.

"Si me adentro en el tiempo o en la eternidad - observa, con razón, el P. Chaminade - siempre encuentro a María junto a Jesús: ella siempre está con Cristo, y no puede estar sin Él, de lo contrario ya no sería lo que es (...) María está tan íntimamente unida con Jesús, su Hijo, que sería más fácil separar la luz del sol y el calor del fuego "(*VD*, n. 63).

---

1. G. M. SARTORI, *Incarnazione e maternità divina*, en *L'Osservatore Romano*, 14-15 settembre 1992.

No podemos pensar en Cristo nuestro hermano, en su verdadera humanidad, en su misterio, sin pensar a la que lo ha concebido, engendrado y ha sido su leal e íntima *'compañera de viaje'*. La infinita diferencia entre Cristo y María no debe hacernos olvidar la también similitud casi infinita que hay entre ellos; de lo contrario sería como negar que Jesús es verdaderamente humano: esto es docetismo. "La humanidad de Cristo y la maternidad de María están tan vinculadas que equivocarse en una significa necesariamente equivocarse en la otra" (Sto. Tomás).

Unida a Cristo como ningún otro, María se le asemeja más que nadie en lo físico y en lo espiritual: "nadie ha sido más semejante a Jesús, no sólo con la semejanza natural entre madre e hijo, sino con la semejanza del Espíritu y de la santidad, y nadie en la historia del mundo ha sido más cristocéntrico y cristofórico que ella" (Juan Pablo II). Ella es la imagen que refleja mejor que cualquier otra al Señor, la figura más perfecta de conformidad a Cristo, porque más que cualquier otro "ha sabido reproducir en ella la semejanza divina. Esta realidad es percibida por el poeta, que la retrata con un toque rápido de pincel, llamando a María *"la cara que se parece más a Cristo"* (Dante A.).

¿No os parece – nos pregunta Pío XII - que el rostro de Jesús, el que adoran los Ángeles, debía reproducir de alguna manera el rostro de María?[2] En esta longitud de onda se encuentra T. el Estudita, cuando afirman: "nosotros adoramos la sagrada imagen de María para adorar a Cristo mismo, en ella retratado" (*TMPM*, II, 659).

Profunda comunión de vida con el Hijo

La maternidad, por sí misma, entreteje toda una trama sublime y nueva de conocimiento y amor: presupone toda una relación de amor de la que es el resultado. Si esto es cierto para cualquier maternidad, tanto más debe serlo para la maternidad divina. De hecho, lo que más atrae de la vida de María es especialmente la íntima y perfecta unión con su Hijo y su Dios, su camino a su lado: firme, perseverante, en todo momento, en todo acontecimiento. En la Virgen aparece, como nunca antes en la historia de la humanidad, aquella relación íntima, profunda, aquel maravilloso intercambio de amor y ternura entre ella y su Señor. Se puede decir que su existencia ha

---

2. Del *Discorso alla gioventù cattolica*, 8 dic. 1953, en *Meditazioni Mariane*, p. 166.

sido una plena comunión con el propio Hijo, un entretejido divino de amor, que atraviesa toda su vida histórica y se extiende hasta la eternidad.

¿Qué podría decir María de esta unión mística suya con Cristo? ¿Cómo vivía realmente como resultado de la maternidad divina? ¿Qué entendimiento profundo había entre ella y su Hijo divino? ¡Cuánto ha debido admirarlo y qué grande habrá sido su deseo de contemplarlo, de adorarlo!

¿Cómo explorar el misterio de su íntima unión espiritual, cuya densidad humana y divina escapa al frío discurso de teología y cuando no hay nada más grande que él en la tierra?

En Nazaret, donde vivió la Virgen Madre durante treinta años en la dulce intimidad familiar en un estado de constante contacto físico, moral, psicológico, emocional, espiritual, con el Hijo, se establecieron entre ellos, a todos los niveles, una influencia recíproca, una maraña de relaciones, concretas y vitales, tiernas y cálidas: María da a Jesús lo mayor y lo mejor de ella misma: la vida humana, la sangre, la leche, las más afectuosas atenciones, su tiempo, sus esfuerzos, su colaboración, sus alegrías, sus dolores y especialmente el amor maternal más puro y ardiente. «¡Qué alegría debe haber sentido Jesús al sentirse amado por María!

Después de la alegría incomprensible que le llegaba desde la visión beatífica y de la mirada de infinita complacencia con que el Padre celestial lo contemplaba, nada debió alegrarle tanto, como el amor de su madre « (C. Marmion).

Jesús, a su vez, se da por completo a María con su influencia divina y santificadora: tras su entrada en el mundo, el amor infinito y agradecido con el que se vuelve hacia el Padre... se expande para abrazar también a la madre, de la cual había nacido para la vida temporal.

Incluso físicamente, Él debió influir en su madre en los nueve meses que vivió en ella, como nos sugieren las ciencias biológicas. De hecho el niño actúa sobre la sangre materna, imprimiendo en el cuerpo de su madre sus propias calidades orgánicas y, en consecuencia, psicológicas, heredadas del padre.

Ahora bien, Jesús no tuvo un padre natural, por lo que lo que no ha tomado de su madre proviene de su humanidad, unida a la naturaleza divina: a su Madre, Jesús debe haber transfundido parte de su perfecta humanidad, unida a la divinidad: un vínculo incluso físico con Jesús, del que ninguna criatura podrá presumir nunca. Desde cualquier lado que se consideren las cosas, aparece realmente la armonía más sublime y la más perfecta unión entre la Madre y el Hijo divino.

San Efrén trata de adivinar lo que pasó con la Encarnación: una simbiosis espiritual, una comunidad de vida entre María y el Verbo encarnado, en el don recíproco: ella, de la carne; Él, del Espíritu: «El Santo vivió en el seno de la madre corporalmente y en su espíritu espiritualmente (...) Como en un templo, él se imprimió en el espíritu de la madre y aún después de su nacimiento también estaba en ella, porque irradiaba a través de sus miembros. Su esplendor brillaba a través de la belleza de la madre: la unción de su cuerpo era difundida a través de ella. Ella había tejido el vestido; el Hijo había mostrado su gloria en todos sus sentidos»[3].

Esta simbiosis entre madre e Hijo es la mayor unión con Dios después de la Unión Hipostática. En la unión hipostática una persona divina vive en dos naturalezas; durante la gestación del Hijo encarnado en el seno virginal de la madre, tenemos dos personas que viven la misma vida humana, comunicada por la Madre al Hijo: se trata de una unión consciente y por lo tanto santificante.

Si de Cristo durante la vida pública salía una virtud que sanaba a todos (Lc 6, 19), por la cual la mujer enferma con el simple tocar la túnica de Jesús fue sanada (Mt 9, 21ss), ¿qué decir de la influencia santificadora que Jesús sacerdote ejercía sobre la madre convertida en su templo, en el que Él se ofrecía al Padre para la salvación de la humanidad? (Hb 5, 1ss).

María, por su parte, era consciente de llevar en su seno al Salvador del mundo que le había sido anunciado (Lc 1, 28 ss), y estaba unida a él: vivía no sólo físicamente, sino también contemplativamente (Lc 2, 19.51) con Él, correspondiendo a su acción santificadora: "Ella está tan totalmente transformada en Jesús por la gracia, que ya no vive, ya no es: sólo Jesús vive y reina en ella, más perfectamente que en todos los ángeles y santos " (*VD*, n. 63).

Tener en los brazos al Hijo de Dios, vivir y comer con él, disfrutar de su compañía durante muchos años, sólo podía marcar muy profundamente la vida de María. Su voluntad se movía al unísono con la voluntad de Jesús, el corazón de ella latía en perfecta armonía con el de Él: ella "era partícipe de los pensamientos de Cristo, de

---

3. EFRÉN, *Hymni de Nativitate*, 130. CSCO 186, p. 37 (sirio); 187, p. 33 (trad. alemana);

sus deseos ocultos, así que se podía decir que vivía la misma vida del Hijo" (Pío X).

Si Pablo con elocuencia exuberante puede decir: *Para mí... la vida es Cristo* (Flp 1, 21); *ya no vivo yo; es Él quien vive en mí* (Ga 2, 20), ¡cuánto más podría decirlo la Madre de Cristo! Incluso después de haberlo engendrado, lo lleva en sí: para encontrarlo, debe sólo debe mirar en su corazón, que está lleno de Él.

Estos conceptos surgen abrumadores de la pluma del insuperable doctor mariano, San Bernardo, que él extrae de la rica tradición patrística. En sus escritos encontramos la explicitación más brillante de la divina obra transformadora, de los efectos sobrehumanos producidos en la Virgen de Nazaret en virtud de su maternidad divina, que le da una capacidad única para la irradiación.

En varias ocasiones encontramos en el pensamiento bernardiano la convicción de que, si en cierto sentido *María ha concebido a Dios primero en su mente* (De Diver. 52,3), también Dios con su presencia en el seno materno la ha empapado, impregnado de su propia divinidad. Si el corazón de la Virgen María está lleno de caridad es porque "en sus vísceras descansó corporalmente durante nueve meses la Caridad que viene de Dios" (Asunc. 1.2). "En virtud de esta Caridad, el alma de María fue no sólo herida, sino atravesada por el amor de Cristo, de modo que cada parte de su ser rebosaba en él.

La Virgen Madre es la única criatura que Dios ha unido físicamente a sí mismo y, aunque personalmente no exista unidad de persona con la naturaleza divina, aparece bañada por la luz inaccesible de la divinidad. *Ella mereció no sólo ser apenas tocada por aquel fuego, sino ser envuelta y penetrada y como encerrada* (Asunc. 3). La naturaleza humana permeado por la naturaleza divina es fortificada y mejorada por ella.

Inmersa completamente en el amor y la luz de Dios, María reclama la imagen de la que Bernardo se sirve en *De Diligendo Deo*, para expresar el estado de los que llegan al mayor grado de amor divino: "Como una pequeña gota de agua dentro de una gran cantidad de vino parece perder toda su propia naturaleza hasta el punto de asumir el sabor y el color del vino; como un hierro puesto al fuego y vuelto incandescente se despoja de su forma original para ser similar al fuego; como el aire atravesado por la luz del sol, que asume el brillo de la luz, del mismo modo no parece sólo iluminado, sino que parece la misma luz, así (ocurre) en los Santos, transformado por

Dios" (ibíd., 10,28).

La cercanía de María a la divinidad supera a la de cualquier otra criatura. Sólo ella se ha vuelto tan familiar, tan cercana a Dios, porque sólo ella es su madre: Él vive en ti y tú en Él, dice el Abad de Claraval a María, *tú lo vistes y estás revestida de Él: tu lo vistes con la carne, Él te viste con la gloria de su Majestad*" (Asunc. 6).

Si María ha permitido al Verbo hacerse carne, el Verbo comunica a María el esplendor de su presencia. Así, después de la naturaleza humana de Cristo, la Virgen madre es la criatura más permeada de la naturaleza divina; ella es por excelencia la nueva criatura, *revestida de nuestro Señor Jesucristo* (Rm 13,14). Este resplandor divino hace de María el signo grandioso de la presencia de Dios y el instrumento de su acción redentora: "hecha todo para todos, se considera deudora de caridad ilimitada tanto para los sabios como para los ignorantes, así que nadie debe escapar del calor de su corazón misericordioso "(2 Asunc. 2)"[4].

B. EN MARÍA, LA PRIMERA RELACIÓN PERSONAL DEL HIJO DE DIOS CON LA HUMANIDAD

Al revelar el misterio del Padre,
Cristo revela plenamente la humanidad a sí misma
y desvela la altísima vocación de cada persona[5].

Cada hombre al nacer se une a toda la humanidad, en cuanto portador de la propia naturaleza humana: a esta regla no ha escapado Jesús, el Hijo del Padre eterno, hecho hombre para nuestra salvación. Gracias a la maternidad divina y humana de María, "es un *verdadero Hijo de hombre*. Es "carne", como cada hombre: es "El Verbo que se hizo carne" (Jn 1,14). Es carne y sangre de María "(RM, 20).

El "Dios-con-nosotros" ha podido ser visto, oído, tocado con nuestras manos (1 Jn 1,1), porque antes de nada se ha convertido en Dios encarnado en ella.

---

4. *Il Pensiero Mariologico di s. Bernardo*, en Marianum, 54 (1992), pp. 137-138. y 172.

5. CTI, *Teologia della Redenzione*, en *Il Regno: Documenti*, n. 3 (1996), p. 104.

Como lugar de encuentro entre lo divino y lo humano, María no es el centro, pero es central en el cristianismo. Ella es quien, prestándose a la operación divina, ha unido umbilicalmente a Jesús a todos los hombres, ha vinculado a Dios a la tierra y a la humanidad: *ha hecho para siempre de Dios el Emmanuel*, el Dios-con-nosotros (Is 1.14); ha hecho de Cristo nuestro hermano.

Haciéndose hijo de María, el Hijo del Altísimo (Lc 1,32), ha entrado en la comunidad humana como uno de sus miembros; ha habitado en este planeta, asumiendo nuestra existencia terrena, con todas las miserias, los límites y la pobreza que inevitablemente implica; ha respirado el mismo aire; ha apagado su sed en las mismas fuentes; ha trabajado con manos humanas; ha amado con un corazón humano: todo lo concreto de la vida, que garantiza la más completa pertenencia del Verbo a la humanidad; una concreción que le fue dada por María, la madre: ella, por toda la eternidad, ha engendrado a Jesús, el hombre por excelencia.

El Hijo eterno de Dios quería acercarse, confundirse con la multitud. "Quería ser uno de nosotros, a través de la presencia bendita y nunca bastante celebrada de María. A Cristo lo hemos recibido de ella, lo encontramos como la flor de la humanidad abierta en el tallo virginal e inmaculado que es María: *así ha germinado esta flor.* Es de ella de quien nosotros lo tenemos, en su primera relación con nosotros"[6]: con nosotros Él forma la humanidad, la misma humanidad ante Dios.

Por su naturaleza humana, tomada en la persona divina del Verbo en el seno inmaculado de María, "la naturaleza común de todos los seres humanos es elevada a la máxima dignidad" (Juan Pablo II). Este principio, que impregna la teología de todos los tiempos, es expresado así por la Comisión Teológica Internacional (1996): "La encarnación del Logos influye en toda la naturaleza humana. Puesto que el Hijo de Dios es un miembro de la familia humana, todos los demás han sido elevados a la nueva dignidad de hermanos y hermanas suyos"[7]: asombroso misterio que, como todos los misterios de la sabiduría y de inconmensurable bondad de Dios, hace que el corazón salte por la emoción.

---

6. PABLO VI, *Insegnamenti*, XV (1977), p. 763 y *Marianum,* 33 (1971), p. 411
7. *Teologia della Redenzione...*, cit., p. 104.

C. LA SINGULAR TAREA EDUCATIVA DE MARÍA

Si es cierto, como lo es, que "*Jesucristo se ha hecho semejante en todo a nosotros, compartiendo nuestra condición humana en todo excepto en el pecado*" (Hb 4.16), habrá sido un niño como todos nosotros y como todos nosotros habrá sido criado, educado...; ha debido recibir, en suma, como cualquier otro hijo de hombre, una determinación crucial de su madre, a todos los niveles: "en María debe reconocerse a la educadora del Hijo de Dios en su infancia humana" (J. Galot).

El Verbo eterno, hecho niño pequeño, descansa en las rodillas y sobre el corazón de la madre, se alimenta con su leche, pide sus tiernas caricias, está a sus pies y escucha obedientemente. Incapaz de sobrevivir solo y de proveer a sus necesidades, como cualquier otro niño, se deja cuidar, alimentar, vestir... de una creatura, que ejerce todos los deberes de la maternidad para con él.

Podemos imaginar la emoción y la alegría de María en la educación de este Hijo divino. ¡Cuántas preguntas no se habrá hecho en presencia de este ser único, del cual era la madre!

La experiencia demuestra que, en cada maternidad humana, la tarea educativa es ciertamente primordial y más importante que el simple engendrar. El niño no sólo crece en la madre, sino que se desarrolla siempre también en referencia a ella, modelando sus propios comportamientos con los de la madre: primer continente que él descubre y explora. De esto tenemos que admitir con J. Galot que en María ha habido un 'moldeado' de las actitudes de Jesús. Este moldeado, "inspirado por el Espíritu Santo, hizo que su madre fuera especialmente adecuada para educar a su Hijo y fomentar su crecimiento según las necesidades de su propia persona y de su misión, la hizo apta para ejercer sobre el Hijo una influencia perfectamente conforme con el plan divino.

El Espíritu Santo, descendiendo sobre María para obrar en ella la concepción de Jesús, inauguró una acción continua sobre ella, para garantizar el desarrollo armonioso del Niño. Guiada así por Dios, María fue capaz de educar a su Hijo de modo impecable: fue la mayor colaboración materna de la *Theotokós* (= *la que ha engendrado a Dios*) en la Encarnación"[8].

De la educación impartida por María a Jesús vemos los frutos en

---

8. J. GALOT, *Maria, la donna...*, pp. 107- 109.

el Evangelio, por el cual vemos que Jesús se ha abierto perfectamente a la influencia materna de María - "y les estaba su sumiso" (Lc 2,51) -, "manteniendo la sumisión y la obediencia del más perfecto de todos los hijos a la mejor de todas las madres" (*VD*, n. 27). La perfección de esta sumisión implica un efecto aún más profundo de la acción de María y José sobre el niño y nos lleva a admitir que ninguna madre ha tenido tanta influencia sobre su propio hijo.

El objetivo ideal de una educación es integrar plenamente en la personalidad del niño lo que se quiere enseñarle; en este sentido los frutos de la educación ya no se pueden distinguir: están incluidos en la propia riqueza de la persona.

La asimilación de todo lo que había sido dado por su madre a Jesús en su tarea de educadora, fue tan profunda que realmente ya no podemos percibir el grado de influencia. Pero en las riquezas personales que Cristo da al mundo se esconde el resultado de una profunda acción de su madre. Más tarde los discípulos testificarán que Jesús ha pasado haciendo el bien a todos (Hch 10, 38). Es cierto que su comportamiento mantiene rastros de la influencia materna, incluso si no podemos encontrar estas pistas de forma precisa.

Una comparación de las actitudes de Cristo y de su madre nos permite medir algunos aspectos de esta influencia.

Entre los relatos de los evangelios que parecen demostrar la influencia de la educación de María, se puede mencionar el lavatorio de los pies en la última cena (Jn 13, 4-17), durante el cual Jesús quería poner ante los ojos de sus discípulos un símbolo sensible del servicio humilde. Optó por un gesto que había visto realizar por la Virgen en Nazaret con los huéspedes de paso y había aprendido a hacer él mismo, siguiendo el ejemplo dado por su madre.

En María, este gesto correspondía a una disposición profundo (en la Anunciación ella se define como la esclava del Señor y más tarde visitó a Isabel para servirla). Con este mismo gesto, Cristo quiso expresar su actitud de siervo.

Mediante el modelo confiado al futuro de la Iglesia, la educación de María continúa ejerciendo una influencia sobre los discípulos de Cristo[9].

---

9. *Ibidem.*

D. EN MARÍA SE PREFIGURA LA VIDA DE JESÚS

> *En Jesús encontramos mucho de María.*
> *Ella se ve prolongada y reproducida en Jesús* (L. Boff).

En la forma del consentimiento de la Virgen se discierne el moldeado de las notas distintivas de la vida de Jesús.

En María habían comenzado ya a *modelarse* las disposiciones íntimas que caracterizarían luego al Mesías en el cumplimiento de su obra: *servicio, docilidad a la voluntad del Padre, consagración virginal, establecimiento de la Alianza...* Estas disposiciones eran el resultado de una gracia excepcional, que tendía a involucrar a María con toda su personalidad y con todo su comportamiento en la misión de su Hijo: era llamada para presentar a Dios una figura humana que se concretará en Jesús. Aceptando ser madre según este designio, María lleva a cabo una imagen materna que debe reflejarse en el Salvador: el plan divino era involucrar a la madre en el destino de Jesús[10].

La semejanza que existe entre una madre y su hijo asume aquí un nuevo aspecto: más allá de la similitud física y psicológica, encontramos una semejanza moral, que se deriva precisamente de la recepción por parte de María del designio salvífico, que debe cumplirse en Jesús.

La Virgen coopera en la realización del misterio de la redención no sólo con un simple consentimiento: su "sí" expresa toda una actitud profunda, que debería ayudar a formar a su Hijo.

1. La esclava del Señor, Madre del Siervo del Señor

> *En tu seno, o Virgen Madre,*
> *Dios toma la forma de Siervo*
> (Himno bizantino).

El moldeado del rostro espiritual del Hijo según la Madre es evidente en los términos de la respuesta al ángel: "He aquí la **esclava** del señor..." (Lc 1, 38).

---

10. Para un estudio más profundo sobre el 'modelarse' de la vita de Jesús en María, ver lo que dice J. Galot, en *Maria: itinerario spir.*, pp. 74 -75. 81 y en *Maria, la donna...*, pp. 75-87; 106-109.

María, que elegida para ser madre se declara sierva, expresa su posición de humilde creatura ante su Creador, entendiendo su misión materna como servicio. Ella se pone así en la línea religiosa de los siervos de Yahvéh, que tienen su máxima expresión en el "*Siervo de Yahvéh* por excelencia (Is 53): Cristo Jesús.

La definición de '*sierva*', que María se da, prefigura la definición que Jesús dará de su comportamiento fundamental: "el Hijo del hombre vino no para ser servido, sino para servir" (Mc 10,45; Mt 20,28). Jesús se opone a cualquier pretensión de ser servido: vino sólo para servir.

Es realmente asombroso ver cómo la revolución espiritual provocada por las palabras de Jesús sobre el Hijo del hombre que vino a servir, se ha inaugurado en María.

Poniendo en paralelo la declaración de Jesús con la de su Madre, se encuentra una armonía en las íntima disposiciones: Cristo siempre tiene la conciencia de ser *siervo del Señor* según la profecía de Isaías (42.1; 49, 3.6; 52,13); la Virgen de Nazaret, desde el primer momento de su maternidad divina se inserta en el *servicio mesiánico* de Cristo: en la base de todo su obrar está la total entrega al servicio del plan de Dios y de su Reino en la persona del Hijo (Lc 1,32-33.38).

Podemos decir que la actitud de '**servicio**': **epifanía de supremo amor**, forma parte de la perspectiva histórica de la Madre y el Hijo: la semejanza aparece cristalina.

Como una respuesta a la más alta dignidad ofrecida por el ángel (ser madre del Mesías destinado a ocupar el trono de David y reinar para siempre), la palabra '*sierva*' con la cual María le gusta llamarse a sí misma, adquiere un valor aún más importante.

A pesar de tener conciencia de su dignidad excelsa, la Virgen de Nazaret, imbuida en la mentalidad que convenía a una mesianismo no gloriosa caracterizado por la "*Kenosis*" (= despojo, vida oculta, obediencia), en lugar de hacer valer sus derechos como madre del Mesías, se dejará 'despojar', apareciendo ante todo como una mujer como cualquier otra: no se aferra a sus privilegios, no reclama una posición de prestigio, sino que elige el camino del servicio.

La disposición fundamental de sierva que la animaba ayudó a Jesús a crecer en su misión de siervo, evitando aquel mesianismo glorioso, demasiado triunfalista y acaparador, típico de la mentalidad judía de su tiempo. Si María hubiera compartido esta mentalidad, habría empujado a su Hijo a una vida triunfalista. Pero, por el contrario, ella contribuyó a la formación de Aquel que quería evitar ser servido (J. Galot).

Aspecto sacrificial y servicio

También el aspecto sacrificial, implicado en la venida del Salvador, fue asociado por Jesús al servicio: la condición de siervo llevará consigo el compromiso en la oferta de redención: "El Hijo del hombre ha venido para servir y dar su vida en rescate por muchos" (Mc 10, 45; Mt 20,28). María, aunque no entendiera todas las implicaciones ocultas en la condición de sierva que se atribuye, sin embargo aceptó todas las consecuencias del servicio según el plan divino.

Como sabemos, la misión de la sierva del Señor, como la del Siervo del Señor, era oscura, agotadora, no estaba libre de la pobreza y de dolorosas pruebas. No menos que el Hijo, María ha experimentado la tentación y el sufrimiento de las luchas íntimas. Realmente sería un grave error pensar que la vida de la que estaba llena de gracia fue una vida fácil, cómoda... Lejos de ello: su santidad fue una santidad que maduró en un duro camino de fe; fue la santidad de una mujer fuerte, llena de experiencias dolorosas, que conoció la pobreza, la fuga y el exilio.

La madre del Salvador crucificado compartió todo lo que pertenece a nuestra condición terrena, con todo lo que tiene de exigente y doloroso. De ella realmente podemos decir con plena confianza y profundo consuelo, como por el Hijo (parafraseando lo que se dice de Él en la epístola a los Hebreos: 4.15): "No tenemos una madre que no sabe compadecer nuestras debilidades, nuestra fatiga, nuestras tentaciones, habiendo sido probada en todo a semejanza de nosotros, excepto el pecado."

Debemos recordar en cada momento esta verdad, para no correr el riesgo de ver evaporarse la figura de María, proyectándola a una dimensión etérea y desencarnada.

La más profunda kénosis de la fe en la historia humana

El Papa Juan Pablo II, en su encíclica "Redemptoris Mater" - escrito para el año mariano (1987) -, muy apropiadamente aplica a la vida de Nuestra Señora la gran categoría de kénosis con la que San Pablo explicó la experiencia terrena de Jesús ("Cristo Jesús, aun siendo de divina, no retuvo ávidamente su igualdad con Dios, sino que se vació (*ekénosen*) a sí mismo, tomando forma de siervo" (Flp 2, 6-7).

Por medio de la fe – señala el Papa - María se une perfectamente con Cristo en su despojo (RM 18); un despojo que se consumó al pie de la cruz, pero que había comenzado mucho antes, es decir durante la vida oculta de Jesús en la casa de Nazaret, donde la vida de María estaba "escondida con Cristo en Dios" (Col 3,3). No es difícil notar desde entonces un esfuerzo particular, combinado con una especie de "noche de la fe", casi un "velo" a través del cual debía acercarse al Invisible y vivir, continuamente, en la intimidad con el misterio" (RM 17).

Hasta el día de su tránsito a la gloria celeste, la pobreza de María consistirá en la generosa dedicación a la persona y obra del Hijo, y siempre en el claroscuro de la fe (Lc 2, 34.35.48-50; Hch 1,14. 23-26; 8, 1b.3; 12, 1; 28,22)[11]. De hecho, no tenía desde el principio una fe tan clara como para estar exenta de cualquier esfuerzo de búsqueda: no le fue concedida desde el nacimiento tal plenitud de la fe que no tuviera que seguir progresando. Por el contrario, su existencia fue todo un itinerario de fe, un constante, radical, perseverar en esta virtud, tan esencial y vital para el cristiano.

El *Amén* de María, en pocas palabras, no fue en absoluto un *Amén* pronunciado una vez por todas por una 'doncella maravillosa', que sabía lo que pasaría: se convirtió en la sustancia de la vida, día a día, momento a momento. La personalidad y la obra de su Hijo eran para la Virgen de Nazaret un verdadero misterio; los eventos relacionados con él la sorprendían, hasta el punto que tenía que esforzarse en descubrir su significado. Es una prueba la búsqueda frenética y el hallazgo en el Templo (Lc 2,41-50)[12]. Partícipe en la kénosis de Cristo, que va desde la elección de un mesianismo libre de inmunidad - privilegios terrenos al pasar a través de la muerte, la *sierva del Señor* "avanzará durante toda la vida en la 'peregrinación de la fe', mientras su Hijo amado, incomprendido, calumniado, condenado, crucificado, le indicará, día tras día, un camino doloroso" (Juan Pablo II): en Nazaret y durante la vida pública de Jesús, María progresará en la fe, hasta participar con su papel y su amor de madre en el alcance universal de la misión del Hijo.

---

11. *Acta Ioannis Pauli PP. II,* en *Marianum,* 46 (1984), p. 397.

12. En este sentido, Orígenes dice: "Al buscar al niño Jesús perdido, María y José experimentan el doloroso esfuerzo por encontrar el 'Verbo', encerrado en las Escrituras y oculto en los eventos" (*Omelie su Luca* 19-20, SC 86, 272-288).

Lo mismo que la condición de *Hijo de Dios* no ahorró a Cristo ningún sufrimiento o humillación, la calidad de *Madre de Dios* no ahorró ningún tipo de humillación ni sufrimiento a María. En el Evangelio leemos que una vez iniciado su ministerio y dejando Nazaret, "Jesús no tenía dónde reclinar la cabeza" (Mt 8,20), y nosotros podemos decir que María no tenía dónde reclinar su corazón, ni siquiera en el momento más doloroso y sangrante de su vida, como el del Calvario: a los pies de la Cruz, también ella bebió, y hasta el fondo, el cáliz amargo de la pasión de su Hijo, requisito previo a la glorificación cantada en el Magníficat: "todas las generaciones me llamará dichosa" (Lc 1,48).

Cristo, S*iervo de Yahvéh*, entró en el Reino de su padre después de pasar por la extrema pobreza, la humillación extrema, el total despojo, sellada por la muerte y la muerte de Cruz: la forma más humillante e infame de tortura.

Junto a la Cruz, árbol cargado, estaba María, la *sierva del Señor*, que "participaba, mediante la fe, en el misterio sorprendente de este despojo" (RM.18), traspasada por un dolor que fue el ápice del sufrimiento de una madre: "esta es quizás la más profunda *'kénosis' de la fe* en la historia de la humanidad" (Ibíd.).

De aquella noche de la fe en el Gólgota, similar a la de Abraham sobre el monte Moria, nace la gloria de María.

Madre del Siervo sufriente, quien será honrado, exaltado, glorificado a la diestra del Padre, María comparte en todo el misterio del abajamiento y de grandeza, de mérito y de gloria.

> *Nadie se humilló en el mundo como María,*
> *y por ello nadie fue exaltado como ella.*
> *A medida de la humildad concede el Señor la gloria,*
> *la hizo madre suya; ¿y quién es parecido a ella en humildad?*
> *Si hubiera habido un alma más pura y suave que la suya,*
> *en ella él habría habitado*[13].

María, "la sierva del señor" (Lc 1, 38a), es cronológicamente y cualitativamente el primer modelo de la actitud que debe existir en los discípulos de Jesús. Ella enseña a los hombres de hoy que entrar en el misterio de Cristo es ponerse a su servicio. "Es precisamente

---

13. G. DI SARUG, en *TMPM*, vol. IV, pp. 145-146. 8, n. 5.

este servicio lo que constituye el fundamento mismo de ese reino, en el cual 'servir (...) significa reinar" "(*MDt*, n. 5).

2. Docilidad a la voluntad del Padre

Una tibi placendi movet voluntas[14].

En el caso extraordinario de la Anunciación, donde se nos ha mostrado la verdad íntima de la Virgen de Nazaret, la docilidad a la voluntad del Padre es una de las características fundamentales de María: ella brilla como quien se entrega totalmente al Dios viviente y se deja conducir dócilmente por Él, "ofreciendo la lealtad completa del intelecto y la voluntad a quien le hablaba a través de su mensajero" (DV, 5).

La Anunciación es el documento emblemático de la Virgen, como creatura "pobre de espíritu", que con su "fiat" se abre en perfecta docilidad a la voluntad de Dios: toda su vida está en el signo del Fiat, como toda la vida de Cristo estuvo bajo el signo de la Cruz.

Ante el mensajero divino, después de haberse declarado *"sierva del Señor"* – una expresión que, en sí misma, define su disponibilidad para cumplir la voluntad del Padre con toda docilidad y amor - María hace suyo el plan divino, deseando que se cumple en Ella: "Hágase en mí según tu palabra" (Lc 1,38).

Aquí no se trata de una simple aceptación de la voluntad divina expresada por el ángel; la forma del deseo que conlleva esta respuesta, revela la plena conformidad de la voluntad de María con la de Dios, el compromiso de toda su personalidad, con todas sus aspiraciones, en cumplimiento del mensaje: ella quiere sólo lo que quiere el Señor.

Entonces, entendemos inmediatamente, como también en este aspecto la prefiguración en María de lo que será la disposición fundamental de Cristo, su comportamiento habitual, se impone con evidencia diáfana.

El Evangelio nos enseña que Jesús tiene como alimento espiritual, principio de energía en todos sus actos, el hacer la voluntad de Aquel que le ha enviado: su ambición personal es la docilidad filial. Quiere cumplir íntegra la obra que el Padre le ha confiado: "Mi alimento

---

14. Un único deseo de agradarte le mueve (uno es el deseo de la Madre y el Hijo: complacer al Padre).

es hacer la voluntad de Aquel que me ha enviado y llevar a cabo su obra" (Jn 4,34).

Pues bien, el deseo expresado por María en el momento de la Anunciación está en la misma longitud de onda; su aceptación está en plena sintonía con la del Hijo de Dios: "ella quiere buscar la satisfacción y la alegría de su destino en la misma dirección: hacer la divina voluntad era su alimento" (J. Galot).

Hay que admitir que el más profundo vínculo maternal de María con su Hijo resulta de esta adhesión común al designio supremo del Padre.

La reunión de las dos voluntades, del Verbo y de la Virgen, había tenido lugar en el momento mismo de la Encarnación, cuando al Fiat divino del Verbo - "heme aquí, vengo para hacer tu voluntad, oh Dios" (Hb. 10,9; Salmo 40, 8-9) - se unió, como echo perfecto, el fiat alegre de María: "aquí estoy, que se haga en mí lo que has dicho" (Lc 1,38).

En este sentido, Calabuig comenta: en Nazaret, las dos voluntades se han convertido operativamente en una y lo seguirán siendo durante todo el camino de la vida de Cristo, hasta la consumación de la Pascua, hasta la plenitud escatológica.

Sin duda, la sumisión a la voluntad del Padre juega un papel decisivo en el sacrificio redentor: lo atestigua la oración de Jesús en Getsemaní: "No lo que yo quiero, sino lo que tú quieras" (Mc 14,36). Esta conformidad con la voluntad del Padre encuentra su primera expresión en las palabras pronunciadas por la Virgen en respuesta al mensaje del ángel (Lc 1,38).

María, que siempre estuvo abierta a la voluntad de Dios, sin jamás obstaculizarla ni siquiera mínimamente, se sometió plenamente en la hora dolorosa del Calvario, cuando "Jesucristo se hizo obediente hasta la muerte y una muerte de Cruz" (cf. Flp 2.8).

En esta hora, tan decisiva para la humanidad, en la que se alcanza en sumo grado el don de sí mismo, María, "sufriendo profundamente con su Hijo y asociándose con ánimo materno a su sacrificio" (LG 58), permanece de pie, sin miedo, como petrificada, al pie de la Cruz.

Manteniendo todo su coraje ante el Hijo, que bajo sus ojos muere en lacerante agonía, ella se abandona a Dios más que nunca, y "consintiendo amorosamente a la inmolación de la víctima engendrada por ella" (ibíd.), como espléndido modelo de fortaleza maternal, parece repetir:

"*Heme aquí*, *yo soy la esclava del Señor, que se haga en mí según tu palabra*" (Lc 1,38).

¿Qué significa, de hecho, *estar al pie* de la Cruz, sino este compromiso de la Virgen Madre, su firme y decidida voluntad de rendirse y abandonarse al Padre?

"**Stabat Mater**" (Jn 19,25). **La madre** del Mesías crucificado 'estaba'...: con su sagrado silencio adorante, acogía los silencios de Dios: acogía, en el olvido de sí misma, los misteriosos, inquietantes designios de Aquel que permanece, para siempre, el "Totalmente Otro".

De María bajo la cruz - nos recuerda Cantalamessa – no se nos cuentan gritos y gemidos, como en las mujeres que acompañaban a Jesús a lo largo de la subida al Calvario (Lc 23,27); no se nos han transmitido palabras, como en el hallazgo en el templo, o como en Caná de Galilea. Sólo se nos cuenta su silencio. María está silenciosa, en el Evangelio de Lucas, en el momento del nacimiento de Jesús, y está silenciosa, en el Evangelio de Juan, en el momento de la muerte de Jesús (...) La sabiduría del mundo se expresa a través de la palabra y los discursos hermosos; la Cruz se manifiesta en cambio en silencio. ¡El lenguaje de la Cruz es el silencio! El silencio guarda solamente para Dios el aroma del sacrificio. Evita que el sufrimiento se disperse, para buscar y encontrar allí la misericordia[15].

"Dios reina donde se le obedece. Dios habita en los que realizar sus deseos, hace ver A. Martinelli, en su elocuente discurso ante un Congreso Mariano Internacional. Sin embargo, sigue nuestro autor, en ningún momento de la historia humana la voluntad de Dios fue más amorosamente cumplida y acogida con total sumisión, como en el Gólgota".

En aquel momento tan trágico, pero tan lleno de significado y portador de salvación para todos nosotros, Madre e Hijo, asociados en la obediencia filial al Padre y abiertos íntimamente a Él, "entran en el ámbito de sus decisiones, penetran en la esfera de su santidad y de su gloria, le pertenecen enteramente, a través del Holocausto completo de sí mismos". Su voluntad está admirablemente unida, hasta fusionarse en una sola oferta redentora, en una sola donación de sí mismos: un único sí, "una sola víctima, un solo corazón, un mismo movimiento oblativo, el mismo holocausto. Un solo altar, pero también un solo templo espiritual, donde el Padre recibe el cul-

---

15. R. CANTALAMESSA, *Maria uno specchio per la Chiesa*, pp. 116-117.

to filial más perfecto. En virtud de aquel sacrificio vivido con tanto amor y dedicación heroica, el Padre recibe una alabanza altísima y realiza al máximo su dominio sobre el mundo.

¿Hay algo más glorioso que secundar la voluntad de Dios?" - concluye Martinelli -[16]

Gracias a la generosa obediencia de Jesús, prefigurada en María, la obra del Padre ha podido cumplirse integralmente, con un concurso humano que era pura docilidad a la voluntad de Dios.

En el Hijo obró el amor superior a cualquier otro amor. En la madre obró el amor la que, después del de Cristo, ningún otro amor se puede comparar (San Bernardo).

3. La virginidad de la madre anuncia el celibato del Hijo

El parto de la Virgen es esa roca que se desprende del monte,
sin ser empujada (Dn 2, 34);
en él no hubo intervención de hombre,
no intervino la concupiscencia;
hubo sólo una elevación de la fe
y el resultado fue la concepción del Verbo.
Si no crees el hecho, ocurrió lo mismo
y tú seguirás siendo un infiel (San Agustín).

En el relato de la Anunciación, tan significativo y lleno de enseñanzas, aprendemos que el consentimiento de la doncella de Nazaret tiene deliberadamente una forma virginal; tanto así que ella no vacila en presentar su virginidad como una dificultad ante el mensaje del ángel: "¿Cómo será esto, pues no conozco varón?". (Lc 1,34).

La expresión, si bien se considera, expresa la decisión madurada de María de querer seguir siendo virgen. De hecho, las palabras: *no conozco varón* expresan directamente un estado, pero con la intención de perseverar en ese estado, porque presentan la dificultad ante el proyecto maternidad revelado por el ángel.

Preguntando *cómo sucederá* (Lc 1,33), María no pone en duda el cumplimiento del proyecto anunciado por el ángel, pero pregunta la manera: ella cree que la dificultad de su virginidad puede ser superada por el designio divino, pero sin saber de qué manera.

---

16. En *Maria Santissima e lo Spirito Santo*, o. c., cfr pp. 91- 98.

Después de que el ángel le ha mostrado como que Dios realizará en ella las "grandes cosas" de la concepción virginal, María convierte el "¿Cómo será esto?" en "hágase en mí según tu palabra".

Su decisión de permanecer virgen, en contraste con las ideas dominantes de la tradición judía – según la cual se debía contribuir, a través del matrimonio y su fecundidad, a aumentar el poder del pueblo - es una novedad fuerte, que preludia la del celibato voluntario inaugurado por Jesús, y revela un aspecto notable de la prefiguración en la madre de lo que será la futura realidad de su Hijo.

En su momento, para sorpresa de sus oyentes, Él elogiará el estado virginal, indicando el motivo de la renuncia voluntaria a lo que era considerado como la más valiosa propiedad al hombre: la paternidad y la maternidad: "Hay eunucos que han hecho tales por el Reino de Dios" (Mt 19,12).

Con esta declaración, Jesús revela que ya no se trata del Reino de Israel, que buscaba su fuerza en un pueblo numeroso, sino del Reino de Dios, que se extiende en virtud de una fecundidad espiritual.

Sabiendo, además, que el salto cualitativo hecho por él implicaba no sólo la novedad en lo referente a la mentalidad judía, sino también la superación de las reivindicaciones de las tendencias naturales más profundas del ser humano, Jesús afirma: "No todos pueden entenderlo, sino sólo aquellos a quienes se le concedió... ¡Quien pueda entender, que entienda!" (Mt 19, 11-12 b).

De hecho, sólo un regalo especial de Dios puede hacer apreciar el estado de vida consagrada.

La novedad del celibato por el Reino, anunciado por Jesús, ilumina el propósito de la virginidad de María: la joven de Nazaret ha podido comprometerse en el camino de la virginidad, porque el Reino de los cielos inspiraba toda su conducta.

Ella inauguró un camino destinado a una amplia difusión en la vida de la Iglesia: miles de personas durante siglos consagraron sus vidas en pureza y virginidad, renunciando al matrimonio y la familia, valores que se encuentran entre los más elevados de la creación, para ponerse a disposición del designio último de Dios: vivir *con* Él, *en* Él, *para* Él, de manera absoluta y radical.

Según la hermosa imagen del Damasceno, María es la *planta fértil de la Virginidad*, porque gracias a ella se ha difundido el valor de la virginidad (*TMPM*, II, 507): *ella es* y seguirá siéndolo para siempre en la historia de la Iglesia, la primicia de la virginidad femenina como

Cristo lo es de la masculina (Orígenes).

En esta línea, la joven de Nazaret "recordará a todos que la virginidad es realmente liberación de ese deseo que convierte el amor en dependencia; pero de ninguna manera es renuncia al amor; lejos de ello: es conquista del amor, aquel amor auténtico, que sabe ser indiviso, totalitario, universal".

En María, icono virginal del Hijo, la criatura humana contempla su dignidad, porque sabe que puede convertirse, en libertad y gracia, ella misma un icono de Cristo Jesús.

4. En María se prefigura el Sacrificio Redentor

Como una primera orientación hacia el sacrificio del Calvario, el episodio de la presentación de Jesús en el templo (Lc 2, 22-35), iluminado por la profecía de Simeón, adquiere una gran importancia: nos revela cómo la vida materna de María estuvo amargamente orientada, desde el principio, hacia el drama Redentor. En este sentido, podemos decir que la corredención, de la que hablaremos más tarde, no consiste en la mera participación en un instante de prueba, sino en una disposición íntima de María, que dirigió su misión maternal hacia el sacrificio final.

Según el plan divino, *el sacrificio*, mucho antes de que se consumase en Jesús, había tomado consistencia sobretodo en el corazón de la Virgen, que va a vivir esta realidad de la fe en su carne de madre. La Virgen Madre - dice M. Thurian – vive para la "hora" de su Hijo. Por lo tanto se trata de una vida dominada por el sentido sacrificial. Su gesto de presentar *el fruto de sus entrañas* en el templo, es un gesto sacrificial (cartas de San Pablo). Es la primera en completar en su carne y para la Iglesia, lo que falta a los sufrimientos del Cristo total que es la Iglesia[17].

La profecía de Simeón implica una consecuencia mariana no indiferente, porque se dirige directamente a María, involucrándola, como a ningún otro, en el destino doloroso del Hijo, en la *contradicción* que se producirá en torno a su persona: ante Jesús se presenta un camino lleno de espinas; la madre acoge también ese designio oscuro de muerte y resurrección.

Movido por el Espíritu - nos informa el evangelista Lucas -,

---
17. *Maria Madre del Signore immagine della Chiesa*, p. 9.

Simeón fue al templo (...) y habló con su Madre, María: "Él (el niño Jesús) está puesto para caída y elevación de muchos en Israel, y como señal de contradicción... Y a ti una espada te atravesará el alma" (2, 27-35). Este anuncio profético aparece como un "segundo anuncio", en cuanto que desarrolla y modifica el del ángel en Nazaret. Tan estrechamente une el Niño a María, que nos revela la pasión de Jesús con la espada que atravesará el alma de su madre. Si Simeón no hubiera aludido a esta espada, su oráculo no habría centrado el drama de la Pasión; habría indicado la contradicción encontrada por el Mesías, pero no su trágico epílogo.

Vinandy subraya con acierto en sus escritos el hecho de que en el relato de la Presentación se expresa ante todo la comunión de destino de la Madre y el Hijo[18]: una comunión que implica el dolor de María, por lo cual no se puede subestimar el anuncio de la espada anunciada por el anciano. Jesús será rechazado y golpeado, María será rechazada y golpeada con Él. Cada resistencia contra el Mesías, cada rechazo que sufrió a manos de Israel - también el post-pascual, hasta el día presente- atraviesa profundamente el corazón de su madre.

Después de la predicción de Simeón, María sabe que su Hijo está destinado a un sacrificio del cual ella misma sentirá el dolor terrible: sabe que ofrece su Hijo en un sacrificio que la desgarrará. A diferencia de otras madres, que no pueden saber de antemano los dolores que les llegarán a causa de sus hijos, ella ya sabía desde los primeros días que su maternidad la encaminaba hacia una prueba suprema.

El rescate, que en la Antigua Alianza era sólo un símbolo o una imagen, en la perícopa lucana de la presentación en el templo se convierte en una realidad: para rescatar su primogénito, María no puede simplemente pagar una suma al sacerdote (como era costumbre entre los judíos). Obtiene el rescate sólo a través de la oferta de Jesús para el sacrificio anunciado: es aceptando la espada que le atravesará el alma como puede conservar a su Hijo.

Como madre, María ofrece su Hijo, antes de que él pueda ofrecerse por sí mismo, cumpliendo el gesto de ofrecer que Cristo hará más adelante sacerdotalmente. Se puede decir, así, que María es la primera en hacer la oferta del sacrificio redentor: en ella se prefigura el acto redentor por excelencia, que tiene ya como centro a Cristo.

---

18. *La prophétie*, p. 349.

No se trata, en realidad, simplemente de una oferta que María hace de sí misma: es su Hijo lo que ella ofrece, y es Él quien la conduce el sacrificio redentor[19].

E. UN NUEVO ADÁN Y UN NUEVA EVA EN EL ORIGEN DE UNA NUEVA HUMANIDAD

Es un hecho indiscutible que en todas las generaciones, en la tradición de la fe y la reflexión cristiana, el emparejamiento *Adán-Cristo*, a menudo está acompañado del de *Eva-María*: la "nueva mujer", siempre íntimamente asociado con Cristo, "hombre nuevo", en la obra de la salvación, del cual surgiría una nueva generación.

A partir de los Padres de la Iglesia, son muchos los estudiosos, los teólogos, los eclesiásticos que, al poner a María en el plan divino de la redención, se refieren, con claros y probados argumentos, a la doctrina de la Nueva Eva, doctrina que define bien su vocación al lado del Nuevo Adán.

En la primera creación, al comienzo de la humanidad – comenta Cignelli - había un hombre y una mujer: Adán y Eva. Para la nueva o segunda creación, hay un nuevo Adán y una nueva Eva: Cristo y María[20].

Convenía que una mujer estuviera asociada a la misión de salvación cumplida por Cristo.

Según el oráculo del Protoevangelio, el papel de la mujer en la lucha contra el demonio ha sido decidido por Dios en respuesta al papel de Eva en pecado (Gn 3, 1 -15). "Si el pecado se deriva de la complicidad del hombre y la mujer, la redención debe realizarse en virtud de una asociación del hombre y la mujer: al lado del nuevo Adán debe admitirse una nueva Eva, que colabora con Él para extender el reino de la gracia, como la primera Eva había contribuido a extender el reino del pecado; en el origen de la nueva humanidad, una nueva Eva debe asumir un papel decisivo, en unión con el nuevo Adán. Gracias a esta colaboración de la mujer, la victoria sobre el pecado puede asumir su plena extensión humana.

---

19. J. GALOT, *Maria, la donna...*, pp. 254 – 260.

20. L. CIGNELLI, *Maria nuova Eva nella Patristica greca* (Assisi 1966).

El plan redentor revela su armonía con el trabajo creativo. Dios creó la humanidad macho y hembra (Gen 1,27), para que presente su imagen. La pareja es más o menos como el reflejo de la comunidad de las personas divinas. Ahora bien, la semejanza de la humanidad con Dios debe consolidarse en la redención. Convenía, por lo tanto, que esto se lograra mediante la asociación del hombre y la mujer. La comunidad inicial que dio origen a toda la humanidad, es una comunidad en el origen de la regeneración espiritual de la humanidad"[21].

En este sentido, así escribe San Bernardo: "No cabe duda de que Jesucristo, por sí solo, se bastaba de sobra para redimirnos, pero era más conveniente que intervinieran en nuestra salvación uno y otro sexo, porque los dos habían sido la causa de nuestra perdición"[22] "la vida debía volver por el mismo camino por donde había entrado la muerte" (TMPM, I, 126).

Entre los primeros Padres de la iglesia, que han destacado el profundo significado contenido en el binomio *nuevo Adán - nueva Eva*, hay que señalar, en particular, a S. Justino y S. Ireneo, que, añadiendo un complemento a las epístolas de Pablo, oponían la obediencia de María a la desobediencia de Eva, como el apóstol había opuesto a la obediencia de Cristo a la transgresión de Adán. Paralelo al camino del nuevo Adán obediente, se desarrolla el camino de la nueva Eva, obediente a la voluntad de Dios.

Un misterioso vínculo une y, al mismo tiempo, contrapone la escena de la Anunciación narrada por Lucas 1, 26-38 y la escena de la seducción narrada por Gn 3, 1-20: dos escenas que constituyen dos momentos generadores de la historia, en cuanto se refieren a Dios y al hombre. El hombre destruye, Dios reconstruye; el hombre peca, Dios salva; el hombre introduce la muerte, Dios da la vida; pero la vía que inversamente guía el recorrido es única: "la mujer virgen". Por Eva, aún virgen, Adán cayó; a través de María, la Virgen, Cristo nace, Dios encarnado: "Eva cuando aún era virgen e incorrupta acogió en su seno la palabra que vino de la serpiente y dio a luz desobediencia y muerte. María, la Virgen, al contrario, concibió fe y alegría cuando el ángel Gabriel e llevó el feliz anuncio"[23]. "Y así

---

21. J. GALOT, *Maria, la donna nell'op di sal...* p. 272.
22. Citado en S. ALFONSO M. DE LIGORIO, *Le glorie de Maria,* p. 177.
23. S. JUSTINO, *Dialogo con Trifone,* C. 100, PG 6, col. 709-712.

es cómo la desobediencia de Eva fue redimida por la obediencia de María: el nudo de la desobediencia fue desatado por la obediencia. Lo que había anudado la virgen Eva con su incredulidad, lo desató la Virgen María con su fe.

A la desobediencia de Eva, que se había derramado sobre toda la humanidad, replica la obediencia de María que ha tenido la misma resonancia universal pero con resultados diametralmente opuestos. En el drama de la caída la mujer había abierto el camino de la desobediencia y del mal, "haciéndose causa de muerte para sí y para toda la humanidad; en la economía de la salvación la mujer abre el camino de la obediencia y la bondad, convirtiéndose en causa de salvación eterna para sí y para toda la humanidad"[24].

La clásica doctrina de la 'nueva Eva' emerge en toda su frescura y su fuerza vital en las enseñanzas del Concilio Vaticano II que en LG (nº 56), reitera: "El Padre de las misericordias quiso que la aceptación de la madre predestinada precediese a la encarnación, porque, así como una mujer había contribuido a producir la muerte, una mujer contribuyera a dar la vida".

A la luz de esta doctrina, encontramos las razones de fondo por la que Jesús, en circunstancias precisas, se dirigió a su madre llamándola "mujer" (cf. Jn 2,4; 19,26;): un término que utilizado en la relación madre-hijo puede parecer extraño, pero no lo era ciertamente para Jesús, que con ello pretendía dar a su madre toda la grandeza que el nombre encerraba.

Ciertamente, "Jesús usó la palabra para dirigirse también a otras mujeres; pero cuando llamaba 'mujer' a María (su madre) daba al término un significado único, más incisivo, puesto que normalmente debería haber utilizado el término madre" (J. Galot). Sustituyendo 'mujer' por 'madre', quería mostrar a María, a la que, por encima de las relaciones familiares, considerada como la "Nueva Eva" o la "Mujer Nueva", que colaboraba con él en la edificación de una nueva estirpe, "participando maternalmente con él en esa dura lucha contra los poderes de las tinieblas, que se desarrolla durante toda la historia humana" (cf. RM 47).

Especialmente la incidencia del momento o contexto histórico (las bodas de Caná, el Calvario: dos momentos fuertes, el primero de los cuales anuncia, y el otro lleva a cumplimiento los nuevos tiempos

---

24. S. IRENEO, *Adversus Haeeses* 3, 22. PG 7, 958-959. SC 34 (1952), 378-382.

o tiempos mesiánicos), en el cual Cristo - como nos relata el evangelista Juan (2,4; 19,26) – utiliza el término 'mujer' hablando con su madre, tiende a sugerir que el título no está destinado a indicar algo genérico, y mucho menos un sentido de distanciamiento, sino la intención de Jesús de universalizar la figura de la madre. Con razón dice Chaminade: "Es cierto que Jesús se comportaba en relación con María como el Hijo más afectuoso, cariñoso y respetuoso. Por lo tanto, si la llama con el nombre de *Mujer*, incluso en el momento culminante de su existencia, es decir en el altar de la Cruz, esto significa que no encontró un nombre más augusto, verdadero y apropiado que este para la posición de María, tanto en relación con los hombres como consigo mismo"[25].

F. CORREDENTORA

Introducción

Sabiendo (...) que la muerte del Hijo era por el bien de todos, la Madre se apresuraba como si ella pudiese hacer algo por el bien común con su propia muerte (...)
Al pie de la Cruz, miraba con ojos compasivos las heridas del Hijo, de quien sabía que vendría la redención del mundo.

Estaba de pie, ofreciendo un espectáculo
   no muy diferente del de Él,
Mientras no temía a quien le podría dar muerte.
El Hijo colgaba de la Cruz; la madre se ofrecía
   a los perseguidores[26].
¿Quién puede penetrar el misterio de la mirada entre
   Madre e Hijo, en una hora
semejante? Habían llegado a ser una sola cosa con el dolor
y el pecado de todo el mundo.

---

25. *La conoscenza di Maria. Diam...*, p. 63.
26. AMBROSIO DE MILAN, *Educazione delle vergini*, 6, 49, PL 16, 318.

Los contenidos doctrinales subyacentes en el antiguo paralelismo patrística Eva-María, Adán-Cristo se han como fusionando, confluyendo en la más reciente temática abierta de inspiración teológica: *la Corredención*: una doctrina que, como la de la nueva Eva, por un misterioso y eterno designio divino de amor, asocia a la Virgen Madre con la persona y la obra salvífica del Redentor: María estaba demasiado estrechamente vinculada a su Hijo para que no hubiera también un misterio de colaboración; su grandeza está conectada no sólo con el misterio de la Encarnación, sino también con el de la Redención. Los dos misterios, de hecho, forman un todo, puesto que el Hijo de Dios se hizo hombre para procurar la salvación y la vida divina para la humanidad.

En el cumplimiento de este sublime misterio que nos envuelve a todos nosotros, María se ha convertido no sólo en la 'madre nodriza' del 'Hijo del hombre', sino también en la 'compañera generosa completamente excepcional del Mesías y Redentor' (LG, 61). En ella se ha alcanzado la máxima participación posible en el misterio de Cristo: como Verbo encarnado y como Salvador. Toda su vida, vista en el plan eterno de Dios para con el hombre, parece ser esencialmente una obra realizada junto con Cristo por la humanidad.

Esta persona que llamamos María - explica K. Rahner - en toda la historia de la salvación es como el punto sobre el que cae directamente desde lo alto, en esta historia, la salvación del Dios vivo, para extenderse a toda la humanidad[27].

Desde el primer momento de la encarnación, Jesús asume actitudes de víctima, anuncio de su sangriento sacrificio: en el seno de María se encuentra en estado de mediación redentora, como sacerdote y víctima, que con su obediencia sacrificial, santifica a la humanidad (Hb 10, 5-10).

En el seno inmaculado de la Virgen se lleva a cabo, así, como en un santuario perfecto agradable a Dios, el primer sacrificio de la era mesiánica: ya desde ese momento Jesús asociaba íntimamente a sí mismo, en la obra de nuestra redención, a su Madre, para la cual comenzaban unas relaciones cada vez más íntimas e inefables con el Hijo de Dios e Hijo suyo: de ahora en adelante ya no se separará más de su Persona y de su obra.

---

27. *Maria Madre del Signore. Meditazioni teologiche,* Fossano, Ed. Esperienze, 1962, p. 39.

Fundamentos teológicos de la Corredención

La doctrina de la Corredención, a menudo objeto de varias tentativas de interpretación y de debates - a veces apasionados - por parte de teólogos y eruditos, tiene sus raíces en la época medieval, cuando, desarrollándose la devoción a la Pasión de Cristo y la doctrina de la expiación, la reflexión teológica empezó a mostrar no sólo la asociación de María a los dolores de su Hijo, sino también su cooperación directa en la obra de la redención.

Los teólogos reconocieron que la madre sufrió con su Hijo por la salvación del mundo, en virtud del plan del Padre que había deseado la Nueva Eva como 'ayuda similar' al Nuevo Adán. Con su compasión, María contribuía no sólo a hacer más profundamente humano el drama de la cruz, sino también a "merecer" la liberación y la santificación de toda la humanidad: el resultado de su asociación materna a los sufrimientos del Hijo fue obrar la salvación para todos nosotros[28].

La presencia en el Calvario de nuestra Madre parece animada precisamente por la intención de compartir el sacrificio de su Hijo: la serie ininterrumpida de "*sí*", que ella había sido capaz de dar al Redentor durante toda su existencia, aunque le costaban el martirio del alma y el espíritu, culmina en el altar de la cruz, en la ofrenda de sí misma con el Cordero: precio de la redención del mundo.

Por otro lado, Jesús mismo, invitando a María a aceptar su muerte inmediatamente antes de poner su espíritu en las manos del Padre (Jn 19,25-28a), subraya la estrecha asociación de su Madre con su sacrificio e invita a considerar su presencia en el Calvario no como un simple testimonio de simpatía maternal, sino como un compromiso en la obra de la Redención.

Dios dispuso que la redención de los hombres viniese, además de por los méritos y satisfacciones dadas por Cristo, también por los méritos de María (...), hasta tal punto que sin ellos no habría ninguna redención, tal como Dios la había decretado en su plan eterno[29].

---

28. J. GALOT, *Maria, la donna...* pp. 239-292, y *Maria: itinerario spirituale ....*, pp. 91-92.268-274.

29. S. MEO, *Nuova Eva*, in *NDM*, pp. 1022-1023.

Redención objetiva y subjetiva - directa e indirecta

Para entender mejor el carácter peculiar de la corredención en María, es necesario centrarnos en algunos puntos importantes establecidos por la teología.

Ante todo hay que señalar que la cooperación de María en la redención objetiva no crea dudas, porque la maternidad divina es un aspecto fundamental de esta cooperación. Trayendo el Redentor al mundo, la Virgen María ha contribuido de modo prominente en la obra global de la salvación. "El simple nombre de *Theotókos* (Madre de Dios) contiene todo el misterio de la salvación" (Damasceno).

Jesús es el "Hijo de hombre" que nos ha salvado, gracias a esta Madre: "la *bella cordera* (pura e inocente), que ha engendrado *el Cordero* para el sacrificio" (*NDM*, 1050). De su seno Cristo tomó las primicias de nuestra carne, para tal sacrificio. "Él no habría podido morir si no hubiera tomado de ella una carne mortal" (San Agustín): la redención del mundo está vinculada a aquel cuerpo recibido de María y ofrecido en el sacrificio de la cruz.

Esta forma de cooperación en la Redención objetiva, caracterizada por la maternidad divina de María, o por el acto de dar el Salvador a la humanidad, es de naturaleza **mediada o indirecta**, como la definen los teólogos. Sin embargo, sabemos que la cooperación de la Madre de Jesús va más lejos, va más allá de la simple tarea maternal: es una cooperación que concierne a la misma obra redentora. En la práctica, María no sólo nos ha dado el Salvador, sino que ofreció su colaboración personal en el sacrificio redentor, con miras a la adquisición de todas las gracias de la salvación. "Debemos, por tanto, hablar de 'cooperación directa' o 'inmediata' con la redención objetiva; lo que implica la asociación e los méritos de María al sacrificio redentor.

Sólo si se considera en esta forma, la corredención, en la Madre de Jesús, adquiere su propio rostro, su verdadera identidad: adquiere todo su significado y todo su valor"[30].

Dentro de esta dirección conceptual, pueden ser útiles y esclarecedores algunos testimonios, particularmente sugestivos y esculpidos por no pocos estudiosos, distinguidos teólogos, sacerdotes y clérigos.

El primero en las filas de quienes han considerado que la cooperación de María en el sacrificio del Calvario fue un apasionado

---

30. J. GALOT, *Maria, la donna nell'opera di salv...* pp. 243-245.

discípulo de San Bernardo, Arnulfo de Chartres, llamado al primer propagador de la corredención mariana. En la cruz él reconoce dos altares: uno en el corazón de María; el otro en el cuerpo de Cristo: *"Jesús inmolaba su carne; María su alma*. María quería morir con su Hijo, pero la muerte en la cruz era privilegio del sumo sacerdote, dignidad que Cristo no podía compartir con nadie. Sin embargo, este afecto maternal cooperaba en el grado más alto, a su manera, para hacer a Dios propicio, puesto que la caridad de Cristo llevaba al Padre tanto sus propios deseos como los de su madre, y que lo que la Madre pedía, el Hijo lo aprobaba, y, el Padre lo concedía"[31].

El discípulo de San Bernardo, desarrollando más tarde estos conceptos, dice: "Ante el Padre, la Madre y el Hijo (...) maravillosamente unidos, proveen a la empresa de la redención humana (...). El afecto de la madre conmovía a Jesús, y entonces había sólo una voluntad de Cristo y María, y ambos ofrecían semejantemente a Dios un único holocausto: ella con la sangre de su corazón; él con la sangre de la carne. Así María obtiene con Cristo el efecto común para la salvación del mundo"[32].

Como Chartres, muchos otros han descrito la participación de la madre en el sacrificio del Hijo con imágenes chocantes, sugerentes, dictadas por el corazón, con la inspiración del Espíritu: "Todos los sufrimientos y las heridas del Hijo repercutían en el corazón de la madre. Los insultos al Hijo atravesaban a la madre como flechas y los clavos del Hijo la herían en el corazón como lanzas. La espada que atravesó el costado de Jesús también hirió el corazón de Ella"[33].

Ella sufría en su corazón lo que su Hijo sufría en la carne. ¿Y quién podría pensar diferentemente, si sabe lo que es ser madre? Como Cristo clama: "Dios mío, Dios mío, ¿por qué me has abandonado?" (Mt 27,46), también la Virgen María tuvo que ser penetrada por un sufrimiento que humanamente coincidía con el de su Hijo[34]. En efecto, "ella (...) sufría una tortura mayor que si hubiera sido torturada en su propio cuerpo, porque amaba incomparablemente

---

31. *De septem verbis Domini in cruce*, 3, PL 189, 1694.
32. *De laudandibus B. M. Virginis*, PL 189, 1726-17227.
33. MAXIMO EL CONFESOR, *Vita di Maria;* CSCO 478 e 479.
34. S. KIERKEGAARD, *Diario*, XI1 A 45.

más a Aquel por cuya causa sufría"[35].

Realmente con Él moría mientras vivía y podía soportaba viva un dolor más cruel que la muerte misma (San Buenaventura). No brotaba más sangre de las heridas del Señor, que manaban lágrimas de los ojos de la Virgen; y con el cuerpo muerto de Jesús se enterró el corazón de María[36].

Sin duda - dice S. Bernardo, dirigiéndose a la Virgen - después que tu Jesús había expirado, la lanza cruel no podía llegar a su alma. En efecto, cuando, no respetando ni siquiera su muerte, le abrió el costado, ya no podía hacer ningún daño a tu Hijo. Pero a ti, sí. A ti te traspasó el alma. El alma de él ya no estaba allí, pero la tuya no se podía separar de ningún modo. La fuerza del dolor atravesó tu alma, y no sin razón te podemos llamar más que mártir, porque tu participación en la pasión del Hijo superó con mucho, en intensidad, los sufrimientos físicos del martirio[37].

La liturgia bizantina, contemplando con emoción el dolor de María al pie de la cruz, se expresa así: "Hacía falta que ella estuviera asociada a su Hijo en todo lo concerniente a nuestro destino. Igual que le había dado su carne y su sangre, recibiendo a cambio la comunicación de sus gracias, así tenía que participar en todas sus penas, en todas sus aflicciones".

Estas intuiciones ingeniosas y perspicaces de la fe encuentran su validación en el Magisterio ordinario de la Iglesia. Desde León XIII varios documentos pontificios han expresado la doctrina de la Corredención, sin pretender imponerla a teólogos y fieles como una doctrina a seguir.

El Papa de la *Rerum novarum* habla de ella en tres encíclicas. En la *Iucunda semper* de 1894 escribe que María, ausente físicamente de Getsemaní y del pretorio, estaba presente con el espíritu, porque ya "cuando aceptó ser la Madre de este Dios Redentor y lo presentó en el templo, se había asociado a él en la dura expiación, para redimir a la raza humana". Pero fue en el Calvario donde, "animada por un deseo de inmensa caridad de recibirnos como Hijos suyos, ofreció a

---

35. A. DE LAUSANA, *Omelia* V, SC 72, 148; in *TMSM*, 3 vol., p. 293.

36. CHARLES DRELINCOURT, citado por M. THURIAN, *Maria Madre del Signore, immagine della Chiesa* Ed. Morcelliana, Brescia 1987, p. 165.

37. San BERNARDO, *Discorso della domenica dopo l'Assunzione*, 14-15; op. o. 5. 273-274.

su Hijo a la justicia divina".

En esta línea se desarrolla la enseñanza de Pío X, que en la encíclica *Ad diem illum* de 1904, proclama: "María no sólo dio al mundo la víctima de nuestra salvación, sino que recibió el encargo de custodiarla, nutrirla y presentarla, en el tiempo establecido, en el altar del sacrificio. Por lo tanto no se ha interrumpido la comunión de vida y de dolores entre Madre e Hijo. Esta comunión de sentimientos entre María y Cristo ha hecho que María mereciera convertirse, dignamente, en la reparadora de la humanidad caída".

Benedicto XV la hace objeto de consideración en la carta apostólica *Inter sodalicia* de 1918. Contemplándola al pie de la cruz, el Papa escribe que María sufrió y casi murió con su Hijo para salvar a los hombres y apaciguar la justicia de Dios, de modo que, con razón, se puede decir que ella, en cuanto le concernía, inmoló al Hijo, y redimió a la humanidad con Cristo.

El Papa Pío XI en su encíclica *Miserentissimus Deus* de 1928 declaró que la Virgen y benignísima Madre de Dios, por haber engendrado, criado y ofrecido, como víctima por nosotros en la cruz, a Jesús Redentor, por su secreta unión con él y por una gracia singular de él es reparadora de la humanidad junto con Cristo.

Pío XII se ha ocupado de ello varias veces.

En la encíclica *Mystici Corporis* de 1943 escribe: "María, como auténtica reina de los mártires, completó lo que faltaba a los sufrimientos de Cristo, a favor de su cuerpo, que es la Iglesia (...). Libre de toda mancha, tanto hereditaria como personal y siempre estrechamente unida a su Hijo, lo ofreció en el Gólgota al Padre eterno – ofreciendo el holocausto de de todo derecho materno y del amor maternal, como nueva Eva -, por todos los Hijos de Adán, contaminados de la prevaricación miserable del progenitor".

Pablo VI en la *Marialis cultus* de 1974, para ilustrar la conexión de las fiestas marianas con los misterios de Cristo, escribe que la memoria de Nuestra Señora de los Dolores (15 de septiembre) es "ocasión propicia para revivir un momento decisivo en la historia de la salvación y para venerar a la madre *asociada* a la pasión del Hijo".

Juan Pablo II ha escrito sobre ello ampliamente, especialmente en la Carta Apostólica *Salvifici doloris*, de 1984, en la que, entre otras cosas, escribe: "En María los numerosos e intensos sufrimientos se unen en tal concatenación y conexión que, si fueron prueba de su fe inquebrantable, fueron también una contribución a la redención de todos (...).

Fue en el Calvario donde el sufrimiento de la Santísima Virgen María, junto al de Jesús, alcanzó una cumbre ya inconcebible en su altura desde el punto de vista humano, pero ciertamente misterioso y sobrenaturalmente fecundo para los fines de la salvación universal".

En la audiencia general del 23 de noviembre de 1988, el Papa Karol Wojtyla puntualizó: "María quiso participar hasta el fondo en los sufrimientos de Jesús, puesto que no rechazó la espada anunciada por Simeón y aceptó, en cambio, con Cristo, el misterioso designio del Padre".

Como se puede adivinar fácilmente, todos los documentos mencionados anteriormente establecen, aunque de forma encubierta, lo que los teólogos llaman *cooperación inmediata o directa* de María a la redención.

A pesar de no utilizar esta expresión, los textos afirman, de hecho, esta verdad en términos equivalentes y a menudo muy fuertes, como: "María sacrifica a su Hijo"; "lo ofrece al Padre"; "es reparadora o restauradora de la humanidad"; "redimió a la humanidad con Cristo"; "participó en el mérito redentor"; "fue asociada a la adquisición de la salvación"; "contribuyó a la redención de todos"...

El Concilio Vaticano II, aunque explícitamente no utilizó el término 'Corredentora' - con el fin de evitar cualquier posible malentendido que pudiera surgir en el campo pastoral y ecuménico -, se sitúa en esta óptica, describiendo la asociación de María a todos los misterios de la redención, hasta el Calvario (LG VIII, nn. 57-59) y condensando todo en una expresión particularmente feliz: "La Virgen fue (...) en esta tierra compañera generosa totalmente excepcional del Redentor" (LG nº 61).

La Iglesia entera es corredentora, en la estela de la Madre de Jesús

El título de "Corredentora" nos permite comprender mejor y valorar no sólo el singular papel de María, sino también la dimensión propia de los cristianos, en la única economía de la historia de la salvación.

La madre de Jesús, que ha sido la primera en participar en el sacrificio redentor, permanecerá para siempre un estímulo y un modelo perfecto para todos aquellos que aceptan valientemente unirse, sin reserva alguna, a la ofrenda redentora de nuestro Señor Jesucristo. "Ella no es simplemente un recordatorio para nosotros de la emoción ante el drama de la Cruz; la Virgen de los Dolores nos ilumina sobre el valor de nuestros sufrimientos que, unidos a los de Cristo, deben contribuir a la construcción de un mundo mejor; nos invita a abrazar la Cruz con espíritu generoso y a creer en la fecundidad que toda participación en el sacrificio de Cristo trae a la obra de salvación. San Pablo, haciendo alusión a su actividad apostólica, no duda en escribir: "Somos cooperadores de Dios" (1Cor 3,9).

Ahora bien, la palabra corredentor es no más audaz que la de colaborador de Dios: es equivalente. Todos los bautizados participando como tales en el misterio pascual de Cristo y partícipes de su ministerio sacerdotal, están llamados a colaborar con Él, como piedras vivas (1P 2, 5a), en la construcción de su Reino; están llamados a caracterizarse como cooperadores de la obra salvadora de Cristo; a convertirse, en última instancia, corredentores siguiendo la estela de María, sabiendo muy bien que, en ella, la superioridad de la corredención juega un valor único y excepcional.

Cuando se trata de corredención en referencia a la Iglesia de Dios, o a los cristianos normales, de hecho, se trata propiamente de cooperación en la redención subjetiva: cada cristiano es invitado a contribuir a la difusión de la vida de la gracia en sí mismo y en los demás, con sus esfuerzos personales de santidad, con su conducta ejemplar, con su misión apostólica.

En el caso de María, esta forma de cooperación se verificó bien en su vida: acogió la gracia con disposiciones subjetivas que permitieran su pleno desarrollo; además, con sus contactos interpersonales y su testimonio de vida, ha animado a otros a un comportamiento dócil a la divina voluntad. "Pero la Virgen de Nazaret no sólo ha colaborado en la aplicación a la humanidad de los frutos de la redención obrada por Cristo. Aunque ella misma se benefició de la gracia redentora de su Hijo, ella debe ser celebrada, en el cosmos de la redención, como la que ha colaborado directamente en el cumplimiento del sacrificio redentor, en el sentido de que se ha asociado con Cristo en la obra de Redención y en la adquisición de la salvación para todos los hombres de cualquier raza y latitud.

La dimensión de la corredención en la Madre de Jesús no se puede por lo tanto comparar con la de la corredención de los cristianos. Coincide con la extensión total de la obra redentora de Cristo: la singular participación en el sacerdocio de su Hijo sitúa a su Madre como única Corredentora de la humanidad"[38].

---

38. J. GALOT, *Maria, la donna...*, p. 244.

La Corredención de María a la luz el sacrificio Eucarístico

El sacrificio eucarístico es recuerdo y renovación del sacrificio de la Cruz; tiene el mismo contenido y difiere sólo en la forma de la oblación, que en la Cruz tuvo lugar de manera cruenta, mientras que en la Eucaristía tiene lugar sin derramamiento de sangre: la víctima es la misma, en la Cruz y en el altar donde se celebra la Eucaristía. Por lo tanto, en el sacrificio de la Misa se contiene todo el fruto de la colaboración de María, se actualiza toda la obra que la Madre llevó a cabo al lado de Cristo, su Hijo y en dependencia de Él: su presencia es connatural al misterio celebrado. "La que participó en los misterios históricos del Hijo, está presente ahora en los misterios que se actualizan en el memorial"[39].

Cada Misa nos pone en íntima comunión con ella, la Madre, cuyo sacrificio «se hace presente», como «se hace presente» el sacrificio del Hijo con las palabras de la consagración del pan y el vino pronunciadas por el sacerdote (Juan Pablo II).

En este marco contextual se sitúa la comunión eucarística, que consiste en recibir la Víctima inmolada en el sacrificio. Si Cristo, que es la víctima, incluye en su sacrificio toda la cooperación de María, cuando Él se da en la comunión, se da de este modo preciso y no de otro. Una comunión en la que no se actualice y participe la influencia salvífica de María es imposible, porque, en última instancia, conduciría a una verdadera contradicción, a saber, pensar que Cristo, al darse como alimento en la comunión, deja de ser el mismo que, como una víctima, se inmoló él mismo en el sacrificio. "La identidad de la víctima inmolada y el alimento recibido asegura la influencia de María en la comunión, influencia María lleva a cabo por gracia del Espíritu y por los méritos de su Hijo divino: una gracia implícita en el hecho de que su Hijo quería asociarla a su propio sacrificio"[40].

Corredención y mediación única de cristo

De lo hemos esbozado podría surgir espontáneamente una pregunta: ¿no es Cristo el único mediador, como dicen las escrituras? (1 Tm 2, 5-6). Para responder a esta legítima pregunta, bastará con

---

39. JESUS CASTELLANO CERVERA, *La Presenza di Maria nel Mistero del culto. Natura e ...*, o.c., p. 401.

40. Card. P. PALAZZINI, *Maria Santissima e lo Spirito Santo*, pp. 162-163.

aclarar lo que se entiende por mediación única de Cristo. La palabra autorizada del Magisterio de la Iglesia, como la teología, enseña que la mediación de Cristo es única, no en el sentido de suprimir cualquier otra mediación, sino en el sentido que cualquier otra mediación depende de ella y de ella deriva todo su valor y significado. Es precisamente de la mediación inagotable de Cristo de donde surgen otras mediaciones subordinadas: «Ninguna criatura puede nunca compararse con el Verbo encarnado y Redentor; pero, igual que del sacerdocio de Cristo participan de varias maneras los ministros consagrados y los fieles, y lo mismo que la bondad única de Dios se extiende de varias formas en las criaturas, así también la única mediación del Redentor no excluye sino que suscita en las criaturas una cooperación asociada a partir de una sola fuente» (LG 62).

Ahora bien, como es evidente, María, en su singular papel de corredentora, depende totalmente de su Hijo: de Él recibe la capacidad de participar en la mediación; de Él obtiene todo lo que ella es y trata de comunicar a los hombres. Su mediación materna no es autónoma, sino subordinada a la mediación de Cristo, ya que implica una colaboración, una contribución secundaria a la Redención: por tanto no afecta a la unidad del Redentor, sino que revela toda su magnificencia.

Aquí también, el documento Conciliar es muy explícito: «la función maternal de María hacia los hombres de ninguna manera oscurece ni disminuye la única mediación de Cristo, sino que muestra su eficacia. Dado que cada saludable influjo de la Santísima Virgen para los hombres no nace de la necesidad, sino del beneplácito de Dios, y fluye de la superabundancia de los méritos de Cristo, se apoya en su mediación, de la que depende absolutamente y saca toda su eficacia» (LG, 60-61).

La cooperación de María es esencialmente materna, y como tal esencialmente distinta del valor de la ofrenda sacrificial de Cristo y de su actividad sacerdotal. «Lo que realmente ha merecido María es su poder maternal en del orden de la gracia, su poder para colaborar como una madre en la efusión de la gracia redentora" (J. Galot).

Por esa convergencia de sufrimientos y dolores entre la Madre y el Hijo, se ha concedido a la Santísima Virgen el ser, junto a su Hijo Unigénito, una poderosa mediadora y conciliadora de todo el mundo (Pío X).

G. CON CRISTO REINA PARA SIEMPRE EN LA GLORIA CELESTIAL

*Oh madre de Dios, has pasado
de prodigio en prodigio (LM, p. 91).*

1. Introducción

El camino que el Padre había trazado para el Hijo, Verbo encarnado, lo había trazado también para la Madre: "Era necesario que ella recorriese todos los caminos por los que había pasado el Salvador" (Nicolás Cabasilas).

El infinito amor con el Padre Eterno ama a María la invade y posee en un crescendo continuo: la predestinación eterna, la concepción inmaculada, la divina maternidad... y finalmente la transfiguración de su toda su persona en la gloria celestial y la participación anticipada en la plenitud de los frutos de la redención.

Igual que el sol, después de recorrer su gran viaje durante el día, se sumerge al atardecer con destellos de fuego en el océano, así María, después de finalizar la fase de su gran misión en la tierra, penetra gloriosa en los cielos, "donde brilla como Reina a la diestra de su Hijo, Rey inmortal de los siglos" (MD). Cuando, más, habrá cumplido también la fase celestial de su obra salvífica, se sumerge en Cristo con todos los santos de Dios, para cantar su gloria y celebrar por siempre sus misericordias. Si de hecho, "Madre y Virgen, ella estaba singularmente unida a Cristo en su primera venida, por su continua cooperación con Él, también lo estará en espera de la segunda" (RM 41), cuando "Dios será todo en todos" (1 Co 15,28).

En la gloria de la Asunción, suprema culminación de todos sus privilegios, culmina aquella historia de amor íntima, santa, y verdaderamente única entre todos los miembros de la humanidad, que María ha entrelazado con el Hijo de Dios en la tierra.

En una nota introductoria a la Misa en honor del Inmaculado Corazón de María se lee: "Durante nueve meses la vida del Hijo de Dios hecho carne, latió rítmicamente con la vida de su Madre, un vínculo que nunca se ha interrumpido, sino que se ha fortalecido desde que María está en los cielos en cuerpo y alma".

2. Asunción: signos histórico-teológicos

La Asunción de María a los cielos es un dogma solemnemente definido por el papa Pío XII en estos términos: "Con la autoridad de nuestro Señor Jesucristo, de los santos apóstoles Pedro y Pablo y por nuestra autoridad, pronunciamos, declaramos y definimos como dogma divinamente revelado que, al final de su vida terrena, María, la Inmaculada Madre de Dios siempre Virgen, fue llevada en cuerpo y alma a la gloria celestial" (Bula Munificentissimus Deus, 1 de noviembre, 1950).

En el enunciado *fue llevada a la gloria celestial*, vemos inmediatamente una diversificación entre la ascensión de Jesús y la de María: a diferencia de Jesús, María no se eleva, no asciende al cielo, sino que es asunta; esto es, ha sido elevada, por el poder de su Hijo, resucitado y glorioso.

El sujeto de la Asunción, como se puede inferir de la lectura global del documento anterior es, no es tanto el cuerpo o el alma de María, sino su persona, en toda su integridad, entendida como *madre de Dios, inmaculada* y *siempre virgen*: prerrogativas supremas que justifican, en sí mismas, el singular privilegio de la Asunción. Sin embargo, en su exposición teológica, MD no basa la verdad de la Asunción solamente en estas peculiaridades, sino en toda la vida y en toda la misión de María junto a Cristo. De hecho, mientras en la fórmula de la definición del dogma, María es calificada solamente como *la Inmaculada Madre de Dios siempre Virgen,* en la exposición doctrinal que precede a la fórmula es también señalada como "generosa colaboradora del Divino Redentor", casi título definitivo para su asunción al cielo.

Podemos decir que el principio teológico fundamental subyacente a este arcano misterio es la implementación completa de aquel único e idéntico decreto de predestinación que une la vida, los privilegios, la cooperación de María no sólo a la vida y la obra histórica de Cristo, sino también a su completa victoria sobre el pecado y la muerte, a su Majestad y gloria de Señor.

a) Los orígenes

En ausencia de un testimonio explícito y directo de las Escrituras con respecto a la asunción de María a los cielos, y no habiendo ningún tipo de referencia al destino final de la Virgen en la tradición

María en Relación con el Hijo 167

de los tres primeros siglos (también porque aún no había sido determinada una doctrina escatológica segura), no sabemos cómo terminó precisamente la vida terrena de María (si fue con un sueño plácido de muerte seguido inmediatamente por la resurrección y glorificación a semejanza de Jesús, o con el tránsito directo y transformación de la vida presente, estando ya conformada místicamente a la muerte de Jesús en el Calvario); no sabemos tampoco cuándo sucedió históricamente, es decir, cuánto tiempo después de Pentecostés. La enseñanza de la Iglesia no se detiene en estos temas: no los considera esenciales para los propósitos de la verdad de la fe; se limita a afirmar simplemente el hecho de la Asunción "fue asunta... a la gloria celestial, al final de su vida terrenal" (*MD*).

Hay que admitir que la creencia en la Asunción de la Santísima Virgen es una de esas verdades sobre las que calla la Escritura, pero no la razón: no se deriva de relatos históricos, sino de una intuición de fe de la Iglesia que, guiada por la luz del Espíritu Santo, ha ido tomando conciencia progresivamente de la dignidad suprema de María.

Podemos decir que el Espíritu Santo ha sugerido a la Iglesia que lea entre líneas, también lo que la letra de la Escritura no dice específicamente.

De hecho, la solemne definición del dogma, de que hablamos más arriba, no fue un acto repentino o arbitrario del Magisterio Papal, sino una etapa final que puso fin a un viaje de siglos de la fe de toda la Iglesia: una meta, que coronaba y proclamaba una fe universalmente profesada desde hacía mucho tiempo por todo el pueblo de Dios.

Ya entre los siglos VII y VIII, por ejemplo, San Juan Damasceno enseñaba claramente la resurrección y asunción gloriosa al cielo de la madre de Dios: "Como el cuerpo incorruptible santísimo nacido de ella y unido hipostáticamente al Verbo se alzó de la tumba al tercer día, así era necesario que la madre fuera reunida con el Hijo; y como él había descendido hasta ella, era necesario que esta Madre predilecta fuese llevada a la estancia más amplia y más hermosa, al mismo cielo" (*Homil. in Dormitionem*, 2,14).

b) Desarrollo teológico de la Asunción en la Lumen Gentium

La verdad de la Asunción, que confluye en el Concilio Vaticano II, resurge con una nueva frescura en el octavo capítulo de LG, donde es reinterpretada tanto en la perspectiva cristológica como en la eclesiológica y, con admirable síntesis teológica – pastoral, se enmarca en una visión más completa de la vida y misión de María, hasta llegar a ese significado pleno y completo, nunca alcanzado en anteriores documentos del Magisterio.

En particular, casi como coronación de la relación entre María y Cristo, el Concilio Vaticano II, en el nº 59 de LG, retoma la fórmula de la definición dogmática y propone la doble dimensión, personal y cristológica, dada en la Constitución de Pío XII a la asunción y la realeza de María, unida a la obra y a la victoria de su Hijo, pero con un nuevo enriquecimiento doctrinal: "Finalmente, la Virgen Inmaculada, preservada inmune de toda mancha de pecado original, finalizado el transcurso de su vida terrenal, fue asunta a la gloria celestial en cuerpo y alma y exaltada por el señor como Reina del universo, para que fuera más plenamente conformada con su Hijo, Señor de las dominaciones y vencedor del pecado y la muerte".

Con la Asunción, por lo tanto, se concluye escatológicamente la conformación progresiva a Cristo que en las etapas del camino histórico de María se había manifestado a través del trabajo de su fe, de su plena aceptación y disponibilidad a la voluntad salvífica de Dios, y se realiza en toda su plenitud, moral y ontológica, la conformidad gloriosa de María con su Hijo resucitado.

Para el Vaticano II, en pocas palabras, la Asunción no es más que la etapa final del largo camino, responsable y comprometido de la maternidad y la cooperación de María al lado del Salvador.

3. Fundamentos bíblicos de la Asunción

Hemos visto que la Asunción, en el orden de fe, no es otra cosa sino la consecuencia total de los lazos singularísimos que unen María a Jesús en el plano de la carne y, más aún, en el del espíritu.

De esta íntima unión privilegiada entre Madre e Hijo habla la Escritura que muestra a la pura madre de Dios unida estrechamente a su divino Hijo y siempre comparte su destino: es aquí, en el dato revelado donde encontramos, aunque de modo velado e implícito, la más espléndida confirmación de la glorificación de María. A este valor convincente apela MD, cuando declara: "La Asunción de María tiene sus raíces en la Santa Escritura, interpretada por los Padres y los teólogos": su doctrina, en última instancia, toma la savia vital de las fuentes puras de la Palabra de Dios y de los grandes Padres de la Iglesia.

Aquí siguen algunos elementos clarificadores para probarlo:

a) Asunción: un postulado de la maternidad divina

A la luz de la narración bíblica completa de la historia de la salvación, la Iglesia ha ampliado cada vez más sus horizontes de conocimiento en el camino de fe, también en el campo de la mariología. A través de una reflexión global sobre el misterio de María, se ha hecho cada vez más consciente de que el concepto de la maternidad divina no se limita al momento genético de la concepción y del parto, sino que expresa todo el largo proceso de la unión progresiva con su Hijo salvador (como ya hemos mencionado). La concepción, el parto, la nutrición... constituyen sólo el primer momento esencial y determinante de la maternidad divina. Esta madura y se perfecciona hasta establecer una unión íntima y constante entre Madre e Hijo en la obra de la salvación: desde Nazaret hasta Belén, de Caná a Jerusalén, desde el Calvario a la Asunción al cielo.

En esta dinámica, que va desde el ser hasta el obrar para la salvación, la maternidad divina tiene el pivote fundamental en la Encarnación; se completa a lo largo del arco de la vida de la madre y el Hijo y se perfecciona en la Gloria de la Asunción, donde el rostro de la madre se conforma totalmente con el del Hijo.

La "biografía total" de la Virgen Madre viene así inscrita en la "biografía total" de su Hijo Jesucristo.

Primeros testimonios

Ya los primeros sermones sobre la Asunción testimonian un reflexión doctrinal que justifica la gloriosa entrada en el cielo de la Virgen con su maternidad divina, junto con todo lo que lo acompaña: *virginidad, santidad, intercesión a favor de los hombres...*

Las pruebas aducidas son múltiples:

- La maternidad divina crea un vínculo espiritual y físico entre María y Cristo, una unión que debe prolongarse en el cielo con la presencia del alma y el cuerpo glorioso de María: "Es necesario que donde yo estoy, también estés tú, inseparable de tu Hijo", hace decir a Cristo san Germano de Constantinopla (*Homil. 3 in Dormitionem*).

- La maternidad divina ha hecho del cuerpo de María la morada de Cristo, la sede de la Presencia Encarnada de Dios entre nosotros. Por esta razón, el cuerpo de María debe ser inmune a cualquier corrupción. Repugna pensar que el cuerpo de la Virgen, tan unido con la humanidad de Cristo en virtud de su función biológica-materna, luego fuera separado del Hijo, sucumbiendo a la corrupción de la tumba: era imposible que este domicilio de Dios, este templo vivo de la santa divinidad del Hijo único se convirtiese en presa de la muerte en la tumba: "Confíame tu cuerpo, Jesús dice a su madre - según S. Germán - como yo he confiado en tu seno mi divinidad... Tú te has convertido en mi morada; esta morada no conocerá la decadencia causada por la corrupción de la tumba" (*ibidem*).
- El cuerpo de María, en virtud de su solidaridad con el cuerpo del Salvador, tenía que compartir la gloria: "Hacía falta, dice San Juan Damasceno, que quien había dado hospitalidad a Dios el Verbo en su pecho, fuera hospedada en los tabernáculos de su Hijo" (*Homil. 2 in Dormitionem*).
- La maternidad despierta el afecto filial de Jesús para con María; este afecto pide la reunión de la Madre con su Hijo: "Como un niño busca y desea la presencia de su madre y como una madre ama vivir en compañía de su hijo, también para ti, cuyo amor materno para tu Hijo y Dios no deja dudas, era apropiado que regresaras con él. Y ¿no convenía, de todos modos, que este Dios que sentía por ti un amor verdadero, te llevase en su compañía?"[41].
- Era necesario que la madre de la Vida compartiera la morada de la Vida. Los estrechos lazos entre Madre e Hijo se evalúan no sólo desde el punto de vista privado. La Asunción no es un privilegio familiar: es un requisito de la economía salvífica. "¿Cómo podría la corrupción de la tumba reducir a cenizas y polvo a la que, por la Encarnación de su Hijo, ha liberado al hombre de la destrucción total de la muerte?"[42].

El corazón de María, junto al cual se formó el corazón del Verbo encarnado, no podía deshacerse en la disolución de la

---

41. San GERMAN DE COSTANTINOPLA, *Homil. 1 in Dormitionem*; PG 98, 347.

42. *Ibidem;* PG 98, 348. 345

muerte. Incluso como órgano físico, vehículo de un amor que toca la región del Infinito y abarca a toda la humanidad, debía permanecer intacto, como expresión de un amor que no conoce pausas o deterioros.

- La maternidad divina ha implicado la santidad, la pureza absoluta del cuerpo y del alma: la Inmaculada, la Virgen, la toda pura y santa, "la incorrupta, no podía sufrir la corrupción"[43]. Su cuerpo, santificado por el toque del Espíritu Santo e inscrito en el orden divino de la unión hipostática, no podía estar sujeto a la corrupción de la muerte, que es históricamente el precio del pecado.

b) Referencias a textos bíblicos concretos

La Constitución apostólica MD, descendiendo a los detalles de las explicaciones teológicas sobre el misterio de la Asunción, cita varios textos bíblicos mencionados por los Padres, los teólogos y los oradores sagrados, quienes para ilustrar y motivar su fe en la Asunción, se sirven de dichos textos, mostrando la admirable concordancia de tal privilegio con la verdad que nos enseñan las sagradas Escrituras.

Los pasos más significativos que aducen, en el orden de los libros bíblicos, son los siguientes:

- **Gn 3,15**: "*Pondré enemistad entre ti y la mujer*".

La nueva Eva está estrechamente unida al nuevo Adán, aunque subordinada a él, en la lucha contra el enemigo infernal: "Como la gloriosa resurrección de Cristo fue parte esencial y signo final de esta victoria, era conveniente que la participación de María en esta lucha fuera coronada por la glorificación de su cuerpo virginal" (*NDM*, 163).

- **Ex 20,12**: "*Honra a tu padre y a tu madre*" (Lv 19,3).

Puesto que nuestro Redentor es Hijo de María, no podía, como perfecto observante de la ley divina, dejar de honrar, además de al Padre Eterno, también a la madre. Y puesto que podía dar su madre tanto honor como para protegerla de la corrupción de la tumba, se debe creer que realmente lo haya hecho.

- **Sal 132, 8**: "*Levántate, Oh Señor, a tu lugar de reposo, tú y el Arca*

---

43. Cit. por E. TONIOLO, *Spirito Santo e Maria nei primi Padri*, in *Maria e lo Spirito Santo*, p. 241.

de tu santidad".

En el Arca de la Alianza, hecha de madera incorruptible, muchos ven una imagen del cuerpo purísimo de la Virgen María, preservada de toda corrupción de la tumba y elevada a la gloria en el cielo.

Como el arca construida por Moisés estaba en el templo del Señor, porque era un signo e instrumento de la Alianza de Dios con su pueblo, también María está en los cielos en su integridad humana, porque es signo e instrumento de la nueva alianza.

El mismo Arca, transferencia de Quiriat-Jearim a Jerusalén, evoca la asunción de la Virgen en la patria celestial, nueva y definitiva en Jerusalén.

- **Ct 3.6** (véase 4,8 y 6,9): la esposa del Cantar, que se levanta desde el desierto como una columna de humos de los aromas de mirra e incienso para ser coronada, es figura de María: de aquella ... Esposa celestial que, junto con el divino Esposo, es elevada a los palacios del cielo.
- **Is 60, 3**: "*Glorificaré el lugar donde se apoyaron mis pies*".

El cuerpo de la Virgen: 'Santuario donde el señor posó el pie', es el verdadero lugar del que se habla. Con la Asunción, Dios ha querido realmente glorificar "este lugar", a él solo por siempre consagrado.

- **Ap 12**: "*Una gran señal apareció en el cielo: una mujer vestida de sol, con una corona de doce estrellas sobre su cabeza y la luna bajo sus pies*".

Los doctores escolares, además de en varias figuras del Antiguo Testamento, ven figurada la Asunción de María en "esta mujer vestida de sol", que contempla el apóstol Juan en la isla de Patmos. No sólo ellos, sino muchas voces de la tradición eclesial celebran en la "gran señal" de la mujer la asunción de María al lado del Hijo".

- **Lc 22,28-29 a**: "*Vosotros habéis permanecido conmigo en mis pruebas; y yo os preparo un reino*".

¡Qué extraordinaria riqueza en estas palabras de Jesús! Se aplican de modo apropiado a María: "la generosa compañera del Redentor", quien, de un modo totalmente singular y único, permanece siempre con Cristo, y sobre todo "en la hora de la prueba".

- **Rm 8,17**, "*Si participamos en los sufrimientos de Cristo, participa-*

remos también en su gloria".

Esto verdad revelada, que se hace eco de la anterior, es uno de los testimonios más claros con respecto a la glorificación de María: nadie ha sufrido con Jesús como la Virgen María, que al pie de la Cruz vivió en su carne de Madre los dolores del Hijo crucificado; por lo tanto, nadie más que ella es plenamente glorificado con Jesús.

Todo el sentido profundo y lógico del misterio pascual - dice Giulio Bevilacqua – nos persuade de que Cristo, convertido en "primicia de los durmientes" y penetrado "en la Gloria que tenía desde el origen del mundo", ha querido cerca de sí, primicia de la resurrección, a la criatura sublime que estuvo tan cercana a su sacrificio[44].

Debe ser precisado que el glorioso triunfo del Salvador tiene como principio la Encarnación, pero resulta más inmediatamente de la Pasión Redentora, con la cual ha merecido su elevación suprema. "Incluso en María la glorificación tiene su origen en la maternidad divina, pero de manera más inmediata, fue merecida por la participación en el sacrificio redentor: en el alma atravesada por la espada de dolor, se ha formado el título merecedor de la Assunción" (J. Galot).

- **Jn 6,63**: *"Mis palabras son espíritu y vida".*

Podemos decir que la raíz última de la glorificación de la Santísima Virgen al lado del Hijo reside en la energía vital y pregnante, encerrada en esta expresión evangélica: admirable resumen de toda la Escritura y del ser de María.

¿Qué es, en concreto, la Asunción, si no la epifanía de la profunda transformación que produjo la semilla de la palabra de Dios en la Madre de Jesús, "cuya vocación fue nutrirse con las palabras divinas y saciarse con ellas"? (J. Damasceno, *TMPM*, II, 505.)

Ella poseía el conocimiento de la ley – dice Orígenes -, fue santa y conocía bien, por la meditarlos diariamente, los oráculos de los profetas (*Homiliae in Lucam*, VI, 7).

Hecha asiento de la Sabiduría encarnada, en el cuerpo y el espíritu, María atrajo las complacencias de Dios y se fue hecha partícipe de la inmortalidad, o de la incorruptibilidad: un regalo,

---

44. Cit. de MAX THURIAN, *Maria Madre del Signore*...o.c., p. 117.

dicen los libros del Antiguo Testamento, que dispensa la Sabiduría: es decir la aceptación amorosa hecha al designio de Dios expresado en las Escrituras (Sab 6, 17-20; 8,17; Prv 8.35, etc...).

4. Dimensión eclesial y universal de la Asunción

El momento personal e individual del ser de María, aunque importante, no debe ser visto de manera aislada. Los privilegios en referencia a Cristo y los misterios que caracterizan su vida no deben separarse de la misión salvadora que llevó a cabo y sigue llevando a cabo en beneficio de toda la humanidad.

En este sentido debemos leer el 'milagro' de la asunción corporal al cielo: un acontecimiento salvífico de alcance universal, que se inscribe en el marco global de la economía de la salvación como una realidad que nos afecta muy de cerca, que nos involucra a todos, en la realización anticipada de lo que será nuestro destino glorioso al final del tiempo.

El glorioso estado otorgado a la Virgen no es una realidad alienante, sino una riqueza para todos los hombres: es la riqueza de la Madre, que también pertenece a los hijos, una riqueza de la cual los hijos están llamados a participar y disfrutar.

a) La Asunción de la Virgen: icono escatológico y comienzo de la Iglesia resucitada

> *La pre-redimida es también es pre-resucitada: ¡después de Cristo y antes que nosotros!* (NDM.182).

La Madre de Jesús, glorificada en cuerpo y alma, es imagen y principio de la Iglesia que deberá tener su cumplimiento en la edad futura..., brilla en la tierra ahora ante el pueblo de Dios peregrino como un signo seguro de esperanza y consuelo, hasta que llegue el día del Señor (LG 68).

Con estas palabras lapidarias, singularmente felices, del Vaticano II relanza el alcance eclesial del dogma de la Asunción: una nueva perspectiva teológica.

La condición gloriosa Virgen asume aquí un significado y un propósito exquisitamente eclesiales: los eventos divinos que tuvieron lugar en ella son eventos escatológicos, que expresan el designio definitivo de Dios sobre toda la humanidad, el principio de ese destino escatológico al que llama Dios a la Iglesia y a todos los hombres.

La Asunción, don especial del resucitado a su Madre, no es sólo un hecho privado o personal de María santísima que concluye su vida de una manera armoniosa, sino un acontecimiento paradigmático de salvación para todos nosotros: en él brilla el cumplimiento del plan divino sobre el ser humano; brilla la redención realizada totalmente en un miembro privilegiado de la larga fila de los redimidos.

Se puede decir que la Asunción no es nada más que el resplandor de la resurrección de Cristo cabeza, en el miembro más prominente de su cuerpo y, juntos, el signo de lo que la comunidad de los creyentes está llamado a convertirse, la luminosa garantía de que los cuerpos resucitarán, de que todos los hombres se salvarán, porque, al igual que en la Santa Virgen, así ocurrirá en todos nosotros; el Espíritu del Resucitado implementará plenamente su misión: la victoria sobre el pecado y la muerte.

El hecho de que María - una de nosotros - haya desgarrado el cielo en la gloria total, nos da la garantía segura de que las promesas de Cristo se pueden comprobar: la Virgen es ya lo que seremos nosotros; está allí, donde estaremos nosotros mismos; ella es nuestra hermana que ya llegó a la meta; nos ha «superado» y precedido, pero en su destino leemos nuestro destino, ¡y con gran alegría! En María, primicia glorificada de los creyentes en Cristo, la glorificación del cuerpo de los hombres ya ha comenzado además de haber sido anunciada; nuestra esperanza ya se ha realizado; la carne ya está salvada. En ella la Iglesia conoce con gozosa anticipación el feliz final de su historia y siente que ha llegado a la última propia finalidad y perfección.

En la Virgen resucitada con Cristo, la Iglesia en marcha hacia la parusía realiza ya el cumplimiento de su misterio. En este primer miembro, que no ha dejado que precederla, alcanza su fin, su descanso y su plenitud: la presencia corporal definitiva junto a Cristo resucitado[45].

Verdaderamente debemos decir con Pablo VI: "La glorificación de María es para todos nosotros un 'documento' consolador sobre nuestro futuro" (*NDM*, 183), un signo concreto de esperanza ofrecida a toda la humanidad, uno de las 'grandes cosas' con que Dios, que no derrocha sus maravillas, muestra a su Iglesia. "Expuesta a peli-

---

45. R. LAURENTIN, *La Vergine Maria*, Ed. Paoline, Roma 19703.

gros y dificultades" (LG 62), en el arduo camino hacia la meta, ella necesita ver que *alguien* 'lo ha conseguido'; necesita saber que *alguien* le tiende amorosamente su mano tranquilizadora.

Tiene razón Dante, en sus oraciones a la Virgen, cuando escribe:

*"Aquí (en el cielo) eres para nosotros rostro meridiano
de caridad y gozo, entre los mortales,
eres fuente viva de esperanza".*

*Sí, eres fuente viva de esperanza, oh María,
una fuente inagotable, que calma
la sed, las necesidades, las ansiedades, los miedos...
Danos siempre de esta agua saludable,
oh madre: las fuentes de este mundo
están todas contaminadas.
No dejes que el río de los días
corra lejos de ti,
en un melancólico y triste desierto sin Vida:
no hay otra agua que haga florecer nuestro desierto
y que aplaque definitivamente nuestra búsqueda,
sino la que viene de Ti:
del fruto bendito de tu vientre.*

b) La Asunción anuncia el esplendor final reservado al cuerpo del cristiano

Asunta al cielo en la integridad y totalidad de su ser (cuerpo y alma), la Virgen es la manifestación de la nobleza del cuerpo, el abrazo armonioso del cuerpo con el alma, de la materia con el espíritu. Ella encarna, por así decirlo, ese secreto, profundo anhelo de la humanidad hacia Dios.

Desde este ángulo, el teólogo J. Galot tiene una anotación muy significativa y profunda: "La Asunción resulta de la consagración del cuerpo de la Virgen, convertido en el templo del Verbo encarnado. Ahora, si esto es un privilegio único, una increíble analogía existe también en la vida cristiana, sobre todo en la vida sacramental. Mediante la vida de la gracia, el cristiano se convierte ya en el templo de Dios y el cuerpo participa de esta dignidad. A través de la comunión eucarística, el cuerpo se convierte, de manera directa y concreta, en la morada del cuerpo de Cristo. La Asunción anuncia el esplendor final reservado, por esta razón, al cuerpo del cristiano. La promesa de resurrección unida a la comunión (Jn 6, 54) recibe una nueva luz desde la perspectiva de la Asunción. La humilde materia que Dios toma como casa está destinada a la gloria más alta"[46].

La figura de la Virgen-Madre asunta al cielo entonces se convierte en el signo de la dignidad presente y futura del hombre creado y redimido por Dios, la densa prueba de que la gloria del Eterno no se establece sobre las ruinas de su criatura, sino que, por el contrario, Él es glorificado en la gloria de sus santos.

c) María asunta, síntesis de lo creado

El cuerpo glorioso de la Santísima Virgen es la síntesis de la creación, puesto que se ha formado en relación con todos los elementos del cosmos (aire, agua, alimentos, energías múltiples que circulan en el universo...). Por lo tanto, podemos hablar de la Asunción de María en cuerpo y alma al cielo y de su significado escatológico, "como de una entronización de la creación en la gloria final de Dios. María, la Asunta, es el anticipo y el preludio no sólo del destino de los hombres, sino también del cosmos: todo el universo material inaugura en ella su resurrección. Toda la creación se introduce en ella y a través de ella en el tálamo sagrado del amor trinitario; en la gloriosa Virgen se encierra simbólicamente toda la creación transparente y purificada por Dios"[47]; en ella "está la voz del Universo que alcanza su culmen"[48]. Toda la tierra se regocija de su gloria, como se expresan los Padres.

A la creación, que "incluso ella alimenta la esperanza de ser liberada de la esclavitud de la corrupción para entrar en la libertad gloriosa de los Hijos de Dios" (Rm 8, 20), María asunta, en la feliz Patria común, revela ya su destino de libertad y de la 'recreación' en el Espíritu del Señor resucitado; revela lo que deberá ser la transfiguración universal de todo el cosmos al final de los tiempos.

---

46. GALOT, *Maria, la donna...*, p. 324.

47. Cf, entre otros, L. BOFF, *Il volto materno di Dio,* pp. 22. 230. 126-130.

48. H. HULSBOCH, *Storia della creazione storia della salvezza*, Firenze, Vallecchi, 1967.

No sólo se aflige el hombre al pensar que se acerca el dolor y la disolución del cuerpo, sino también y más aún, por miedo a que todo termine para siempre (GS 18). "María Asunta es un mensaje de esperanzas inmortales: el viaje de la humanidad no termina en esta playa, sino que va hacia el sábado de la historia, donde cada alienación será derrotará y se restituirá a la creación la frescura original del Edén. Incluso el cuerpo, desconocido o exaltado por la cultura de hoy, será arrastrado en una corriente de la eternidad"[49].

Y todo será transfigurado – decía el patriarca Atenágoras -, todo. Todo lo que habremos amado, todo lo que habremos creado, toda la alegría y toda la belleza tendrán un lugar en el Reino[50].

d) Presencia siempre viva y operante en medio de nosotros

En tu maternidad has conservado la virginidad,
en tu dormición no has abandonado el mundo,
oh Madre de Dios (De los *Tp*. de la lit. bizantina).

¿Quién como tú, de acuerdo con tu Hijo unigénito,
cuida de la humanidad?
Incluso después de tu muerte eres capaz de ofrecer
a los hombres la vida.
(San Germán de Constantinopla).

d1. *Totalmente configurada con Cristo resucitado, María vence al tiempo y al espacio*

Cuando los escritores del Nuevo Testamento tratan de la resurrección de Jesús expresan tal misterio afirmando que el Resucitado ha adquirido una presencia nueva y un nuevo modo de influir dentro de nosotros y en medio de nosotros (Mt 28,20). Él está aquí y no nos dejará más, porque su presencia espiritual ha alcanzado una extensión y una intensidad que no tenía la presencia terrenal. Lo mismo se puede decir a María.

Elevada al cielo en cuerpo y alma, ella está ya plenamente confor-

---

49. PAOLO PIFANO, *Tra Teologia e letteratura*, p. 222.

50. *Jesus*, 2, 1979.

mada con Cristo; y esto no sólo por un motivo de conveniencia, sino por un hecho teológico de transformación radical de su ser.

La Asunción sigue siendo un punto clave para comprender en profundidad el misterio de la presencia de María en la Iglesia, al servicio de la cristología y en el contexto de la pneumatología. En virtud de la glorificación de su cuerpo, que le permite dominar el espacio y el tiempo, la Virgen puede vivir y habitar entre nosotros, aunque de modo invisible y espiritual. "María resucitada - dice, con conocimiento de causa, G. Oggioni - está aquí conmigo y en mí: está aquí con la Iglesia y en la Iglesia. Tiempo y el espacio no nos separan de su persona, de su cuerpo y de su alma; ella no sólo está presente para nosotros, como todos los fieles difuntos, en la comunión de los santos; de ella nos separa sólo el hecho de que nosotros, estando aún en el tiempo y en el espacio, no llegamos a captar completamente su presencia real"[51].

"¡Oh increíble misterio! - exclama al respecto Montfort – yo la llevo en mí, hermosa, maravillosa y visible, pero en la oscuridad de la fe"[52].

El privilegio de la Asunción establece que María esté más cerca de Cristo que de la humanidad de la tierra: "Ella está en el cielo, pero no está lejos de nosotros. Está con Cristo y lo está por nosotros"[53], honor y alegría del cielo, pero también de la tierra. Aquí, en la tierra, María había representado a toda la humanidad en cuanto unida a ella; ahora, en la 'ciudad de la luz', refuerza más profundamente esta unión. O. Casel lo subraya con elocuencia: "En la tierra la Virgen era un poder silencioso pero inmenso, portando en sí al Hijo y siendo un arca viva de la presencia de Cristo. Pues bien, ahora que inmersa en Dios brilla en medio de la Comunión de los Santos y los Ángeles, contemplación y orgullo de todos, no se ha disuelto en la nada: más bien es ahora desde el cielo cuando realmente llena la Iglesia con su presencia"[54].

¡Qué motivo de intensa alegría es saber que la tenemos siempre

---

51. *Maria presenza viva e segno di comunione nella Chiesa*, en *Mad.* 26, (1978) 3-4, 27-28.

52. *Cantico 77*, in *Opere*, Centro Mariano Monfortano, Roma 1977, 836.

53. PABLO VI, *Insegnamenti* XI \ 1973, p. 786.

54. O. CASEL, *Il mistero dell'Ecclesia*, p. 443.

con nosotros, en la totalidad de su ser, en el esplendor inmaculado de su alma, en la integridad virginal de su cuerpo, en la ternura maternal de su corazón!

En esta línea, también San Bernardo tiene deslumbrante expresiones, que iluminan de vida y llenan el corazón de entusiasmo: «Para nosotros, carísimos, ¡qué motivo de fiesta, qué razón para alegrarnos, qué materia de gozo tenemos en la asunción de María! El universo entero brilla por su presencia, de modo que la misma patria celestial brilla aún más por el fulgor que irradia la lámpara virginal... « (*Sermo I in Assumptione*, PL, 183 415).

Los primeros desarrollos doctrinales sobre la presencia espiritual de María en la vida de los cristianos remontan a la época patrística, que nos ofrece el testimonio más significativo en san Germán de Constantinopla.

Con términos teológicos y experienciales, él habla largamente en un sermón sobre la Dormición, que en realidad es también un "*omilein*": una conversación con la Madre del Señor presente en la Asamblea, interpretando la fe de la Iglesia en presencia de la Virgen María, no sólo en la liturgia, sino también en la vida de los fieles.

Algunos extractos, en esencia, son particularmente esclarecedores:
"Oh Santísima Madre de Dios..., aunque hayas abandonado la tierra, no te has alejado de este mundo... y te acercas a quienes te invocan y te das a conocer a cuantos te buscan fielmente... Lo mismo que un día viviste corporalmente con tus contemporáneos, así ahora con el espíritu vives junto con nosotros... De hecho, el cuerpo no es un obstáculo para el poder y la energía de tu espíritu, el cual ciertamente sopla donde quiere, siendo inmaterial... Y por lo tanto, oh Madre de Dios, creemos que tú caminas con nosotros...

Por lo demás, puesto que incluso ahora paseas físicamente entre nosotros, no de manera diferente a como si yo estuviera viviendo, los ojos de nuestro corazón son atraídos para mirarte todos los días...

Lo mismo que cuando vivías sobre la tierra no eras ajena a la vida del cielo, lo mismo después de su asunción no eres ajena a la vida de los hombres, sino que tú estás espiritualmente presente...

Nuestros ojos, es cierto, no pueden verte, oh Santísima, pero tú estás igualmente presente entre nosotros..., con gusto te entretienes entre nosotros, manifestándote de muchas maneras a quienes consideras digno...

Signo manifiesto de tu presencia entre nosotros es la gran protec-

ción con que nos asistes.
Todos escuchamos tu voz, y la voz de todos llega a tus oídos... tú visitas a todos oh Madre de Dios.
Tú velas sobre cada uno de nosotros...: nadie escapa a tu mirada compasiva (*Sermo I in Dormitionem SS. Deiparae*).

d2. La misión materna de María en la Gloria

Unida al Salvador en la misión terrestre, María tenía que continuar estando unida a Él también en la misión celestial, donde comparte la mirada universal del Hijo y la amplitud de su solicitud hacia todos los hombres. Se hace realidad, así, a través de Cristo y de María la obra de la salvación de la humanidad, cuyos frutos, aún más valiosos y más ricos que fueron el daño causado por los estragos del pecado (Rm 5,20), traen al hombre un triunfo y una gloria mayor que aquellos que habría logrado si se hubiese seguido en el estado de la justicia original.

Siguiendo a Cristo el Señor, resucitado en la gloria celestial, la condición gloriosa, como hemos observado, inaugura una nueva vida para la Virgen Madre: una presencia espiritual ya no atada a las limitaciones de tiempo y espacio, una influencia dinámica capaz de alcanzar '*hic et nunc*' a sus hijos, sin restricciones de tiempo o latitud y por lo tanto capaz de ampliar al máximo el alcance de su acción materna.

La presencia espiritual de María se caracteriza por una amorosa actitud de comunión y de intercesión a favor nuestro, con una singularidad personal diferente de otras presencias tales como los Ángeles y los Santos.

Como reina al lado del rey, la santa Virgen está asociada a toda la actividad con la cual Cristo conduce la Iglesia, guía su desarrollo y difunde su santidad en el universo.

Si la Ascensión es para Cristo el establecimiento definitivo de su poder celestial, de su reinado sobre el universo, la Asunción inaugura, análogamente para María, su poder de Reina del mundo: un poder esencialmente orientado a la comunicación actual de la salvación a la humanidad; un poder mediador, que se le ha conferido para el cumplimiento de su misión materna: una energía orientada esencialmente hacia la actual comunicación de la salvación a la humanidad. De hecho, "asunta al cielo, ella no ha renunciado a su misión de salvación, sino que con su múltiple intercesión continúa obteniéndonos los dones de la salvación eterna" (LG 62), siendo en Cristo un "espíritu dador de vida" (1 Cor 15,45). La liturgia bizantina celebra, de este modo, esta verdad: "Has llegado a la Fuente de la Vida, tú que has concebido al Dios viviente, y con tus oraciones librarás nuestras almas de la muerte" (Tropario).

La Virgen está presente en nosotros no localmente como lo haría por la ubicuidad, sino mediante una comunicación de vida y de nuestra participación en la plenitud de su gracia, aunque dependiendo de la del Hijo.

Si con la visión beatífica nos ve, piensa en nosotros, nos ama, es evidente que no puede permanecer inactiva, porque el amor es esencialmente activo y comunicativo: en el fluir irreparable del tiempo, María nos acompaña con amor, con ternura de madre; nos sigue momento a momento, a lo largo de nuestra historia, y nos apoya, para que no nos falte la llegada feliz a la patria celestial.

El propósito de la Asunción muestra que el glorioso privilegio de María no crea una distancia entre ella y el resto de los hombres. "La elevación al cielo tiene como finalidad hacer a María disponible para todos los hombres, para mejorar su radiación dentro de nuestro universo.

La felicidad perfecta de la Virgen no la vuelve ajena al sufrimiento humano. Por el contrario, su estado glorioso la hace más apta para compadecer cada dolor terreno y llevar en sus oraciones a Cristo todas sus preocupaciones por cada uno de aquellos a quienes ama como hijos suyos: la Asunción hace vibrar a María al ritmo de las alegrías y dolores de cada ser humano y le da el poder para socorrer en todas las miserias, no necesariamente con la supresión de la situación dolorosa, pero al menos apoyando el valor y estimulando la voluntad de aceptar la prueba como un medio de redención.

La que ha pasado de la espada de dolor a una alegría mayor, ayuda a los hombres a llevar a cabo ese mismo paso"[55].

De Jesús resucitado se ha dicho que vive "intercediendo por nosotros" (Rm 8,34) junto al Padre.

Como Él, María - cuya condición celestial le permite conocer no sólo todas nuestras situaciones, sino también los deseos de Dios con respecto a nosotros -, intercede por nosotros siempre ante el Hijo

---

55. J. GALOT, *Maria, la donna...*, p. 322

"con la fuerza del deseo, el fervor de la devoción, la pureza de la oración, para que a todo el mundo llegue la salvación (San Bernardo). Su intercesión ha sido llamada "omnipotencia suplicante"[56].

El gran cantor de la presencia espiritual de María en medio de nosotros, San Germán de Constantinopla, se dirige a la santa Virgen glorificada en estos términos: "Cristo quiso tener (en ti), por así decirlo, la proximidad de sus labios y de su corazón; de este modo él concede todos los deseos que le presentas cuando sufres por tus hijos; y hace, con su poder divino, todo lo que le pides "(*Homil.* 1, PG 98, 348).

Por otra parte, si la oración incesante de un justo cuenta mucho; si a Abraham, agradable a Dios por su fe, se le pidió - porque era un profeta – orar por Abimelec; si el paciente Job debía orar por sus amigos porque habían dicho cosas injustas ante de Dios; si el manso Moisés, levantando sus manos inclinó el curso de la batalla a favor de Israel contra Amalec, ¿acaso deberíamos sorprendernos al oír que María, la única hija inmaculada de la semilla de Adán, goza de un extraordinario poder ante el Dios de gracia?... "¿Es acaso raro que la Madre tenga ante su Hijo un poder diferente al del ángel más puro y más glorioso?" (Cardenal J.H. Newman).

A María santísima, asunta al cielo, se pueden aplicar bien las palabras que Sta. Teresita dijo al final de su vida terrenal: "Siento que mi misión está a punto de comenzar: mi misión es hacer amar al Señor como yo lo amo, y ofrecer mi pequeña vida a las almas. Si Dios misericordioso cumple mis deseos, mi cielo pasará en la tierra hasta el fin del mundo. Sí, quiero pasar mi cielo haciendo el bien en la tierra"[57].

¿En qué ánimo, o en qué corazón humano vibra más este ardiente deseo que en el de María, Madre de nuestra salvación y causa de nuestra alegría? ¿Quién, más que ella, pasa su cielo haciendo el bien en la tierra?

Con el Señor que da la vida, en la gloria de la Trinidad indivisa y Santa, la Virgen María se hace presente en la totalidad de su ser (cuerpo y alma) a todos sus hijos: nos ama con un corazón de carne, nos mira con ojos de carne. Su mirada de amor nos alcanza en lo más

---

56. ARZ. CARLI LUIGI MARIA, en *Marianum*, 38 (1976), p. 476.

57. *Novissima verba*, 17 julio, en *Gli scritti*, a cargo de la Postulación General de los Carmelitas Descalzos, Roma 1979, p. 338.

profundo de nuestro ser, y nos acoge a todos en su corazón de madre: en aquel corazón que está latiendo, sin interrupción, de intenso amor por cada uno de nosotros; en aquel purísimo corazón, lleno de Dios, dulce refugio siempre abierto, en el que es dulce reposar.

Junto con su Hijo, Jesús, ninguna otra criatura está más cerca y dentro del corazón de cada hombre que ella[58]: la Madre por excelencia, la Madre que nos espera en el Reino de su Hijo y como una estrella radiante en el firmamento, nos revela el camino.

La Virgen María, 'Realidad Fundida en el Hijo', es al Mismo Tiempo su Camino y Cantar

> *Jesús, Hijo de Dios,*
> *'el más bello entre los hijos de los hombres',*
> *te alabamos,*
> *porque has elegido a María*
> *para ser tu madre,*
> *compañera dulce y generosa,*
> *y nos la has dado*
> *como madre de inmensa ternura*
> *y maestra de vida:*
> *¡Gloria a ti para siempre!*[59].

---

58. L. BOFF, *Il volto materno di Dio*, p. 172.

59. CEI, *In Preghiera con Maria Madre di Gesù* (Sussidio per le celebrazioni dell'anno Mariano 1987), Libreria editrice Vaticana.

Capítulo V

María en Relación con el Espíritu Santo

> *Caminando con el Espíritu Santo*
> *María se convierte cada vez más en reflejo suyo*
> *y su obra maestra*
> *Ave, receptáculo purísimo del Espíritu Santo.*
> (Theotokion, Oda V)

I) Visión de Conjunto

A. OBSERVACIONES PRELIMINARES

Dentro del misterio de la Trinidad, el Espíritu Santo surge principalmente como un "regalo". No es *un regalo*, sino *el regalo*: el regalo que el Padre hace de sí mismo, en el amor, al Hijo; y, a su vez, el regalo que el Hijo hace de sí mismo al Padre. El Espíritu Santo es, por así decirlo, el entorno vital y cálido donde tiene lugar el eterno intercambio de amor entre el Padre y el Hijo. Pero además de constituir el entorno, él mismo es el amor que consagra el regalo: lo provoca y lo acompaña.

El Padre, el Espíritu Santo, se da a sí mismo al Hijo de manera total, y este regalo es infinitamente santo. El Hijo, respondiendo a la propuesta de amor del Padre, está totalmente abierto para darle la bienvenida y a volverse a dar, a su vez, en la más absoluta plenitud. Este intercambio mutuo, esta pertenencia recíproca, tiene lugar en el amor, que en Dios es fundante, es una persona: es el Espíritu Santo, el Espíritu del amor, la tercera Persona de la Santísima Trinidad.

En esta reflexión tenemos que admitir que, al igual que el misterio de la Virgen de Nazaret se refiere plenamente al Padre y al Hijo, del mismo modo se refiere totalmente al Espíritu Santo: para ser colaboradora del Padre y madre del Hijo, María debe hacerse transparente para el misterio del Espíritu, del cual se convierte en el icono:

antes de ser *Cristófora* o *Theotokós* (la que lleva a Cristo), debe hacerse *Pneumatófora* (portadora del Espíritu).

En el Espíritu, María se une al Padre y al Hijo; en él participa de la fecundidad de uno y de la recepción del otro; en él es madre santa, virgen y obediente servidora. Se puede decir que toda su vida y actividad sobrenatural está bajo el signo del Espíritu que opera en ella, desde la concepción hasta la gloria.

También y sobre todo a la hora de la muerte de Jesús, María está bajo el dominio completo del Espíritu Santo, que dispone totalmente de ella (Mühlen): el hecho de que se asoció en espíritu materno al sacrificio de su Hijo y lo consintió sólo fue posible bajo la fuerza de aquel único e idéntico Espíritu en el cual Cristo se ofreció al Padre. La misma condición gloriosa de la Virgen refleja su asimilación al Hijo, pero la refleja por la presencia continua en ella del Espíritu, por el cual fue como sumergida en las perfecciones de Dios.

Más allá de exageraciones aisladas, el énfasis pneumatológico, determinante de la teología del post-Concilio, reafirma el hecho de que la relación entre el Panagion (el Totalmente Santo) y la Panagia (la Totalmente Santa), recorre la vida de la Virgen, antes de la Anunciación, en el acto central de la concepción virginal de Cristo, en el día de Pentecostés y en la Asunción gloriosa[1].

El paralelismo Espíritu Santo \ María, lejos de ser arbitrario, se basa en la revelación divina y constituye el elemento clave y fundamental de nuestro argumento: la vida de la Madre-Virgen es comprensible sólo si se reconoce en ella la influencia especial del Espíritu Santo, al que está indisolublemente ligada.

A pesar de la brevedad de los datos de la Sagrada Escritura, los autores sagrados han dado pistas fundamentales para la comprensión de la relación Espíritu Santo \ María, bien en los relatos de la infancia de Jesús (Mt 1, 18,20 y Lc 1,35), bien en el relato de Pentecostés (Hch 1,14): de la simple lectura de estos textos emerge la presencia significativa de María en estrecha relación con el Espíritu Santo.

Apoyados en esa creencia, derivada de la inteligencia cada vez más profunda y clara de los textos sagrados, los Padres y Doctores de la Iglesia, tanto en Oriente como en Occidente, han atribuido

---

1. Cf la amplia y documentada investigación de G. M. ROSCHINI, *Il Tuttosanto e la Tuttasanta. Relazioni tra Maria Santissima e lo Spirito Santo* ,(Parte I e II), Roma, 1976 - 1977.

a las distintas misiones del Espíritu Santo, procedentes del Padre y el Hijo, todas las prerrogativas y privilegios de María. Al adentrarse en la doctrina del Paráclito, advirtieron que, de Él, como de una fuente, provenía la plenitud de la gracia (cfr. Lc 1,28) y la caridad, la abundancia de los dones y los frutos de todas las virtudes, además de las Bienaventuranzas del Evangelio y los carismas especiales que adornan, casi como ajuar para las bodas celestes, a la esposa mística predestinada para el divino Paráclito (Pablo VI).

B. LA SINERGIA DEL ESPÍRITU SANTO CON MARÍA

En Él... vivimos, en Él nos movemos, en Él existimos (Hch 17, 28a).

La palabra sinergia, en lenguaje religioso, significa la armonía, o mejor dicho la cooperación humano-divina, resultante del misterio de la inhabitación: íntima unión del hombre con Dios que, en su infinito amor gratuito, nunca actúa en nosotros sin nosotros.

De la inhabitación se siguen consecuencias admirables para el justo: la Trinidad presente en él lo ilumina en su esencia íntima y casi se imprime en él como un sello en la cera, produciendo una imagen de sí que es la gracia santificante: es la misma vida de Dios que se desarrolla en nuestros corazones. Dios vive en nosotros el misterio de su Trinidad. Aquel que los cielos y la tierra no pueden contener habita en el pequeño espacio de nuestro corazón. El cristiano, como la Virgen, lleva en sí mismo a Dios: es el paraíso de Dios.

¿Pensamos alguna vez seriamente en este misterio consolador, tan grandioso, que nos envuelve y nos transforma a todos en el torbellino del amor vivificante de Dios? ¿Estamos realmente convencidos y somos conscientes de ello?

Aunque la presencia de inhabitación es común a las tres Personas de la Stma. Trinidad, que viven en la unidad de la naturaleza divina, sin embargo se atribuye especialmente al Espíritu Santo, en cuanto poder de comunión entre el Padre y el Hijo (1Cor 6,19). Él es el don divino más importante, pues es el principio dinámico de la nueva vida en la gracia, en el amor y en la libertad filial (Rm 8,1-17): hace desaparecer la vida según la carne y determina la conformación del justo a Cristo el Señor.

San Cirilo de Alejandría escribe que el Espíritu Santo transforma de algún modo las almas (...), imprime en ellas la imagen divina y graba en ellas la imagen de la sustancia Suprema (*In Ioannem*, XI, 11).

Inscrito en el dinamismo de la salvación y "partícipe de la naturaleza divina" (2 Pd 1,4), el hombre redimido - en proporción a su santidad personal – está unido al Espíritu Santo en una operación común: actúa en sinergia, o en comunión con el Espíritu. Así que todas sus acciones conscientes y libres son pneumáticas, o sea, espirituales, movidas por el Espíritu.

En estos senderos arcanos brilla María: la criatura que en su existencia vivió un comportamiento totalmente pneumático: el sobrio, pero significativo dato evangélico nos dibuja los contornos de su vida espiritual, impulsada únicamente por la fuerza del Espíritu Santo.

El evangelista Lucas presta especial atención a este respecto: poniendo a la Virgen en una relación tan íntima con el Espíritu Santo, primero en la encarnación y luego, en un modo diferente, también en Pentecostés, nos la presenta según el concepto general que tiene de la acción del Espíritu Santo; a saber cómo la criatura pneumática por excelencia, siempre actuando bajo el impulso del Espíritu de Dios: "en ella tenemos a la pneumática radical". Toda su vida fue conducida por el Espíritu Santo, más que por su propio espíritu" (*NDM*, pp. 1347 y 1357).

El Espíritu Santo es el Espíritu de su espíritu, el alma de su alma, el corazón de su corazón (San Juan Eudes).

En lugar de resistir a la acción divina, María muestra encontrar su propia plenitud mediante el Espíritu y en el Espíritu: "todos sus movimientos internos y externos han tenido solamente un principio, una forma de movimiento: el amor de Dios" (San Juan de la Cruz).

En la vida del cristiano, ella es la más alta cumbre de colaboración dócil con el plan de Dios. Por ello, la mayor evidencia de sinergia con el Espíritu proviene de ella: de la Virgen de Nazaret.

Un ejemplo claro y manifiesto de esta sinergia nos es ofrecido en el misterio de la Encarnación: fruto de la obra del Espíritu Santo y junto con Él (aunque a diferente nivel causal) de María, los cuales, unidos con un vínculo intrínseco, han actuado en perfecta armonía de intención y de voluntad: el Espíritu ha actuado sinérgicamente con María y María ha actuado sinérgicamente con Espíritu. "Él actúa las potencias operativas conscientes y libres de María (como las de cada cristiano), para llevar a cabo la acción sobrenatural y se convierte, en el plano de la acción (no en el del ser) un único principio con María: el Espíritu Santo y María en sinergia perfecta: dos personas (la persona divina y la persona humana), una sola acción, puesto que la misma acción se atribuye al Espíritu y a María.

La acción de orar a María, por ejemplo, es al mismo tiempo oración de María y oración del Espíritu. Entre ellos se establece una especie de simbiosis: el Espíritu ora por medio del intelecto y la voluntad de María, que une a sí, haciéndola su *santuario*, su morada estable: en ella vive la relación íntima con el Padre y con el Hijo"[2]. Él mismo es el amor en ella: el amor del Padre y del Hijo, el amor con que Dios se ama a sí mismo, el amor de toda la Santísima Trinidad, el amor fecundo: la concepción (San M. Kolbe).

La sinergia de María (y de los cristianos) con el Espíritu Santo, en el plano de la gracia, no es sólo con el fin de rezar o de actuar, sino que también está en relación con la voluntad (amar a Dios, el bien, al prójimo, aborrecer el mal...) y el conocimiento (conocer el bien, los signos de los tiempos, discernir los espíritus, profetizar...); de modo que se puede decir que toda la existencia de la Virgen (y de los cristianos, en la medida en que se abren a la acción del Espíritu) se convierte en una existencia pneumática.

El Espíritu no sólo hace actuar a María, sino que actúa **en** ella, como en todo cristiano ("es el Espíritu quien ora en nosotros": Rm 8,26; "es el espíritu quien clama *Abbá* en nosotros": Gal 4,6).

C. TRANSPARENCIA DEL ESPÍRITU SANTO

> *La Virgen María es un río*
> *lleno de aromas del Espíritu*
> (San J. Damasceno)

Trabajando sin cesar en sinergia con el Espíritu Santo, María se convierte en una luminosa *expresión duradera de Su acción*, un transparente y claro reflejo del que es santo y santificador: " vuelta *incan-*

---

2. DOMENICO BERTETTO, *La Sinergia dello Spirito Santo con Maria. Approfondimenti teologici*, en *Maria e lo Spirito Santo*, pp. 291-299.

descente por el fuego divino, no veía en Ella otra cosa que la llama del Espíritu Santo" (Pascasio Radberto).

En el contexto del misterio de la Trinidad, la Virgen es la imagen del Paráclito, por participación y por gracia. Como Madre del Verbo encarnado, lo representa de modo incomparable, más que cualquier otra criatura: sólo en ella, y en el grado más amplio, brillan y se resumen todas las gracias, todos los resplandores del Espíritu, que pertenecen a su propio Hijo; de hecho, es la misma su belleza. Por lo tanto, la Santísima Virgen es como una estela que manifiesta tesoros escondidos del Espíritu.

Hablando de la unión del Espíritu con María, es obvio que se desea excluir cualquier unión hipostática entre ellos, porque definitivamente se trata de dos naturalezas y dos personas distintas: la Persona divina del Paráclito y la humana de María, pero "ambas son tan transparentes que una comienza a convertirse en el reflejo de la otra" (*NDM*, 1357).

En la unicidad de la acción en la cual convergen perfectamente, la obra del Espíritu brilla en diversos aspectos de la santidad de su esposa. Por su transparente obediencia y por su especial acogida del Paráclito en la Anunciación y en Pentecostés, María se convierte en un lugar privilegiado de la presencia del Espíritu, un lugar de encuentro entre el Padre y el Hijo: a pesar de su condición de criatura, "se convierte en una expresión, casi la personificación del Espíritu Santo" (De Fiores).

Virgen y Madre, María refleja el misterio de sus funciones propias de intimidad y comunión intratrinitaria, el poder creativo y transformador; desvela el amor nupcial que la Trinidad fue vertido en ella y en la iglesia, la ternura maternal de la que se convierte en un icono.

Por la Virgen, sacramento vivo y eficaz del Espíritu Santo, se procede a la adoración del Amor divino intratrinitario que ha cumplido en ella y con ella las grandes obras de la salvación.

María, *la llena de gracia*, o sea, podemos decir, la llena del Espíritu Santo, cuya luz brilla en ella con un esplendor incomparable[3], es el rostro que, más que cualquier otro signo, más que ninguna otra persona o evento (excepto Jesucristo), nos mira (nos ama y consuela) el Divino Espíritu (X. Pikaza).

---

3. PABLO VI, *Discurso* 16-5-1975 al Congreso Internacional Mariológico - Mariano.

Es como un espejo que desaparece para mostrar el Espíritu reflejado en ella.

D. GRAN MOLDE DE DIOS PREPARADO POR EL ESPÍRITU SANTO

> *María es el adorno maravilloso,*
> *grande y divinamente esculpido*
> *de la especie humana* (Focio):
> *entre todos los creyentes, es como un «espejo»,*
> *un icono viviente, en el que se reflejan de la manera*
> *más profunda y más clara*
> *las grandes obras de Dios* (RM 25).

Según santa Matilde, Dios puso más cuidado en la construcción del microcosmos que es María, que en la creación del macrocosmos, que es el mundo entero.

Marcada radicalmente, desde el primer latido de su existencia, por el toque divino del Espíritu santificador y constantemente unida a él en perfecta sinergia, María se convierte en una espléndida obra maestra del Espíritu Santo, imagen viva de Dios, maravilla de maravillas, el prodigio más excelso surgido de la mente creativa de Dios: una maravilla vertiginosa de gracia creada, salida del mismo corazón de la Trinidad, de su Sabiduría inescrutable y sorprendente.

Con razón Montfort podía escribir: "Ni ojo vio, ni oído oyó, ni han entrado en el corazón del hombre (1 Cor 2.9), las bellezas, las grandezas y las prerrogativas de María, el milagro más grande de la gracia, de la naturaleza y de la gloria" (VD, n. 12).

Los Padres y escritores eclesiásticos, comentando el saludo del ángel (Lc 1,28:... *llena eres de gracia*) y el macarismo de Isabel (Lc 1,42: *Bendita tú entre las mujeres...*), muestran una clara convicción de que: "La Virgen gloriosa, por medio de la cual el poderoso hizo grandes cosas, brilla con tal abundancia de dones celestiales, con tal plenitud de gracia y de inocencia que es el milagro de Dios por excelencia, de hecho, la culminación de todos sus milagros, y digna madre de Dios; de modo que situada, en cuanto es posible a una criatura, la más cercana a Dios, está por encima de todas las alabanzas de los hombres y de los ángeles" (*NDM*, 690).

Es cierto que el Autor de estas maravillas inexplicables es el Espíritu Santo, pero es igualmente cierto que la esencia de la Virgen era como un material maleable a disposición de la acción divina.

La Tradición ha guardado este pensamiento, hablando de María como de una "tablilla encerada", en la cual Dios pudo escribir libremente lo que quiso.

Con su respuesta al Ángel – señala Orígenes - es como si María le dijera a Dios: "Heme aquí, yo soy una tablilla para escribir: que el Escritor escriba lo que quiera; que haga de mí lo que quiera el Señor de todo" (*Comentario al Evangelio de Lucas*, fragmento 18).

"He aquí la esclava del señor" (Lc 1,38): Yo soy la esclava del Señor; la tablilla a escribir – comenta a su vez Antípatro de Bostra - : que el Escritor escriba lo que quiera; el material está listo: que el artífice divino haga lo que quiera (*TMPM*, I, p. 617).

Esta peculiaridad de la Virgen se representa con otra imagen lapidaria, no menos significativa y original que la anterior: María es "el libro en el cual el Padre escribió su Verbo" (liturgia bizantina), "un libro grande y nuevo, en el cual solamente el Espíritu Santo ha escrito" (Epifanio).

Tú eres realmente el libro vivo del Verbo espiritual, escrito en silencio en ti con la pluma vivificadora del Espíritu, dice Andrés de Creta a la Virgen (*Homil. III para la Dorm. de la Stma. Madre de Dios*) y Damasceno, en una homilía sobre la Natividad de María, precisa: "Hoy el creador del universo, el Logos Divino ha escrito un nuevo libro, que el Padre ha derramado desde el corazón, para que fuera escrito con el lenguaje de Dios: el Espíritu Santo, como un lápiz".

María, diríamos hoy, se ofrece a sí misma a Dios como una página en blanco en el cual el Todopoderoso, el Creador, puede escribir lo que quiere. Se parece a una "carta" escrita por el dedo mismo de Dios: una carta escrita no con tinta, sino con el Espíritu del Dios viviente, no en tablas de piedra como la antigua ley, ni en pergamino o papiro, sino en la tabla de carne que es su corazón de creyente y de madre; una carta que todos pueden leer y entender, sabios y analfabetos: una carta hecha con tan pocas y simples palabras, y sin embargo tan valiosas, que no podemos dejar caer ni una sola en el vacío.

Por su disponibilidad, por haberse entregado completamente al Espíritu, como instrumento dócil, María llegará a la cumbre más alta, el culmen y la perfección de todo lo que es santo: formada por el 'Supremo Artista', *la humilde y más alta que ninguna criatura* brilla, entre todos los creyentes, como la obra de arte más grande saluda de las manos del Espíritu Creador, como el prototipo de lo que el *Arte de Dios* puede hacer con una arcilla humana que no le pone obstáculos.

Como primicia de la gracia envolvente de Dios, María nos introduce en el misterio de lo que la Iglesia es en su esencia: una pura obra del Dios Tripersonal.

II) Visión Analítica

Presencia del Espíritu Santo en María: Antes, Durante y Después de la Anunciación

En base a las últimas orientaciones teológicas de la pneumatología mariana y en la escuela de la Sagrada Escritura, de los Padres y del Magisterio de la Iglesia, hay que reconocer que en momentos especiales de su vida, María estuvo marcada por la acción extraordinaria del Espíritu Santo.

La sinergia del Espíritu Santo en la Virgen de Nazaret "es ejercida en un continuo dinamismo creciente (...), llevándola a una mayor santidad entitativa y operacional" (D. Bertetto): todo su mundo interior, bajo el impulso del Espíritu divino, toma una orientación hacia arriba, se abre progresivamente a las operaciones divinas, profundiza cada vez más en el mundo de Dios: "es la sagrada armonía que existe entre el Espíritu de Dios y María. Dios da a cada momento una gracia siempre nueva en aquella alma, y ella corresponde sin cesar con todas las fuerzas; y esta correspondencia y perfecta armonía la eleva a la cima de la gracia" (Berulle).

Vamos a analizar este camino inefable de la Virgen, articulándolo en tres momentos: la *pre-Anunciación*, la *Anunciación*, la *post-Anunciación*.

A. ANTES DE LA ANUNCIACIÓN
(Dios prepara su morada inmaculada)

*Llegado el momento de cumplir su designio
   inescrutable de amor,
Dios creó a la Virgen María, y ello hizo surgir en la tierra*

*una pureza tan intensa como para poder dentro
de tanta transparencia
concentrarse hasta aparecer como un Niño⁴.*

1. El Espíritu Santo se ha comunicado a María desde el comienzo de su existencia

"Además de Jesús, sabemos que hubo sólo un ser humano cuya vida fue diferente: la Virgen María, la Inmaculada, la siempre pura. En ella se cumple un hecho que a nuestro corazón le cuesta tanto creer, porque siempre tiene delante de él las propias amargas experiencias: que un ser humano es capaz de entrar en la eternidad sin tener que arrepentirse de nada.

Sin embargo este ser humano existe, es María.

No hay un simple momento en su vida del que deba arrepentirse, ni siquiera un momento vacío y estéril. Ningún acto por el que deba sonrojarse; ninguno que esté envuelto en la sombra; ninguno que haya caído en el abismo del pasado sin encender una luz eterna"⁵.

Este admirable condensado de doctrina, en el que K. Rahner esboza la verdad de María Inmaculada, nos introduce bien en el discurso que estamos desarrollando.

Antes de que el Hijo descendiera a la tierra, el Padre quiso prepararle una morada adecuada: María, regalo por excelencia que Él ofrece al Hijo, después de la donación total de Sí mismo.

Para que ese don fuera digno de aquel a quien era destinado, el Padre envía su Espíritu a María, para que envolviéndola en el amor redentor y santificante desde el primer instante de su concepción, la introdujese como primicia en aquella nueva creación de la que habla Pablo (2 Co 5,17; Ga 6, 15), disponiéndola así para su futura misión.

En una de sus deliciosas y ocurrentes páginas, Ildefonso Schuster escribe: "Igual que la primera Eva fue tomada del costado de Adán, toda radiante de vida y de inocencia, así María, Inmaculada y hermosa, salió del corazón del Verbo eterno, que, por obra del Espíritu Santo... quiso modelar él mismo aquel cuerpo y aquella alma que un

---

4. TEILHARD de CHARDIN, *L'ambiente divino. Saggio di vita interiore,* Mondadori, Milano 1968, p. 160.

5. K. RAHNER, *L'homme du miroir de l'année chrétienne,* Mame 1966, pp. 224-225.

día iban a servirle de Tabernáculo y de altar" (*NDM*, 1012).

Tenemos que reconocer que fue particularmente significativa la presencia operante del Espíritu Santo en la Inmaculada Concepción de la que había sido elegida para ser Madre de Dios: "En la historia de las generaciones humanas, ella representa la más perfecta realización de la libre acción del Espíritu Santo" (Juan Pablo II).

Los Padres insisten en exaltar a la Toda Santa con 'epítetos de adorno', títulos honoríficos y calificaciones que la ponen por encima del pecado original, confirmando la idea elevada que el pueblo cristiano se había hecho de María.

Eadmero, 'el primer teólogo de la Inmaculada Concepción', con su *Tractatus de conceptione sanctae Maríae*, no sólo defiende la intuición del pueblo a favor de la Inmaculada Concepción, sino que demuestra la posibilidad y conveniencia, subrayando con varias imágenes la santificación completa de la Virgen por Dios. "Si, de hecho, Jeremías y Juan el Bautista han sido santificados en el vientre de su madre, ¿quién se atrevería a decir que el único propiciatorio de todo el universo y receptáculo dulcísimo del Hijo de Dios no ha sido iluminado por la gracia del Espíritu Santo?... Por lo tanto, creemos con fe cierta que la Sabiduría, antes de todas las edades, se ha preparado y construido una casa en la que habitar de manera especial".

En el ejemplo famoso de la castaña que sale ilesa de su envoltura espinosa, Eadmero sostiene: "¿No pudo dar Dios a un cuerpo humano... el seguir siendo libre de cualquier pinchazo de espinas, aunque hubiera sido concebido en medio de los aguijones del pecado? Es evidente que podía y quería; si lo quería, lo hizo (*potuit plane et voluit; si igitur voluit, fecit*)"[6].

Quítate las sandalias de los pies, pues el lugar donde estás es tierra sagrada (Ex 3, 5), oyó Moisés. Por lo tanto, si aquella tierra estaba santificada, porque allí apareció la Majestad de Dios, ¿cuánto más habrá estado santificado el lugar en el que iba a entrar la Majestad en persona?

En esta órbita giran no pocos Padres y escritores de la Iglesia, griegos y orientales, que afirman que el Espíritu Santo siempre estuvo presente en María, desde el primer momento de su vida, así que en ella no podía nunca estar presente el espíritu maligno: ella fue concebida sin pecado original.

---

6. *NDM*, pp. 685 e 305.

Rodeada desde el principio por la gracia victoriosa de Dios, "permeada por la luz divina ya en el vientre de su madre" (Juan XXIII), no conoció una historia sin Dios (Kolbe); el pecado nunca le rozó: en María no hay sombra, ni rastro de pecado: ella es la Inmaculada: la criatura todo hermosa, toda Santa, toda pura, con una pureza que condujo al florecimiento del alma. Los rayos del Verbo creador y futuro redentor bañaron las fibras más recónditas de esta pequeña criatura y no permitieron que ninguna sombra anidase allí.

Viviendo en un mundo pecaminoso, dice el Catecismo holandés, María fue afectada por el dolor del mundo, pero no por su maldad. Nuestra hermana en el sufrimiento, no lo es en la maldad[7]. La Virgen-Madre no debe nada al pecado, sino que lo debe todo al Redentor: a su Hijo. Ella es la pre-redimida: el mal tuvo en ella su primera y definitiva derrota.

Es la meta a donde llegó la teología, después de largos siglos de camino[8].

Muy hermoso y convincente, fue, en este sentido, el argumento del *Mediador Perfecto*, con el cual el franciscano Juan Duns Scoto muestra la fuerza salvadora de Cristo que previene el pecado, en lugar de eliminarlo una vez sucedido.

La teoría de Scoto se basa en el hecho de que la Inmaculada Concepción no es una excepción a la redención (como alguno pensaba), sino un caso de una acción perfecta más eficaz y salvífica del único mediador, Cristo.

La Inmaculada Concepción, en otras palabras, es un caso de redención anticipada y perfecta a causa del valor retroactivo del misterio pascual de Cristo y de su mayor aplicación a la Madre del Señor. En lugar de ser una excepción o negación de la necesidad universal de la redención por obra de Cristo, implica que María está "unida en el linaje de Adán a todas las personas necesitadas de redención" (LG 53) y ha recibido, en su radical incapacidad de salvarse a sí misma la gracia redentora más poderosa que se pueda imaginar.

---

7. *Il nuovo Catechismo Olandese*, Torino - Leumann, LDC, 1969, p. 322.

8. La Inmaculada Concepción estuvo envuelta en un debate teológico sobre el pecado original: ¿cómo conciliar la redención universal, que presupone necesariamente el pecado original, con la Inmaculada Concepción de María? Este obstáculo doctrinal fue superado por el franciscano Duns Scoto (1270?-1308) con sutiles, pero también persuasivos argumentos.

La intervención de Duns Scoto fue sin lugar a dudas decisiva en la elaboración de la doctrina de la Inmaculada Concepción, tanto es así que ganó el apelativo de "Doctor de la Inmaculada".

El ocho de diciembre de 1854, Pío IX pronunció la fórmula de la definición dogmática, resultado de una dinámica de fe que había afectado a la Iglesia en todos sus componentes (pueblo, teólogos, magisterio): "*Declaramos, pronunciamos y definimos que… la Bienaventurada Virgen María en el primer instante de su concepción, por singular gracia y privilegio de Dios omnipotente, en previsión de los méritos de Jesucristo Salvador de la humanidad, fue preservada intacta de toda mancha de pecado original*" (Bula *Ineffabilis Deus*).

Sondeando la riqueza virtual de la Palabra, la Iglesia se ha ido haciendo cada vez más consciente de que María, llena de gracia de Dios y comprometida con su maternidad divina en la lucha victoriosa contra el mal, debía haber escapado de cualquier relación o connivencia con el pecado, tanto interior como estructural; es decir, ha ido comprendiendo la necesidad de pureza personal y total que implica la maternidad divina en sí misma, en previsión de la cual fue concebida toda pura y santa, o – como dice el Concilio - fue "adornada desde el primer instante de su concepción por los esplendores de una santidad totalmente singular" (LG 56).

Los primeros en percibir esta vital necesidad, como ocurre a menudo, fueron los escritores populares: los libros apócrifos. Casi instintivamente, comprendieron que cualquier pecado es incompatible con la santidad de la Madre de Dios. En este sentido, baste recordar el *Protoevangelio de Santiago*, que pronto fue bien recibido por todas las iglesias y se convirtió en la matriz para-histórica para introducir las fiestas de la vida personal de María.

El autor del apócrifo muestra la vida de María tan santa y su persona tan digna, que no se encuentra lugar para ella en esta tierra corrompida por el pecado. Los mismos alimentos de la tierra no son adecuados para su alimentación: su lugar sólo puede ser el templo del Señor, el lugar santo; más aún, el sitio más sagrado del templo, inaccesible a los demás, y sin embargo apropiado para ella. En el símbolo, quiso mostrar cómo la Virgen había sido preparada para convertirse ella misma en templo y sagrario de Dios, como si hubiera sido nutrida con el alimento celestial de la Palabra divina, más que con el pan corporal y cómo, incluso, la gracia, en cierta manera, la había preparado desde el seno de su madre. De hecho, en los ejemplares más antiguos del apócrifo, la concepción de María parece haber ocurrido misteriosamente, cuando el ángel anuncia a Joaquín en la montaña que descienda, porque sus oraciones habían sido escuchadas, y Ana ya había concebido una hija que sería la bendición para todo Israel"[9].

Por supuesto, esto no son datos históricos fiables. Sin embargo, el relato del Protoevangelio de Santiago contiene elementos claramente teológicos y, aunque no se especifica la ausencia de pecado original en María, representa una primera toma de conciencia intuitiva y mítica de su santidad perfecta y original en su propia concepción. Será bajo la influencia del apócrifo como aparecerá la primera afirmación de la pureza original de la Virgen.

En su sermón sobre la Asunción (que puede ser datado entre 550 y 650), Theoteknos de Livias no se limita a declarar a María "santa y bella", "pura y sin mancha". Recuerda su nacimiento: "Nació como los querubines, aquella que fue hecha de una arcilla pura e inmaculada" (*Panegírico en la fiesta de la Asunción*, 5-6).

La imagen de la arcilla pura e Inmaculada, utilizada por Theoteknos, reaparece varias veces en Andrés de Creta, que la utiliza con más alegría y abundancia, y con profundidad teológica: "El cuerpo de la Virgen es una tierra que Dios ha trabajado, las primicias de la masa adánica divinizada por Cristo, arcilla amasada por las manos del artista divino".

Andrés de Creta subraya que esta formación ha preparado la del nuevo Adán, Cristo[10]. Hecha de arcilla pura y nueva, María puede ser la arcilla de la cual se extrae el Salvador.

Inmaculada Concepción: nombre propio de María

En cuanto a reflejo del Espíritu Santo, la Inmaculada Concepción constituye una rica dimensión de desarrollo teológico.

En esta longitud de onda, una importancia significativa tiene la reflexión ingeniosa y duradera de san Maximiliano Kolbe quien, llameante de fe y ternura por esta criatura hermosa y extraordinaria, intenta intuir, en un clima de oración y de conciencia del misterio que encierra, el significado de la *Inmaculada Concepción*, a la luz de la "Concepción increada" (el Espíritu Santo).

---

9. *Protoevangelium Jacobi,* IV VII – VIII, Ed. DE Strycker, Bruxelles, 1961, pp. 78-104.

10. *Sermone I sulla Dormizione di Maria* e *Sermone I sulla Natività di Maria.*

Él será el primero en dar una interpretación teológica muy original y al mismo tiempo profunda, de la relación arcana entre el Espíritu Santo y María. A la pregunta: "¿Quién eres, Inmaculada Concepción?" Kolbe busca la respuesta, mirando en el corazón de la Trinidad, donde el Espíritu Santo, fruto del amor del Padre y el Hijo, es visto como una «concepción increada», eterna, prototipo de cualquier concepción de vida en el universo... una concepción santísima, infinitamente santa e inmaculada.

Este principio teológico será la ‹entrada› que llevará a S. Maximiliano a la definición del ser de María: en él madura la idea de que entre la concepción de la Virgen María y la del Espíritu Santo hay una relación muy especial: entre todas las concepciones creadas sólo ella es (como la del Espíritu Santo) una concepción inmaculada.

La Inmaculada Concepción - dice Kolbe - fue querida y ejecutada por Dios en el tiempo (concepción creada), como la más perfecta similitud de la esencia de Dios posible para una pura criatura (*inmaculada*)... La llena de gracia quiere decir que entre todos los seres que representan las perfecciones divinas, María es aquella en la que se reflejan de la manera más perfecta... Ella sola entre todas las criaturas, es la Inmaculada Concepción. Estas dos palabras expresan exactamente la esencia de María, porque "*su ser consiste en ser la Inmaculada Concepción*": 'Inmaculada' es el nombre que la define de manera propia, única y esencial.

S. Maximiliano demuestra su opinión con una dialéctica convincente y eficaz: "Entre Inmaculada Concepción y concebida inmaculadamente hay una diferencia: es la misma diferencia que existe, por ejemplo, entre los términos blanco y blancura. Si una cosa es blanca puede ensuciarse, pero cuando una cosa es la blancura (misma), entonces no sufre ningún cambio. He aquí, entonces, por qué el nombre 'Inmaculada Concepción' pertenece sólo a María. Por otra parte, ella misma dijo en Lourdes: 'Yo soy la Inmaculada Concepción' y no dijo 'yo he sido concebida inmaculadamente'. Se deduce que ella es la misma inmaculabilidad".

Refiriéndose a la imagen de la Esposa, S. Maximiliano concluye que el nombre del Espíritu Santo es el nombre de María: "Si entre las criaturas una esposa recibe nombre del esposo debido al hecho de que le pertenece a él, se une a él, se hace semejante a él y en unión con él se convierte en factor creador de vida, cuánto más el nombre del Espíritu Santo, 'Inmaculada Concepción' (increada), es el nombre de aquella en la que Él vive con un amor fecundo para toda la economía sobrenatural": en virtud de su unión esponsal con María, "el Espíritu Santo mora en ella, vive en ella, está unido a ella de modo inefable e inexpresable, siempre y para siempre"[11]

No es de sorprender entonces que María refleje su naturaleza de la forma más perfecta posible para una simple criatura.

Por qué Inmaculada Concepción

La razón última de la Inmaculada Concepción es el amor gratuito de Dios.

Ya hemos observado como a causa de su tarea de llevar a Dios al ámbito humano, María ha sido poseída de manera única por el Espíritu de Dios: ella no podía poner divisiones en su espíritu, ni sombras en su cuerpo, elegido para ser tabernáculo de las bodas del Verbo con la naturaleza humana. Ser madre de Jesús incluía para ella una santidad proporcional a su íntima unión con el Hijo de Dios: "ninguna sombra debía empañar su relación con Él" (J. Pablo II).

Sin ser un requisito ineludible, la ausencia de pecado en María, es percibida por el 'sentido de los fieles' como el único dado armonizable con la santidad de Cristo y con la persona y la misión singular de la Virgen. Si no se puede negar que la atribución de concepción inmaculada a María armoniza muy bien con su maternidad divina y santa, así como con su papel como colaboradora en la obra del Hijo único Redentor, sin embargo no se puede afirmar que exista un estrecho vínculo de necesidad: "no habría sido imposible a Dios llevar a cabo la Encarnación con la ayuda de María, aunque ella hubiera contraído la mancha original y hubiera sido limpiada de ella antes de la Anunciación. Pero si hay necesidad, hay conveniencia.

Era más que apropiado que aquella que debía dar una carne mortal al Verbo eterno del Padre, acogerlo ejemplarmente en la fe y cooperar con él para la salvación de la humanidad, estuviera completamente libre de pecado. María era más apta para cumplir perfectamente su misión de madre de Cristo estando preservada desde el principio del pecado original. Como madre de Dios era conveniente

---

11. S. MASSIMILIANO M. KOLBE, *Chi sei, o Immacolata?* Ed. Monfortane, Roma 1982.

que ella poseyese la santidad más perfecta que puede tener una criatura, junto con una perfecta santidad inicial, que debía contribuir a la gloria del Verbo encarnado"[12].

Convenía al Purísimo, al Preceptor de la pureza, tener su origen en un puro tálamo (Cirilo de Jerusalén).

María - dice enérgicamente Agustín - es la criatura que, "por el honor debido al Señor no se debe siquiera mencionar cuando se habla del pecado" (*Naturaleza y gracia*, 36, 42).

"Su maternidad estaba destinada a producir el reflejo de la paternidad del Padre. La generación temporal del Verbo se debía producir a imagen de su generación eterna y expresar en la carne la santidad de su filiación divina. Convenía, por lo tanto, que María tuviera una santidad que fuera la imagen más perfecta de la santidad absoluta del Padre.

No debemos olvidar, por otra parte, que fue creada Inmaculada para poder actuar mejor en nuestro favor: la plenitud de la gracia le ha permitido cumplir perfectamente su misión de colaborar en la obra de salvación y ha dado el máximo valor a su cooperación en el sacrificio. Cuando María presentó al Padre el hijo clavado en la Cruz, su oferta dolorosa fue totalmente pura.

La total pureza convenía - precisa J. Galot – tanto más cuanto que en la hora de la Pasión, María ofreció al Padre un sacrificio en el que se condensaba y resumía el don de todo su ser, la ofrenda de toda su persona y de toda su vida, como Cristo mismo. Esta oferta personal no podía encontrar total valor ante los ojos del Padre si no hubiera sido perfectamente inmaculada. Para ser plenamente agradable al Padre y conseguir la fecundidad más abundante, debía venir de una persona llena de gracia desde el principio de su existencia.

Si María hubiera estado, por un solo momento, contaminada por el pecado y sometida a la esclavitud del demonio, no habría podido agradar tanto a Dios Padre en su misión como Corredentora. Gracias a la Inmaculada Concepción, la compasión de María refleja mejor la de Dios y la de Cristo"[13].

El privilegio de ser Inmaculada no separa a María de la humanidad, ni de la Iglesia: sustraída limpiamente al influjo del pecado,

---

12. J. GALOT, *Maria, la donna...*, pp. 217 - 218.

13. *Ibidem*, pp. 217 - 222.

que nos acompaña constantemente a lo largo de las generaciones, ella ha sido puesta en condición de pertenecer más íntimamente a la humanidad, "hecha por el Señor" (San Agustín) y hecha más capaz de empatía con los pecadores, por la plenitud de la gracia, que se traduce en la plenitud del amor, es decir, en esa sutileza de sentir y obrar nunca manchada por la experiencia del pecado.

A pesar del esplendor del Espíritu, a pesar de la riqueza de las prerrogativas maravillosas con que Dios la ha honrado para hacerla digna madre del Verbo encarnado, María, sin embargo, está muy cerca de nosotros: es para los pecadores, es decir, para todos nosotros, que ella recibió una gracia excepcional. En su calidad de madre, ella trata de hacer participar, de alguna manera, a todos sus hijos terrenos en el favor con el que ella personalmente ha sido enriquecida: el privilegio de la Inmaculada Concepción, "pone a María al servicio de todos y es una alegría para quienes la consideran su madre" (Juan Pablo II).

Es lo que se trasluce en una página brillante de Gratry, que suena como una discreta llamada al disfrute del regalo: "La Inmaculada es el punto brillante en la historia de la humanidad, que camina entre la bruma del pecado: una luz clara que oponiéndose a la oscuridad, ilumina, conforta, ayuda; es luz para todos, una riqueza para el ciclo entero de la tierra"[14].

Sí, porque "Nada en el mundo vive y actúa más intensamente, como la *pureza* y la *oración*, suspendidas como una luz impasible entre Dios y el universo. A través de su transparencia serena, la onda creadora despliega las velas, cargada de virtudes naturales y de gracia"[15].

2. María Inmaculada: Icono purísimo del misterio del hombre (Proyecto del hombre nuevo)

Eres nuestra voz inocente,
nuestra voz antes de la caída,
el único templo digno del Altísimo.[16]

---

14. ALFONSO GRATRY, *Commento al Vangelo secondo san Matteo*, 1863.

15. TEILHARD DE CHARDIN, *Genèse d'une pensée*, cit.

16. D. M. TUROLDO, *Laudario alla Vergine*, "*Via Pulchritudinis*", EDB, Bologna

Con una pincelada feliz, celebra Turoldo, como intoxicado de luz y con mirada nostálgica, el encantador esplendor reflejado en el rostro de la Virgen Inmaculada: "levadura de nuestra nueva creación" (Severo de Antioquía), comienzo de un nuevo mundo animado por el Espíritu Santo quien, anticipando en ella en plenitud y como primicia todos los frutos de la Redención operada por Cristo, "ha traído la humanidad a la frescura de la primera creación en la gracia" (Pablo VI).

Como Cristo que la redime es la perfecta imagen del Dios invisible, así María Inmaculada es la imagen perfecta de la humanidad divinizada (Jean Mouroux).

En cabeza de la historia escatológica inaugurada por Cristo, ella emerge como el primer ser de la nueva creación, renovada por Dios: en ella, la "tierra incontaminada", brilla la omnipotencia de Dios, que *recrea* el hombre, la recuperación total de la criatura de Dios.

María siempre permanecerá junto a los redimidos como '*la primera maravilla*' (Juan Pablo II), el 'caso' totalmente logrado (K. Rahner) de la Redención.

El triunfo de Dios, ya perfectamente logrado ella, el triunfo de Cristo y de su obra redentora, el triunfo del Espíritu Santo y de su obra de santificación, se convierte en un triunfo de la humanidad y de toda la creación, que en ella recupera la dignidad y la belleza.

Después de la muerte de largos siglos, desde el pecado de los padres, se eleva esta estrella de la mañana, clara y pura, transparente y sin mancha, mientras el cielo empieza a tomar color con la promesa del día ya inminente (...): el florecimiento en la tierra de esta corola blanquísima, digno preludio de Cristo, sol de justicia y nueva creación por excelencia, es presagio seguro de la reconciliación de la humanidad con Dios. Como aurora radiante de un día como el que, después de aquel en que el Verbo se encarnó, el cielo y la tierra no verán otro igual, ella aparece radiante sobre el horizonte de nuestra historia (Juan XXIII), precursora de la vida y la esperanza, anticipo de nuevas metas, que se ofrece a la criatura cuando está envuelta por la gracia.

Los Padres afirman expresamente que la formación pura e Inmaculada de María es al mismo tiempo una reparación de los daños causados por el pecado y una nueva creación: "María nació para la

---

1992, p. 21.

regeneración de todo" (Andrés de Creta).

Nicolás Cabasilas llama a María "nueva pasta y comienzo de una nueva estirpe... tierra nueva y cielo nuevo... que no heredó nada de la vieja levadura" (*NDM*, 698).

Hoy, observa Andrés de Creta, en una homilía sobre la Natividad de María, la humanidad, en todo el esplendor de su nobleza inmaculada, recibe el don de la primera formación por las manos divinas y recupera su antigua belleza. La vergüenza del pecado había oscurecido el esplendor y el encanto de la naturaleza humana; pero cuando nace la madre del Hermoso por excelencia, esta naturaleza recupera, en su persona, sus antiguos privilegios y es formada según un modelo perfecto y verdaderamente digno de Dios (...). Hoy comienza la reforma de nuestra naturaleza y el mundo viejo, sometidos a una transformación divina, recibe los primeros frutos de la segunda creación" (*Sermones* I: PG 97, 912).

En María Inmaculada, la generación humana recupera todo el esplendor de la primitiva creación divina y se encuentra a sí misma: encuentra la posibilidad de un reinicio radical, en la refundación de sí misma y en la recuperación completa del proyecto inicial. "En su Inmaculada Concepción humana, maravillosamente coincidente con la concepción misteriosa de la mente divina de la criatura, reina del mundo, María nos devuelve la figura humana perfecta: ella es el único ser humano en el cual la idea creadora de Dios se refleja ya fielmente en la historia; es el único ser humano que refleja perfectamente la imagen de Dios, tal como Él la pensó y amó antes que la fractura del pecado original descompusiera el diseño ideal (Pablo VI).

"El caso", el milagro de María Inmaculada "arroja luz sobrenatural sobre la vida humana" (Juan Pablo II) y nos ofrece, resumido, el rostro del hombre nuevo redimido por Cristo, en quien Dios renueva, 'en modo aún más admirable' el proyecto del paraíso (Colecta de la Nativ. de Jesús).

Tanto para los occidentales como para los orientales, María Inmaculada, en su concreción histórica, es *la restitución, la nostalgia* de este paraíso perdido y reencontrado: ella es la primavera cuyas flores ya no conocerán el peligro de la contaminación y el deterioro; es el fruto no envenenado por la serpiente; es el comienzo de una nueva relación inefable entre la criatura y el Creador: "en ella vuelve a florecer, en su perfección original, esa intimidad con Dios concedida a Adán en la creación y tan pronto perdida" (Juan XXIII).

En María, la imagen más santa después de Cristo, Dios quiso anticipar la situación final prometida a toda la humanidad: ser un día totalmente de Dios y para Dios. En ella la iglesia le contempla gozosamente, como en una imagen purísima, lo que quiere y espera ser (SC, 103). La Inmaculada proclama a la cabeza de las huestes de los salvados: "Soli Deo gloria": ella es el "anuncio de un Dios misericordioso, que no se rinde al pecado de sus hijos" (Juan Pablo II), sino que en su amor sabio decide la eternidad amor a todos los hombres, de forma gratuita, más allá del pecado y del mérito.

La Virgen María: "flor radiante del Espíritu Santo, que surge de un humilde tallo terreno, pero puro e inmaculado, símbolo, esperanza de inocencia para todos nosotros[17], representa un impulso o una señal de ánimo, que orienta el movimiento histórico hacia la dirección correcta, que es Cristo (*NDM*, p. 700).

Reconocer a María Inmaculada es un acto doxológico de alabanza a Dios por las "grandes cosas" obradas en ella (Lc 1, 49); es una nueva razón para la esperanza, porque indica el triunfo de la gracia sobre el pecado.

Ella, que está libre de pecado, nos lleva a sus hijos a erradicar con enérgica resolución el pecado (MC 57) para convertirnos, en la onda emocionante y liberadora del Espíritu, en hombres nuevos.

El esplendor de la Inmaculada, que brilla ante nuestros ojos, nos sugiere: he aquí lo que debes ser.

Espíritu de amor, luz sin ocaso,
fuente de gracia, corona de gloria,
te alabamos, porque has cubierto
a la Virgen Inmaculada de blancura eterna,
dibujando en ella la imagen perfecta
de la Iglesia 'sin mancha ni arruga',
espléndida en su belleza: ¡a ti la gloria por los siglos![18]

---

17. PABLO VI, *Insegnamenti* XIII \ 1975, p. 1499.
18. CEI, *In Preghiera con Maria Madre di Gesù*, Libreria editrice Vaticana, 1987.

3. El Espíritu Santificador prepara gradualmente a María para el 'fiat' y la Consagración total de su vida a Dios

> *De igual modo que Dios purificó a su pueblo de toda iniquidad y enfermedad, para que estuviese listo para pronunciar su "sí" en los esponsales de Sinaí, así preservó de toda mancha a María, para que el "fiat" de la Anunciación surgiera más libre y alegre (NDM, p. 695).*

La ausencia de pecado en María ayudó, pero no suprimió el ejercicio de la fe: a la plenitud de la gracia por parte de Dios, correspondía la plenitud de la fe por parte de María; al 'gratia plena'," el 'fide plena': María pronunciará día tras día su sí, en cooperación libre y dócil con Aquel que por esencia es el Amor. "Él le ha guidado y orientado incesantemente, inspirádnosle en cada momento la actitud correcta, viviendo en su ser, afirmando su lealtad y su fe, de modo que en todo momento su respuesta a Dios era serena y filial"[19].

El Espíritu Santo precede a la Anunciación no sólo para dar a María la capacidad de conferir la esencia y la forma humana al Logos, sino también para prepararla gradualmente la consagración total de sí misma al Señor.

Con su poder creativo y santificador - explica A. Serra - el Espíritu Santo no sólo originó la humanidad del Verbo en el seno de la Virgen sin que ella conociera varón. Aparte de esto y antes de esto, dispuso la mente y el corazón de la doncella de Nazaret para aceptar el plan de la encarnación *con todo el corazón, con toda el alma y con todas las fuerzas* (Dt 6, 5)[20]. Fue el Espíritu Santo quien preparó a María para el acto más importante, para el momento central de su vida: el gran *fiat* de la Anunciación: para aquella palabra divina que Él mismo suscitó en lo más profundo de su alma: un "fiat" admirable, con el que se consumó el mayor acto de fe en la historia humana; un "sí" total, esperado en vano del pueblo elegido: un "sí" que resonará a través

---

19. GUILBERT PIERRE, *Marie des Ecritures*, in *Marianum*, 58 (1996), p. 532.
20. A. SERRRA, *Aspetti mariologici della Pneumatologia di Lc 1,35 a*, in *Maria e lo Spirito Santo*, p. 181.

de los siglos, y que permanecerá en la memoria de las generaciones como paradigma ideal de fe y de obediencia al impredecible misterio de Dios, que con su inconmensurable amor se hace presente en el hoy de nuestra historia; un "fiat" que brilla con una luz singular y que constituye la parte más importante del perfil espiritual de María, la pieza central de su grandeza y todo el misterio que lo envuelve.

Será principalmente el evangelista Lucas, al que la tradición ha imaginado como "pintor", quien pinte el rostro teológico y espiritual de la Virgen de Nazaret. De esta fuente los Padres y los teólogos en general, han sacado una valiosa referencia de desarrollo pneumatológico-mariano y suficientes bases textuales para afirmar que la obra de Dios en María había comenzado antes de su maternidad divina.

Si observamos bien, en la perícopa de la Anunciación la respuesta de la Virgen al ángel anunciante (Lc 1,38) expresa una actitud vivida ya desde hacía mucho tiempo: antes que María la pronunciase, el ángel puede decirle: "No tengas miedo, María, porque has encontrado favor con Dios" (Lucas 1, 30). La mirada del ángel, en este momento, penetrando en el fondo del alma de María, se refería al comienzo de su vida, al momento de su nacimiento, cuando María había recibido un nombre que significaba: *amada de Dios*. Pero más allá de su nacimiento, se refería al primer momento de su existencia, porque desde el primer momento de su concepción, la Virgen había sido objeto de este amor excepcional.

Ya al principio del gran anuncio, el ángel había llamado a María "llena de gracia" (Lc 1,28): una expresión que en el texto griego del Evangelio de Lucas suena: Kecharitōménē (= tú que has sido y sigues estando llena del favor divino), que es como decir: tú que eres particularmente amada por Dios, todo llena de su amor, plenamente consolidada en él, como si estuvieras completamente formada de él.

Por lo tanto el término Kecharitōménē, este nombre nuevo tan lleno de significado, que el ángel da a María, "indica claramente y no en de manera más o menos implícita" que esta doncella de Nazaret "estaba plenamente justificada cuando el ángel la saluda. No se ha vuelto santa en aquel momento; lo era ya anteriormente, y de manera eminente"[21].

Que María ha sido siempre y por completo del Señor, viviendo intensamente esta experiencia inefable de Él, se puede inferir de

---

21. M. JUGIE, cit. por J. GALOT, en *Maria, la donna...*, p. 193.

la pregunta que plantea al ángel: "¿Cómo es posible? No conozco varón"(Lc 1,34). La pregunta revela la elección de un camino virginal. San Agustín habla del voto de virginidad: una elección radical de Dios por parte de María (*Serm.* 215, 2; *Serm.* 291, 5). Si había renunciado a ser poseída por un hombre, es porque Dios había entrado desde hacía mucho tiempo en su existencia: la Virgen no quiere conocer a nadie más que a Él. En Nazaret, de hecho, en el momento de la Anunciación, nos encontramos frente a una mujer joven, que en la transparente respuesta de entrega total a Dios (Lc 1,38), no ofrece nada fuera de ella misma, o una parte de sus bienes al Señor, como hacían los judíos piadosos en el templo con motivo de las festividades anuales. Ella se entrega ella misma por completo, se consagra incondicionalmente a su Creador, pone a su disposición las primicias de su feminidad virginal: su amor casto, la vida que puede transmitir a otros seres, su sensibilidad de mujer, su capacidad ilimitada de dedicación...

Son famosos, en esta línea, los esbozos de Atanasio y Ambrosio que detallan la vida de María, articulando sus momentos externos, las acciones, el comportamiento y leyéndolos desde dentro del alma: un retrato de virgen cristiana totalmente comprometida en el camino del amor perfecto a Dios y al prójimo: Así la describió el evangelista – concluye Ambrosio – así la encontró el ángel, así la eligió el Espíritu Santo[22].

A su vez, Orígenes, comentando sobre "Respexit humilitatem" pinta un retrato de de María que ha adquirido tanta virtud interior, que mueve a Dios poner los ojos en ella (*Homilías sobre Lucas*, VIII -5.4.

Esta apertura extraordinaria de la Virgen a Dios, sin igual, nos lleva a remontarnos a la fuente manante y vital.

En las profundidades del misterio de la Trinidad encontramos la docilidad radical, con la que el Espíritu Santo desde toda la eternidad se deja formar por el impulso del amor del Padre y el Hijo. La amabilidad de la Virgen no es sino un reflejo creado de la infinita amabilidad del Espíritu de Dios.

---

22. ATANASIO, *De virginitate,* in CSCO 151, pp.58-64; AMBROSIO, *De virginibus*, 2, 2-6.

B. LA ANUNCIACIÓN
(Culmen de la Acción y de la Vida del Espíritu)

1. Notas introductorias

Desde siempre María ha sido pensada, amada y creada para este momento singular de la historia (L. Boff).

Es increíble el éxito alcanzado por la escena de la Anunciación entre todas las generaciones cristianas. Nuestro enfoque ha probado sólo algunas de las riquezas inagotables que incluye.

La Anunciación: cumplimiento de todo lo que precede y fundamento de todo lo que sigue, marca el momento central y decisivo de todo el misterio de María: este es el acontecimiento básico de la relación secreta entre el Espíritu Santo y María. Todo converge y todo comienza aquí, desde el momento en que el Espíritu Santo - el poder del Altísimo, que es el Señor y dador de vida - desciende sobre María y la eleva a colaboradora en una obra humanamente imposible: la concepción virginal del Hijo de Dios (Lc 1, 31-35): obra de las obras, prodigio de los prodigios de Dios que "tanto amó a los hombres que les ha dado su Hijo unigénito" (Jn 3,6).

Cubierto por la sombra inefable del Espíritu divino, María, llena ya de gracia, ahora está llena de ella en abundancia. Después de preparar la morada, el mismo Espíritu la hace fecunda y habitada. En Él y a través de Él, el Padre entrega su mismo Hijo a la Virgen María y a través de ella lo da al mundo. El Espíritu Santo se inserta como un mediador entre el Padre que da a su Hijo y María que lo recibe. Esta mediación se lleva a cabo en una atmósfera de amor, de entrega incondicional y de vida. María está involucrada en ella. El amor fecundo que la hace Madre se percibe y acepta en su propia Fuente: directamente, con pureza suma, con gozo inefable.

Como todo el mundo advierte, entre la Virgen de Nazaret y la descendencia que va a ser concebida por ella hay un abismo inconmensurable: el Espíritu Santo, amor y cumplimiento, es enviado para llenar esta distancia infinita y poner a la Virgen María en contacto directo con el misterio de Dios.

Él, uniendo a sí a la Virgen, la envuelve y llena por completo, no sólo espiritual, sino también corporalmente: consagra su mente y cuerpo, todo su ser, toda su persona, todas sus facultades, y la eleva a alturas vertiginosas[23], donde ella pueda acoger convenientemente en su seno a Aquel por medio del cual todo fue hecho.

Para que nada estuviera en desacuerdo debido a la fragilidad del cuerpo humano, la Virtud del Altísimo cubrió con su sombra a la Virgen: la santificó hasta las entrañas, para dar origen humano al Santo; la fortificó en su nativa fragilidad de su criatura, para acoger como principio de la vida corporal de Cristo la fuerza generadora del Espíritu Santo.

En esta longitud de onda se sitúa, entre otros, Hilario de Poitiers, cuando señala: "El Espíritu Santo viniendo de lo alto santificó las entrañas de la Virgen y espirando en ellas se mezcló a la naturaleza de la carne humana: y lo que era diferente de sí mismo, lo asumió con su fuerza y poder" (*NDM*, 1069-1070).

Cirillona canta en sus *Odas*: "Las llamas del Espíritu descendieron/ en lenguas hechas de carne y tuvo lugar/ una concepción divina/ en el seno de una hija del hombre" (Oda 3, 191-202).

Se trata de un verdadero Pentecostés, de una plenitud personal del Espíritu Santo y de gracia, en la persona de María; una plenitud no sólo profética y momentánea sino santificadora y duradera.

Orígenes escribe: "María fue llena del Espíritu Santo en el momento en que comenzó a habitar el Salvador en su seno. De hecho, apenas recibió al Espíritu Santo como artífice del cuerpo del Señor, apenas el hijo de Dios estuvo en su seno, también ella se llenó del Espíritu Santo" (*Homilías sobre Lucas*, VII, 3. GCS 49).

Él toca las cuerdas de su corazón y hace vibrar su ser íntimo: ella queda totalmente irradiada por Él, hasta las fibras más secretas de su ser, como un cristal límpido atravesado por el sol. Descendiendo sobre María, el Espíritu Santo la encuentra disponible, la vivifica vigorosamente, mucho más que a la figuras carismáticas del pasado, y la hace capaz de actuar como mujer perfecta y como madre[24]. Hecha transparente por el Espíritu y en el Espíritu, se convierte en verdadera madre del Verbo: "Una mujer totalmente pura ofrece a Dios la carne Inmaculada, el templo santo de la divinidad" (Cirilo de Jerusalén).

Todo esto pone de relieve, una vez más, la generosidad de Dios hacia la Virgen. No sólo la ha predestinado a la divina maternidad,

---

23. A. AMATO, *Lo Spirito Santo e Maria. Elementi della Tradizione Patristico-Teologica*, en *NDM*, pp. 1336-1337.

24. ALESSIO MARTINELLI, *Maria Santissima e lo Spirito Santo*, pp. 88-89.

sino que la asiste continuamente con la abundancia de sus carismas, permitiéndole corresponder apropiadamente a su vocación extraordinaria.

2. La salvación viene del cielo, pero germina también desde la tierra

> *Salve, oh Santísima Madre del Salvador Dios nuestro*
> *aroma de todas las virtudes, infinitamente fragante;*
> *el Señor, atraído por tu perfume,*
> *ha descansado dentro de ti:*
> *a través tuyo vino a vivir con nosotros y nosotros con él*[25].

La escena de la Anunciación narrada por Lucas puede ser considerada como la página de la cooperación de María en la obra de salvación: revela que Dios para salvarnos eligió el "método" de pasar a través de la creatura. Nuestra regeneración nace del misterio pascual, pero tiene sus raíces en el seno virginal de María.

Al "hombre nuevo" por excelencia, afirma el Arzobispo Carli, "el hombre que viene del cielo", Jesús, nuestro reconciliador, el aún más admirable restaurador del maravilloso designio de la creación desfigurada por el pecado, lo han formado con una operación conjunta aunque diferente, el Espíritu Santo y la siempre Virgen María[26]. Es el fruto del Poder Divino del Amor y del sí de María. Si el misterio de la Encarnación ha hecho bajar a nosotros el cielo y poner la tierra de rodillas, es por el poder del sí de María.

La teología (especialmente la oriental), aun teniendo en cuenta ante todo la grandeza de la obra divina que se lleva a cabo en María, no ha dejado de subrayar el papel activo de la Virgen Madre en la realización de esta obra: afirma expresamente que el milagro de la encarnación es la obra de la gracia, pero también la colaboración responsable de María es un abismo insondable.

En lugar de a un instrumento pasivo en las manos de Dios (LG 53), en la Anunciación nos encontramos ante una criatura que se abre para aceptar a Dios en un absoluto equilibrio físico y mental. Su

---

25. DE LOS PADRES DE LA IGLESIA, en *LM*, 92 e *TMPM*, II, 646.
26. ARZ. CARLI LUIGI MARIA, en *Marianum*, 38 (1976), p. 470.

corazón puro, entregado ya por completo a Dios desde la infancia, aquí se amplía en el *fiat* generoso, incondicional, con el que acepta ser la madre del Mesías.

A esta fiat esponsal, impregnado de infinito, de luz y salvación, para cada persona que nace, a esto sí florecido en nuestra tierra, el más grande que ella ha sido capaz de dar, Dios quiso ligar el destino de la historia del mundo. No quería que su Hijo entrara en la humanidad en virtud sólo de un acto de su decisión divina. La Encarnación debía resultar tanto de su iniciativa suprema como del libre consentimiento de la Virgen.

"Mientras que Dios había podido crear todas las cosas de la nada, después de la caída no quiso restaurarlas sin María" (San Anselmo).

En este sentido, Cabasilas señala: "La encarnación del Verbo fue no sólo obra del Padre, de su Virtud y su Espíritu, sino también obra de la voluntad y la fe de la Virgen. Igual que sin ellos este designio no podía llevarse a cabo, era también imposible que el proyecto se convirtiera en efectivo sin la intervención de la voluntad y la fe de la Totalmente Santa"[27].

Podemos decir que la historia de Jesús comienza con la fe y la voluntad de María. Es significativa, en este sentido, una oración de Santa Catalina de Siena, que advierte toda su fascinación y encanto:

"Llamaba, oh Madre, a tu puerta la divinidad eterna;
pero si no hubieras
abierto la puerta de tu voluntad, Dios no se habría
encarnado en ti.
No descendió a tu seno el Hijo de Dios antes de que tú
consintieras con tu voluntad.
Esperaba a la puerta de tu voluntad, a que le abrieses,
porque quería venir
a ti; y nunca habría entrado, si tú no le hubieras abierto"
(*TMSM*, IV, 568).

Como el Hijo quería encarnarse, así quería que su madre lo engendrase libremente, con pleno consentimiento (Cabasilas). El amor infinito del Padre no encuentra gusto sino en lo que se le ofrece espontáneamente por amor; todo lo demás es insípido. Por ello, sólo

---

27. N. CABASILAS, *Dormitionem*, 12, PO 19, 508.

cuando María dice: "aquí estoy..., que se haga en mí según tu palabra" (Lc 1,38): sólo entonces tiene lugar el misterio de la venida de Cristo.

Aquí no se trata sólo de palabras de Dios reveladas a través de los profetas, sino que con la respuesta de María, realmente el Verbo se hace carne (*MDt*, n. 3).

María creyó y en ella se hizo realidad lo que creyó (San Agustín): desde su fe pura y su seno virginal, el Hijo de Dios hizo su entrada en la historia humana.

Después de su respuesta a Dios, la Virgen María, que con su disponibilidad y su aceptación había ofrecido su fertilidad al Espíritu, recibió de este mismo Espíritu, que tomaba de ella aquella carne totalmente impregnada de divinidad. Verdaderamente debemos decir con Cantalamessa: "La gran cosa que ocurrió en Nazaret, después del saludo del ángel, es que María creyó". Creyendo, ella decidió desde el lado humano la consumación del misterio. "Nunca en la historia de la humanidad dependió tanto, como entonces, del consenso de la criatura humana" (Juan Pablo II). "Nunca una criatura humana se convertirá en protagonista activa de un acontecimiento más grandioso; nunca ejercerá una influencia o un papel más decisivo en la historia del mundo y el destino de la humanidad"[28].

Por ti, Virgen inmaculada,
hemos reencontrado la vida:
has concebido por obra del Espíritu Santo,
y el mundo ha recibido de ti al Salvador (Liturgia).
A ti, "lámpara portadora de la luz divina",
todo nuestro amor, nuestra alabanza,
y nuestra gratitud eterna...

3. Morada santa de Dios

Cantando en tu parto, oh Reina,
el universo te canta
como Templo vivo (Akát, est. n. 23).

---

28. J. GALOT, *Maria immagine della donna*, en *Civiltà Cattolica*, 4 mayo 1974, p. 219 s.

Como la nube brillante que envolvía y cubría con su sombra la tienda del encuentro significaba que el Interior de la Morada estaba lleno de la gloria de Yahvéh (Ex 40, 35), así el poder del Espíritu que desciende y cubre con su sombra a María, hace que su seno se llene de la presencia encarnada del Santo, Hijo de Dios (Lc 1,35). La fuerza del paralelismo entre el Antiguo y el Nuevo Testamento es evidente aquí: el evangelista quiso destacar que la Virgen María es la nueva tienda del encuentro, la nueva morada de la Gloria, el nuevo Templo de Dios: el lugar donde se lleva a cabo la visita definitiva de Yahvéh a su pueblo.

Dios, que en su Espíritu vino a morar en el Monte Sinaí, luego en el Arca y luego en el Templo en forma de nube, en los últimos tiempos ha descansado en el seno de una mujer: María de Nazaret. Es "dentro de su seno que él puso su tienda como un claro cielo" (Sofronio de Jerusalén). En ella se cumple la gran aspiración escatológica del Antiguo Testamento: la morada de Dios 'en el seno' de su pueblo (Is 12, 6; Sal 44,6; Os 11,9; Miq 3.11); en ella se realiza por primera vez y de modo totalmente excepcional la palabra de la Escritura: "El que me ha creado ha descansado en mi tienda" (Si 24,8).

La presencia divina que María desde su infancia había aprendido a venerar en un solo lugar en la tierra, allí donde el sumo sacerdote sólo entraba una vez al año en el gran día de la expiación, el ángel Gabriel le dice que ahora ella debe adorarla dentro de sí misma.

Los Padres de la Iglesia han celebrado con profunda inspiración de espíritu la grandeza de aquella que fue el primer tabernáculo, empleando una simbólica original, propia: "María es el *telar* o el *laboratorio* en el cual el Espíritu Santo ha tejido el Verbo en su apariencia humana"[29]; es el *taller*[30] de la economía divina, el *receptáculo* de lo que no puede ser contenido; la santa matriz virginal en la que se ha contenido el Incontenible[31].

---

29. San BASILIO, *Omelia sulla santa generazione di Cristo* 3 (PG 31, 1464).

30. "Taller" (Ergastérion): expresión muy sugerente y poética que mucho Padres han aplicado a María.

31. *TMPM*, I, 490- 491; II, 825. 419; IV, 937.

4. Templo del Espíritu Santo

¡Te saludo, inefable morada del Espíritu Santo! (G. Geómetra).

Como hemos visto, la venida del Espíritu Santo en el momento de la Anunciación, ha producido la inhabitación del Hijo de Dios en el seno de la Virgen. Por ese privilegio, en su cuerpo virginal, María fue el templo del Verbo hecho carne, convirtiéndose de modo único en templo de Dios: es en este sentido, sobre todo, que debe serle dado el título de templo de una Persona divina, y es en este sentido que de manera singular, debemos decir con S. Ireneo: *María es quien nos trajo a Dios* (*Adv. Haer.* 5, 19,1).

El calificativo de templo debe reconocerse a María, a título excepcional, como "madre de Dios".

En el orden de la vida de la gracia, además de "Templo del Hijo", María debe ser llamada también "Templo del Espíritu Santo". Esta calificación, como sus sinónimos ('tabernáculo', 'santuario' 'morada del espíritu'), muy utilizados por los Padres, designa la inhabitación del Espíritu Santo en María, de modo único y superior a la de los demás cristianos.

La posición de la Virgen, aquí, ya no es única y singular, si no por la perfección de su consagración: ella es un templo como estamos llamados a serlo todos los cristianos. Por su santidad privilegiada, por la plenitud de la gracia y el amor con los que ha sido favorecida, "María lo es de manera más perfecta, pero lo es como un modelo de lo que se debe realizar en todos aquellos que reciben la vida de la gracia" (J. Galot).

"¿No sabéis que sois templo de Dios y el Espíritu de Dios mora en vosotros?» (1 Co 3,16).

La palabra de Dios nos asegura que todo el ser del cristiano pertenece a Dios, de modo que, en toda su persona es el templo donde el Espíritu Santo mora con una presencia santificadora, que atrae a las otras dos Personas. En María este templo nunca ha conocido nada contrario a esta consagración fundamental.

La vida de la gracia se ha desarrollado en ella sin encontrar ningún obstáculo. El Espíritu Santo ha ido tomando cada vez más plena posesión de su ser, desde el primer momento de su existencia, convirtiéndola en su morada estable. Él encontró en María un templo en el que se ha complacido en habitar, como huésped siempre bienvenido: encontró el templo por excelencia, el santuario perfecto, como en ninguna otra criatura.

Estas armonías sublimes hacen de María el ejemplo de Santuario del Espíritu Santo, que los cristianos son invitados a contemplar para poderla imitar.

5. Esposa del Espíritu Santo

Puesto que la tercera Persona con la ayuda de María ha operado la Concepción virginal del Verbo, en los tiempos modernos el título de *esposa* ha pasado del Padre al Espíritu Santo: María es más propiamente la *esposa* del Espíritu Santo.

"La acción personal del Espíritu Santo - explica el distinguido teólogo J. Galot – que tiene como efecto la formación del niño en el seno de María, debe calificarse como propia de un esposo, actuando espiritualmente para una generación corporal. La naturaleza espiritual de su acción no excluye en absoluto que su efecto sea el de una fecundación.

Si quieren señalar las propiedades de María en sus relaciones con las personas divinas, se le debe llamar con título singular esposa del Espíritu Santo y templo del Hijo encarnado. Estas propiedades le pertenecen por el misterio de la encarnación y expresan una posición única, extraordinaria.

En el Antiguo Testamento la trascendencia de Yahvéh no impidió que su pueblo fuera llamado su esposa; así la trascendencia del Espíritu Santo no puede impedir a María el recibir este mismo título con un sentido más particular: ella está llamada a ser la madre del Mesías prometido; convenía que fuera elevada, por esto, a la categoría de esposa del Espíritu Santo, en el que María podía ver dibujarse los rasgos de un esposo divino, porque a través de la religión judía había sido educada sobre la Alianza que Dios había establecido con su pueblo"[32].

Era tarea del Espíritu Santo realizar la alianza de Dios con Israel, esa alianza definitiva que María había esperado y cuya consumación veía ahora. Fue a ella a quien Dios ofrecía el amor conyugal que había prometido a su pueblo, y era en su seno donde se cumplía la unión de Dios con la humanidad: era allí donde Jesucristo atraía a la naturaleza humana para desposarla, para unirse a ella en un verdade-

---

32. J. GALOT, *Maria: itinerario...* pp. 54 -57 e 61.

ro matrimonio, devolviendo al hombre su antigua gloria y dándole para siempre su dignidad extraordinaria. Era en el sagrado seno de la Virgen donde se unían el Esposo y la esposa, el Verbo y la carne, el Creador y la criatura.

El título de esposa, que en el lenguaje de los oráculos proféticos era solo una imagen, toma aquí todo su valor concreto.

El Espíritu Santo vendrá sobre ti,
y te cubrirá con su sombra
el poder del Altísimo (Lc 1,34 -35).

Este anuncio, dado por el ángel a la doncella de Nazaret en respuesta a su deseo de permanecer virgen, bien justifica el título de "esposa" del Espíritu Santo dado a María. Su maternidad divina no pertenece al régimen ordinario de la gracia, sino que se realiza en virtud de una acción extraordinaria del Espíritu Santo, de un excepcional despliegue de su poder.

Este hecho implica que el Espíritu Santo, sustituyendo el papel del esposo humano en una generación que no se deriva de una unión física, actúa como un auténtico esposo divino: conservando su trascendencia, viene a María como un esposo a su esposa, contrayendo con ella un contacto íntimo que tiene todo el aspecto de una boda: una boda sublime, que no realiza con un abrazo sino con una casta respuesta de fe: ¿Cómo será la ceremonia de boda para la Virgen, la santa esposa? - argumenta Cirilo de Jerusalén – He aquí, "¡Te desposaré en la fe!" (*Cat.* 12,24). De hecho, a la propuesta de la venida del Espíritu Santo para la formación del niño mesiánico, María responder desde la fe, con el don total de sí misma.

Es cierto que el "*sí*" pronunciado fue esencialmente un "*sí*" al nacimiento del Salvador, pero, al mismo tiempo, también era un "*sí*" a la venida del Espíritu Santo: el "*sí*" de una Virgen, que abría obedientemente a la acción divina del esposo trascendente; el "*sí*" de una esposa, que acogía plenamente el amor del esposo divino, para realizar el proyecto de maternidad.

Cabe señalar que la ausencia de cualquier unión física entre María y el Espíritu Santo no significa menos amor y tampoco una unión espiritual menos intensa. El momento de la Anunciación, con el esposo divino que se acercaba a la Virgen de Nazaret, fue la culminación del amor y de la unión: "una unión totalmente interior (...) del ser de

María con el ser del Espíritu Santo, pero en sentido sin comparación más perfecta de lo que el término 'esposa' puede expresar entre los hombres"[33].

Fue el mismo ser trascendente el que quería establecer la intimidad más profunda con su creatura, presentándose a ella como el esposo que reclama de su compañera un corazón de esposa.

María no ha sido contactada por el ángel simplemente como la herramienta o el campo de acción en la que Dios ha actuado: ella es más que una herramienta, más que un campo de acción: es la persona humana con quien Dios quería concluir una alianza. Dios nunca trata al ser humano como un lugar o como una herramienta, sino tal como lo creó: como una persona y, como tal, su colaborador e interlocutor. Dios ofrece, pero no impone: Él, que creó libres a sus hijos, respeta su libertad.

Según algunos, el título de esposa del Espíritu Santo pecarían no por exceso, sino por defecto: "El Espíritu Santo penetra a María de manera tan inefable, que la definición de 'esposa del Espíritu Santo' es una imagen muy lejana para expresar la vida del Espíritu Santo en ella y a través de ella"[34].

Es tal la unión y la conjunción del Paráclito con la Santísima Virgen – afirma Teófanes de Nicea - que ningún discurso es capaz de expresarla, ningún intelecto es capaz de entenderla[35].

El título de "esposa del Espíritu Santo", atribuido a María, aunque debe entenderse en sentido analógico, no debe interpretarse como una simple descripción poética o lírica: tiene un valor doctrinal y expresa una auténtica relación conyugal con el Espíritu Santo, a nivel espiritual. Por otro lado, no está desprovisto de poesía: "¿Hubo jamás un poema de amor más intenso que aquel en el cual una persona divina se acercó a la Virgen de Nazaret para hacerla madre del hijo de Dios y unir definitivamente el amor divino al destino de la humanidad?"[36].

---

33. San MAXIMILIANO M. KOLBE, en *Meditazioni mariane...*, pp. 157-158.

34. IDEM, *Chi sei, o Immacolata? Op. cit.*, p. 29.

35. Cit. por G. M. ROSCHINI, *Il Tuttosanto e la Tuttasanta. Relazioni tra Maria SS. e lo Sp. Santo*, o. c. pp.139 s.

36. J. GALOT, *Maria: itinerario...*, p. 62.

6. María, la carismática radical

Si por "*carisma*" debe entenderse, según la definición de Pablo, "una manifestación particular del Espíritu para utilidad común" (1 Co 12,7), ¿qué manifestación del Espíritu ha sido más singular para utilidad común que la maternidad divina o la Encarnación: "momento culminante de la acción del Espíritu en la historia de la salvación"? (MC, 26).

María que - con la venida del Espíritu Santo en la Anunciación - se abre como una corola purísima para acoger el contenido divino, es la Virgen casta de la que hablan las *Odas de Salomón*, que se apodera de la leche del Padre, de su Verbo, para ofrecerlo como bebida al mundo (*Odae Salomonis*, XIX, 6-10); o que pesca de la fuente de la divinidad el gran pez puro y lo da a comer perpetuamente a los amigos, como escribe el epitafio de Abercio (*Inscripción Abercii*, DALI, p. 83).

María de Nazaret, entonces, es la carismática más grande en la historia de la salvación, no en el sentido de que tenía el mayor número de carismas. Por el contrario, hacia fuera aparece pobre en carismas. ¿Qué milagros ha hecho? De los Apóstoles, se dice que incluso su sombra sanaba a los enfermos (Hch 5,15). De María, cuando vivía, no se conoce ningún milagro, ninguna acción prodigiosa y sensacional. Ella es la carismática más grande porque en ella el Espíritu Santo ha hecho la más grande de sus acciones prodigiosas, que consiste en haber suscitado en María no un don de gobierno, no la profecía, no la visión, no el sueño, no una palabra de sabiduría, sino la vida del Mesías.

Por medio de la Virgen se nos entregó la *gracia de las gracias*: Jesús. Por esta maravilla de gracia y de salvación, que la colocan "en la cumbre de la gracia y el mérito, María supera a todas las criaturas, excepto al Verbo encarnado. Se puede decir que, como todos los ríos desembocan en el mar, así desembocan todos los carismas de los Santos en ella" (*NDM*.1347).

Los Padres han atribuido algunas veces a María el título de profetisa, pensando especialmente en el Magnificat. Ahora bien, si ella es una profetisa, lo es de un modo nuevo y sublime, en el sentido que "ha dicho" en silencio la 'Palabra' única de Dios: la ha dado a luz.

Acerca de los profetas, hasta Juan el Bautista, la Palabra de Dios "viene" (*factum est verbum Domini super...* ver Lc 3, 2), es decir en ellos la palabra se convierte en 'realidad activa'. En María, gracias a la intervención especial del Espíritu Santo, la palabra no viene sólo por un instante, sino que mora en ella; no sólo se hace 'realidad activa', sino que se convierte en carne. Ya no "factum est verbum Domini", sino que "*Verbum caro factum est*" (Jn 1, 14).

El Profeta es el que "come" el rollo que contiene la palabra de Dios, que llena con él las entrañas (Jr 15,16; Ez 3, 1 ss; Ap 10, 8 ss). Pero ¿qué es todo esto, en comparación con lo que sucedió a María? Ella tuvo las vísceras llenas de la Palabra, no sólo metafóricamente, sino realmente. La Palabra encuentra en ella una acogida perfecta, no sólo en el oído, en el intelecto, en el corazón, sino también en el útero de la madre.

Carisma único, por lo tanto, el suyo, al nivel más alto jamás concedido a criatura humana: ni siquiera a las criaturas angélicas. Supero al de los mismos hagiógrafos que fueron inspirados o movidos por el Espíritu para hablar de parte Dios (2 Pd 1, 21).

7. *Signo de la fecundidad perenne del Espíritu*
(La obra del Espíritu Santo en María es fuente
de nacimiento y de salvación para todos los hombres)

Aquel seno, fecundado desde lo alto,
Se convirtió en campo fructífero para todos
(Akát. Est. n. 4).

Con una pincelada, impulsada por el aliento sagrado que se respira en la hora de gracia del artista, este maravilloso himno antiguo, síntesis orante de la doctrina mariana, florecida desde el corazón de la Iglesia indivisa desde los orígenes, que desde la mente de un erudito celebra la Madre de Jesús como la máxima expresión de la fecundidad del Espíritu Santo: el seno virginal, fecundado por el Espíritu Divino, se convierte en mies perenne de plenitud espiritual para quienes reciben el don de Dios.

Aquí está, creemos, el núcleo de lo que estamos desarrollando.

Que el Espíritu divino da fecundidad espiritual a las vírgenes es un tema ya conocido en la tradición: tanto más se subraya la fecundidad de María a través del Espíritu Santo.

Del Espíritu Santo, dice Montfort, no procede ninguna otra persona divina, cerrándose con él el círculo trinitario. Sin embargo se convierte en fecundo a través de María, su esposa. Con ella, en ella y desde ella Él formó su obra maestra, Dios hecho hombre y formará todos los días, hasta el fin del mundo, a los predestinados y los miembros del cuerpo de esta cabeza adorable (*VD*, n. 20).

A Montfort parece hacer eco S. Maximiliano M. Kolbe: "Es en el seno de María, su esposa, donde el Espíritu Santo concibe en el tiempo la vida divina del Dios-Hombre, y siempre en su seno los hombres podrán ser incorporados a Cristo, esto es, renacer a una nueva vida"[37].

"La santa Virgen no deja de generar y regenerar a Cristo en nosotros, hasta que alcance la forma perfecta. Su seno fue fecundado una vez, pero no deja de ser fructífero,", puesto que continúa en todo momento formando a Cristo en todos aquellos que lo conciben. Se puede decir que "el fruto bendito de su vientre siempre permanece y brota de ella. Y este manantial desborda, inunda las almas alrededor de María"[38].

La acción del Espíritu Santo procede en ella, si puede expresarse así, en círculos concéntricos, en el sentido de que no se agota en el misterio de la encarnación, sino que expande sus efectos en el tiempo y el espacio, puesto que en cada momento y en cada lugar la obra del Espíritu Santo en la Virgen de Nazaret será fuente de nacimiento y de salvación para todos los hombres: "María existe para ser la madre de Jesús, esta es su vocación y su predestinación. El propósito de su vida es dar el cuerpo a Jesús y ser su madre. Este objetivo no podía terminar y no terminó con la encarnación"[39]. Desde el seno de la Virgen Madre el gesto creativo del Espíritu extiende, mientras tanto, desde la humanidad de Cristo al nuevo pueblo de Dios: el pueblo de los redimidos, inseparable de quien vino a salvarlo.

Es así como el nuevo mundo, objeto de esperanza bíblica, nace en el vientre de una mujer[40]: María, la nueva Sión de los tiempos mesiánicos: está floreciendo en su seno el germen de la vida eterna

---

37. Cit. por P. ERNESTO M. PIACENTINI, *Maria nel pensiero di san Massimiliano M. Kolbe...*, pp. 20-78.

38. GUERRICO D'IGNI, en *Marianum*, 54 (1992), p. 249.

39. ROBERTO MASI, en *Lo Spirito Santo e Maria Santissima*, pp. 116-117.

40. CHOAN SONG SONG *Third - Eye Theology. Theology information in Asian settings*, New-York, Orbis Book, 1979.

de una nueva humanidad; es allí donde toma vida el nuevo Adán y la humanidad renovada con él.

La operación sobrenatural del Espíritu Santo, que forma un nuevo ser humano en el seno de María, preludia el nacimiento del hombre nuevo, esto es, la generación de orden sobrenatural de la humanidad que se cumplirá por este mismo Espíritu; de modo que el nacimiento virginal de Jesús se convierta en el principio de una nueva generación de cristianos. Es principalmente este valor universal de la concepción virginal lo que es destacado por los Padres: toda la humanidad empieza a renacer en María con Jesús.

La colaboración de María con el Espíritu Santo para la formación de la "nueva vida" en el cristiano es una realidad permanente, como la misma gracia. Esta dimensión peculiar, que reviste eminentemente el misterio de la madre de Cristo, es un *leitmotiv* que emerge con fuerza y claridad, incluso en los escritos de muchos exegetas modernos y teólogos distinguidos, así como en la palabra autorizada del Magisterio ordinario de la Iglesia.

El Arzobispo Carli enseña: "la nueva vida del cristiano es suscitada, nutrida y apoyada por el poder del Espíritu Santo, no sin la cooperación subordinada de María, a partir de bautismo, hasta el estado de hombre perfecto"[41].

El Espíritu Santo, que ha realizado la formación del Niño Jesús en el misterio de la encarnación con la colaboración de María, sigue pidiendo esta colaboración para la formación de la vida de Cristo en la humanidad (J. Galot).

Lo mismo que la Encarnación es el fruto del Espíritu Santo con la colaboración de María, así también la continuación de la Encarnación por medio del bautismo. Por lo tanto, la " vida nueva " comunicada a todos los bautizados es vida trinitaria, eclesial y mariana.

Los frutos de la redención lograda por Cristo y los de la vida y la santidad suscitados por el espíritu, siempre llevarán el signo de la intervención poderosa y maternal de María[42].

La madre de la Iglesia, igual que generó la cabeza según la carne, nunca deja de regenerar sus miembros con los sacramentos, que dan luz y vida y se derraman de su seno y de su corazón. Ella que, en

---

41. CARLI LUIGI MARIA, en *Marianum* 38 (1976), p. 474.
42. ANDREA AGNOLETTI, *Maria Sacramento di Dio*, p. 180.

cierto sentido, con la humanidad del Hijo nos ha llevado en su seno materno también a nosotros, nos regenera siempre con incansable amor, hasta que la vida de Él irrumpa poderosamente en la nuestra, y volvamos a ser pequeños en las rodillas de esta tierna Madre.

El Espíritu Santo es activo en María y, por medio de ella, se difunde en los corazones. Él está en María como enviado del Padre y del Hijo, infundiendo en ella no sólo un espíritu de adopción filial (como es el caso de los demás fieles), por el que ella sólo podría clamar *Abba, Padre*, sino también un espíritu de maternidad, por el que la Virgen "sufre dolores de parto hasta que Cristo sea formado en nuestros corazones (Gal 4.19)".

Como criatura llevada por el Espíritu, con vistas a la realización del plan de Dios, de alguna manera recibió el poder de atraer al Espíritu Santo a los corazones de sus hijos, de una manera propia, completamente materna y según las necesidades de su misión. Puede decirse que, en la economía divina, "ella es precisamente uno de los medios privilegiados por los cuales el Espíritu Santo puede guiar las almas y llevarlas a la semejanza con Cristo"[43].

Estaba bien convencido de ello - entre otros - Ildefonso que, "en una oración sorprendente por la doctrina y la fuerza orante" (MC, 26), recurre a la intercesión de la Virgen para obtener del Espíritu la capacidad de crear Cristo en su alma: "Te lo suplico, te ruego, Oh Virgen Santa, que yo obtenga a Jesús de ese Espíritu, del cual tú misma lo has recibido, Jesús. Reciba mi alma a Jesús por obra de aquel Espíritu, por el cual tu carne ha concebido al mismo Jesús (...) Que yo ame a Jesús en ese mismo Espíritu, en el que tú lo adoras como Señor y las contemplas como Hijo"[44].

San Luis Grignion de Montfort, en su precioso tratado sobre la verdadera devoción a María, dice: "Cuanto más el Espíritu Santo encuentra María, su querida e indisoluble esposa, en un alma, tanto más hábil y poderoso se convierte para formar a Jesucristo en esa alma, y esta alma en Cristo Jesús. Una de las grandes razones por las que el Espíritu Santo no obra increíbles maravillas en las almas es porque no encuentra una unión suficientemente grande con su fiel e indisoluble esposa" (*VD*, nn. 20,36).

---

43. R. CANTALAMESSA, *Maria uno specchio per la Chiesa*, p. 160.

44. *De virginitate perpetua sanctae Mariae*, cap. XII: Pl 96, 106.

Como para completar la idea, Montfort, en una invocación no menos rica en entusiasmo que en verdad teológica, asegura: "Sucederán cosas maravillosas en este mundo miserable, en el cual el Espíritu Santo, encontrando a su querida esposa como reproducida en las almas, descenderá abundante en ellas, las llenará de sus dones y especialmente el don de la sabiduría, para obrar maravillas de gracia"[45].

En este marco contextual, se imponen algunas observaciones finales.

En primer lugar, no debemos olvidar que todo lo que hace María en las almas lo hace bajo el impulso del Espíritu Santo y dependiendo de él: su vida está bajo la luz y el poder del Espíritu divino. Todo lo que ella tiene de grande, hermoso y santo, todo lo que hace como madre de Cristo y de la iglesia, no es más que la participación en la causalidad principal del Espíritu Santo, del cual es el instrumento más humilde y leal.

La acción materna de María para beneficio de los redimidos no rivaliza ni quita nada a la acción todopoderosa y universal del Espíritu Santo, sino que la pide y la prepara, no sólo con la oración intercesora, sino también con la influencia directa del ejemplo, incluyendo el importantísimo de la docilidad a las mociones del Espíritu divino[46]. Ella está lista como un canal de gracia, como un cable eléctrico, para transmitir y transfundir la luz de las almas perdidas y la acción del Espíritu Santo. Luz y acción que serán más persuasiva y amorosamente violentas en nosotros porque están filtradas a través del corazón de una madre.

Según esto, la objeción de los autores orientales que han atribuido a la mariología católica la tendencia occidental a reemplazar la acción del Espíritu Santo con la de María, no tiene ninguna razón de ser.

La reflexión sobre el Espíritu Santo y la reflexión sobre María no son dos áreas teológicas que se excluyen, sino que se integran, se refuerzan y se iluminan mutuamente. "No es de temer, por lo tanto, que el culto de la Virgen usurpe el lugar debido al Espíritu Santo. ¿Acaso no es María el testimonio viviente más alto, la Epifanía más brillante de la Persona y obra del Espíritu Santo, del cual ella pone de

---

45. Cit. de Mons. FRANCESCO FRANZI, en *Maria Santissima e lo Spirito Santo*, p. 133.

46. PABLO VI, *Lettera al Card. L. J. Suenens*, 13-5-1975; *AAS* 67 (1975) pp. 354-359.

relieve las virtualidades infinitas?" (Pablo VI).

Según la deliciosa y acertada expresión de Kolbe - siempre válida y muy actual, especialmente en el diálogo ecuménico - "la Virgen existe para que se conozca el Espíritu Santo" (*Conferencia* 15/09/1937).

C. POST-ANUNCIACIÓN
(Nuevos Momentos Fuertes en la Vida del Espíritu)

Desde la Inmaculada Concepción hasta la Asunción a los cielos, continuamente abierta al amor, María aparece más y más como verdadera "arpa del Espíritu Santo", de la cual el divino Maestro extraerá las armonías más bellas y sublimes.

Destinataria del proto-Pentecostés (Lc 1,35), que había dado un fuerte aliento vital, un extraordinario punto de inflexión a su existencia, la Virgen de Nazaret experimentará nuevas relaciones secretas con el Espíritu Santo, mientras es elevada a una mayor conformación a Cristo y su obra salvadora.

Durante su vida junto al Salvador, vivía en el estado de ánimo de una esposa. Toda la fuerza del amor maternal, que el Espíritu divino con su venida depositó en María, duplicó su virginal amor por Él: normalmente una madre se convierte en más profundamente esposa por su maternidad y el hijo constituye un vínculo más que la une con el esposo.

Lejos de oponerse, el amor conyugal y el amor maternal se refuerzan mutuamente. La madre se alegra de encontrar los rasgos del esposo en el niño y su admiración materna consolida su afecto de esposa. Así, el amor que la Virgen dio a Jesús vino a reforzar el amor de esposa que la vinculaba al Espíritu Santo.

Mientras tanto, "los años pasaban, la gracia aumentaba y, en este orden de la gracia, María iba creciendo día a día, hasta una altura admirable" (Bérulle), a lo cual contribuían nuevos eventos con nuevas experiencias fuertes en la vida del Espíritu.

La extraordinaria acción del Espíritu Santo en María en el periodo después de la Anunciación, es percibida por los eruditos en las perícopas lucanas de la **Visitación** (1,39-56) y de **Pentecostés** (Hch 1,14; 2.1-4) y en la **Asunción**.

1. La Visitación

La venida del Espíritu Santo en la Encarnación del Verbo había llenado de un profundo entusiasmo a la Virgen de Nazaret. Ella pensaba con ternura en este divino esposo, que se había dignado acercarla a él y al que se sentía vinculada para siempre en una unión excepcional. Si queremos tener una idea del entusiasmo que se había apoderado de esta muchacha, debemos observarla en el camino de las montañas de Judea, poco después de recibir la buena noticia.

Dejemos que sea el mismo evangelista quien nos presente este marco plástico de gran importancia en el ámbito exegético: "En aquellos días María se puso en camino hacia la montaña y llegó rápidamente a una ciudad de Judea..." (Lc 1,39).

Esta subida precipitada a la montaña de la madre de Dios en la lectura tradicional, adquiere el significado de un símbolo: indica la acción personal de María, totalmente a la escucha de las palabras del Espíritu para ponerlas en práctica, totalmente dedicada especialmente a descubrir, en su Hijo, el Verbo del Padre, la palabra que es la vida.

En esta línea conceptual se sitúa Orígenes, que marcará el camino a la tradición oriental y luego a la occidental. "La subida rápida a la montaña – explica - cela, como bajo un velo exterior, el rápido elevarse interior de María hacia las alturas de la perfección": la plenitud del Espíritu que fluye en ella, como de una fuente, del Verbo encarnado, se convierte en la instancia y el impulso para recorrer rápidamente el camino de la perfección, en la necesidad de comunicar a los demás la gracia recibida y hacerse, en esto, sierva de los hermanos. "Precisamente por esta razón la dimensión de su amor se expande horizontalmente, para comunicar a los demás el Señor del que está llena. Su voz se convierte en voz del Verbo, irrupción del Espíritu Santo" (*Homilías sobre Lucas*, 7-9).

María nos recuerda que el hombre vale tanto como ama a Dios y al prójimo y nada más: "nunca la visión inefable que contemplaba en sí misma disminuyó su caridad externa, porque la contemplación es no sólo alabanza y disfrute de Dios, sino también un impulso de amor hacia los hombres"[47]. Por esto, en los días que siguieron a la entrevista con el ángel, María se levantó y partió a toda prisa hacia la

---

[47]. ISABEL DE LA TRINIDAD, de *En présence de Dieu*, de M. Fhilipon.

montaña para llegar a la aldea de Judea donde estaba su prima Isabel (Lc -40 1,39). Iba aprisa porque era impulsada por la fuerza interior del Espíritu Santo.

Uno de los aspectos más importantes en la escena de la visitación es la alegría radiante que emana de la Madre de Dios: ella es aquella cuya mera presencia difunde alegría y exaltación mesiánica en el Espíritu Santo.

De hecho, al entrar en la casa de su prima Isabel tuvo lugar un pequeño Pentecostés.

Tan pronto como la voz de María llegó a Isabel, esta *se llenó del Espíritu Santo*, y el bebé saltó de alegría en su vientre (cf. Lc 1.41.44). El Espíritu Santo se comunica a Isabel y a su hijo a través de la Virgen: vivía tan intensamente la vida del Espíritu, que su saludo resonó en los oídos de Isabel como una voz que venía de Dios: aquella voz no era la expresión de una simple criatura, sino la expresión de una criatura habitada por el Eterno.

La urdimbre en el cual se desarrolla el relato Lucano ha llevado a muchos estudiosos a encontrar similitudes con la historia de la transferencia del Arca de la Alianza, de Baalá de Judá a Jerusalén (2 Sam 6, 1-23)[48].

Como el traslado del Arca, sede de la presencia de Dios, llenó de gozo al pueblo y de manifestaciones de alegría a David, que bailó frente a Yahvéh, así la llegada de María a Ain-Karim provocó la exaltación de Isabel y los saltos gozosos de Juan el Bautista en el seno de su madre (Lc 1, 41.44).

Es importante tener en cuenta aquí que el verbo *skirtáw*, utilizado por Lucas, evoca los jadeos de placer que en el Antiguo Testamento acompañaban la venida del Señor (Mal 3,20; Sal 114, 4,6; Sb 19,9 etc.). Estas demostraciones de alegría en el contexto lucano, adquieren sentido litúrgico amplio: Isabel, alcanzada por el saludo de María, hace oír ante ella su aclamación gozosa, que es acción de gracias y alabanza a Dios. Ha visto en María a la que lleva la "Presencia Sagrada", así que no puede contener el gran grito de éxtasis (Lc 1,

---

48. Es notable el número de exégetas, en especial de la escuela francesa, que señalan el parecido de estas dos escenas: el paralelismo es evidente, teniendo en cuenta también el hecho de que el Arca, antes de ser trasladado a la ciudad de David, permaneció tres meses en la casa de Obededom de Gat, como "María permaneció tres meses junto a su prima Isabel" (Lc 156).

42 - 43), que caracterizaba la aparición del Arca.

La humilde madre del Precursor, que experimentó de manera extraordinaria el poder de Dios para quien *nada es imposible* (v. 37), guarda consigo el Espíritu que revela el misterio de Cristo nacido de la Virgen María e invita a todos a recibirlo en la fe. La voz resuena en la casa de Zacarías, pero es lo suficientemente potente como para alcanzar a toda la comunidad lucana y, en prospectiva, a todos los creyentes de todos los tiempos.

Si el misterio de la divina maternidad había permanecido oculto en el corazón de la doncella de Nazaret, en la Visitación se dio a conocer oficialmente: el silencio estalla frente a las maravillas de Yahvéh y se hace adoración, regocijo.

En Ain-Karim aprendemos que la verdad mejor de María viene del Espíritu Santo, que es profecía y poesía: un poema de las realidades íntimas, que impregna de belleza el espíritu del hombre y llena de canciones su corazón.

Bajo el impulso del Espíritu Santo Isabel advierte el invaluable regalo de gracia del que María es portadora; en él, comenzando con una exclamación superlativa judía, lanza el conocido grito profético: "¡Bendita tú entre las mujeres, y bendito el fruto de tu vientre! ¿Quién soy yo para que la madre de mi Señor venga a mí?" (Lc 1, 42-43).

Y he aquí que ... ante este vibrante saludo, la onda del Espíritu, como mediante un aletazo excepcional, llena y conmueve a la Virgen misma y, como un verdadero Pentecostés, la transforma - mucho más que a la hermana de Moisés, o Judith, o a la madre de Samuel, o al mismo David – en profetisa y poetisa, reveladora de sí misma y de su misterio, cantora de las obras de Dios realizadas a través de ella, humilde sierva.

Fluye así, desde lo más profundo del corazón y de todo el ser de María, un cántico gozoso, lleno de alegría exuberante, carismática, del Espíritu: el *Magníficat* (Lc 1.46 -55): el himno más sublime de la Sagrada Escritura y tal vez el más bello de toda la literatura humana; himno por excelencia de alabanza y acción de gracias al Altísimo, joya celosamente guardada en el corazón de los fieles, obra maestra litúrgica de gran importancia eclesial, que tiene todos los rasgos de los prometidos esponsales entre Dios y su pueblo.

En las efusiones del cántico parece manifestarse toda la alegría de un corazón materno que, con riqueza de reminiscencias bíblicas, anuncia la historia de la salvación a sus hijos y da voz a la humanidad humillada y sorprendida por la ternura concreta de Dios, para con aquella humanidad pobres y sufriente... a la escucha atenta del obrar de Dios en ella".

Una armonía suave alterna en el himno doble que se entrelaza entre las dos madres privilegiadas: "*Bendita eres entre las mujeres y bendito es el fruto de tu vientre*" (Lc 1,42), por un lado; "*Mi alma engrandece al Señor... ha hecho grandes cosas en mí el Todopoderoso y Santo es su nombre*" (Lx 1,48) por el otro.

En casa de Zacarías, donde todo el mundo canta y grita de alegría, donde todo parece regocijarse como Juan en el seno de Isabel, entendemos que la lengua se nos ha dado sólo para alabar y bendecir a Aquel que, con fuerza y dulzura, con justicia y amor, dirige el curso de la historia humana.

> *Santa María, madre tierna y fuerte,*
> *nuestra compañera de viaje en los caminos de la vida,*
> *Cuando contemplamos*
> *las grandes cosas que Dios ha hecho en ti,*
> *experimentamos una melancolía tan viva*
> *   a causa de nuestra lentitud,*
> *que sentimos la necesidad de alargar el paso*
> *para caminar cerca de ti.*
> *Ayúdanos, por lo tanto, en nuestro deseo de tomar tu mano,*
> *y acelera nuestras cadencias de caminantes un poco cansados.*
> *Hechos también nosotros peregrinos en la fe,*
> *no sólo buscaremos el rostro del Señor,*
> *sino que, viéndote como un icono de la solicitud humana*
> *para con aquellos que están en la necesidad,*
> *nosotros llegaremos rápidamente a la "ciudad"*
> *llevándole los mismos frutos de alegría*
> *que tú trajiste un día a Isabel.*[49]

2. Pentecostés

Pentecostés es una fecha única, en la que se lleva a cabo la misión visible del Espíritu Santo sobre la Virgen y los miembros reunidos en el Cenáculo (Hch 1, 14; 2, 1-4).

---

49. ANTONINO BELLO, *Maria, donna dei nostri giorni*, o.c.

Esta misión significa "aumento de la gracia (y de carismas) en María, mayor sinergia del Espíritu Santo en ella. María se convierte en *signo* cada vez más visible del Espíritu Santo, que actúa en ella y la guía; el templo cada vez más sagrado por la presencia del Espíritu vivificante y santificante"[50].

Se puede decir que Pentecostés lleva a maduración el camino de disponibilidad y de fe que María ha seguido en diálogo con el Espíritu de Dios. Con la efusión del Espíritu Santo, enviado por Jesús resucitado, la Virgen participa en el círculo de los apóstoles a la realización de la gran promesa (cf. especialmente Jn 15,26; 16, 6ss y Lc 24,49) y a la exuberante floración de la primera comunidad cristiana: "esta es la temporada de la cosecha que ha coronado su existencia terrenal"[51].

En el Espíritu de Pentecostés, María vuelve a descubrirse unida no sólo al Hijo, sino también a su cuerpo místico, la Iglesia, edificada, según la perspectiva de lucana, no solamente sobre el fundamento de los apóstoles y profetas, sino también sobre la base de la comunidad pentecostal cristiana en su conjunto, en la cual el papel de María es preeminente.

Si en Lucas 1,35 el Espíritu Santo desciende sobre la Virgen con vistas a la realización del misterio de la Encarnación, en Hechos 2,1 -4 desciende sobre los apóstoles en vista de la realización del misterio de la Iglesia, a cuya raíz se encuentra también la presencia de María para indicar la indisolubilidad del vínculo de la Madre de Dios con el Espíritu y, a través del Espíritu, con Cristo y la Iglesia: ese mismo Espíritu que obrando en María cuando la encarnación la había hecho madre de Cristo, cabeza de la Iglesia, ahora la confirma como madre del Cristo total.

3. *La Asunción*

> *El icono del Espíritu, que es la Toda Santa,*
> *Se completa en María "regina coeli".*

---

50. DOMENICO BERTETTO, *La sinergia dello Spirito Santo con Maria*, in *Maria e lo Spirito Santo*, p. 301.

51. A. MERK, *La figura de Maria nel Nuovo Testamento*, o.c. p. 80.

El Espíritu Santo también se le atribuye la incorrupción del cuerpo de la Virgen y el conocimiento, en el tiempo, de su gloriosa Asunción: María es "el templo del Espíritu Santo", que no podría desmoronarse (San R. Bellarmino).

Con el evento de la Asunción, que corona espléndidamente su vida terrenal, ella completa su peregrinaje de fe; y el creciente dinamismo de su sinergia con el Espíritu llega a esa cumbre que le corresponde como madre y santa Compañera de Jesús Redentor.

Después de haberla preparado en la tierra para el gran encuentro con Dios, él mismo, el Espíritu de santidad, introduce a la Virgen, con todo su ser de mujer ideal y madre del Verbo encarnado, en la gloria del cielo y, envolviéndola en su dinamismo divino, la atrae para siempre a la comunión directa con Dios. Hundida así en el eterno misterio santificante, María participa, como ninguna otra criatura, en la vida del Padre y del Hijo, en sus impulsos de amor, en su recíproca donación, en su felicidad eterna.

En la Virgen asunta al cielo, templo vivo del Espíritu Santo, "el Padre y el Hijo se encuentran, intercambian su amor, se comunican mutuamente su propia bondad y su propio gozo. Dios Padre que, después de la culminación final, será "todo en todos" (1Co 15,28), ya está presente en la Virgen gloriosa, de manera perfecta. También el Hijo reina en su Madre elevada a la gloria del cielo; se expande en ella libremente, mora en ella con toda la plenitud de su amor"[52]: el Espíritu desarrolla al máximo las potencialidades unitivas que unen la Madre al Hijo, de modo que María no tiene ninguna voluntad sino la de Cristo (cf. Flp 2,5)... Ella también, inmersa en Cristo, desea ardientemente que el fuego del Amor divino (pues esto es el Pneuma de Dios) cree en todos un corazón nuevo (cf. Ez 36, 26 s; Sal 50.12; Lc 12,49)[53].

Arquetipo y símbolo de la comunión de amor de los elegidos con Cristo, ella se regocija en la "nueva creación" (Mt 19,28), entre los redimidos a los que envuelve con su amor maternal.

El Reino de Dios, comenzado en la Virgen María desde el primer momento de su concepción, es llevado aquí a su plenitud, como último toque del Espíritu Santo: María está completamente abierta

---

52. A. MARTINELLI, *La Vergine Maria, Dim. Esc. di Dio ad opera dello Spir. Santo, o.c.,* pp. 99-103.

53. Cf el interesante artículo de A. SERRA, *Regina,*e in *NDM,* pp. 1189-1206.

para acogerlo dentro de sí, hasta las fibras más secreto de su ser.
El Magníficat que ella había cantado en el día de su visita a Isabel, lo canta ahora a la luz de la gloria, donde el Dios Trino y Uno mora en ella como en la criatura más santa que en la tierra ha sido suya, siempre suya, totalmente suya.

En el acontecimiento de la Asunción el ojo de la fe puede contemplar con razón "toda la dinámica de la inhabitación de Dios entre los hombres: el encuentro, la comunión, la posesión mutua... Y todos estos intercambios de vida y de caridad, estas pertenencias recíprocas, esta morada y esta cohabitación, todo sucede en el Espíritu Santo. Si María es la morada ideal de Dios entre los hombres, si el Padre y el Hijo habitan en ella con sumo gozo, es porque su Espíritu común reina en ella como soberano"[54].

Ya sólo nos queda contemplar y adorar el misterio insondable de la presencia activa del Espíritu Santo en su santuario inmaculado, y extraer motivos de renovado amor y renovada devoción al Espíritu Santo y a María.

D. PERFECTO ICONO DE LA BELLEZA DIVINA
(Una Belleza Llamada María)

> *María: punto focal de la belleza,*
> *en el cual los rayos, humildes, pero puros, de la esfera terrena*
> *se encuentran con los soberanos, pero hechos accesibles,*
> *de la esfera celeste* (Pablo VI).
>
> *En ella se refleja de modo conmovedor*
> *la belleza del ser divino* (Juan Pablo II).

1. Mirada global

Como conclusión de nuestro emocionante, aunque no fácil viaje sobre las alas del Espíritu Santo, nos parece interesante e importante profundizar en un aspecto que nunca dejó de sorprender y deleitar la

---

54 A. MARTINELLI, *La Vergine Maria...*, pp. 99-101.

mirada: la belleza celestial de la Virgen-Madre: un espacio sagrado, como un canal en el cual convergen, en síntesis armónica cristalina, las abundantes riquezas sobrenaturales derramadas por Dios sobre en esta excelsa criatura; una dimensión que refleja maravillosamente la luz radiante del Espíritu Santo, el esplendor de la belleza intangible, obrada en ella por el artífice divino, con un milagro de su omnipotencia.

En verdad, la imagen de María, como aparece entre los textos de la revelación, encierra un intenso e incomparable valor estético, efecto y reverberación purísima de la presencia del Espíritu Santo operando en ella. En esto radica el secreto de la extraordinaria belleza de María: un secreto de belleza espiritual, especialmente destacado, con la fuerza del estilo y la riqueza del detalle, por la pluma llameante de Pablo VI, quien, como pocas personas en su tiempo, logró despertar en el hombre de hoy la emoción del misterio, el estupor: "María es la llena de gracia, la criatura bañada en el Espíritu Santo..., la criatura que lleva en sí el Espíritu Santo; por esta singularidad, alcanza la cumbre de la belleza, no sólo espiritual, sino también humana: luz, inteligencia, dulzura, profundidad de amor... belleza, en una palabra, están en su rostro blanco e inocente.

Espejo inefable de un pensamiento de perfección divina, una idea, un sueño divino, ella es en verdad una alegría para el mundo, una obra maestra de la antropología humana"[55], que Dios ha realizado como artista supremo de la belleza: después de la humanidad de Cristo, María es la más hermosa obra de Dios, la obra maestra de su gracia. Compenetrada de modo completamente propio y singular, por la fuerza vital de esta gracia y de la santidad de Dios, "en ella con un esplendor incomparable la luz del Espíritu Santo" (Juan Pablo II); "brilla el Huésped que la habita, la belleza que no conoce el ocaso"[56].

Una única, brillante belleza, por lo tanto, la de María, fuente de inspiración para el genio artístico, que en todo momento se ha complacido en reproducirla en sus obras; una belleza que ha suscitado formas arquitectónicas entre las más elevadas, obras de pintura entre las más bellas del mundo, y versos entre los más conmovedores:

---

55. PABLO VI, *Insegnamenti*,XIV (1976), p. 643. Cf anche *NDM*, p. 228 y l'*Oss. Rom.* 10-11 dicembre 1973.

56. ISABEL DE LA TRINIDAD, en *Meditazioni mariane...*, p. 290.

*"Todo lo que hay en ti es hermoso...
En todo agradas...; muy hermosa eres.
Hermosa por naturaleza, aún más bella por la gracia,
hermosísima eres en la gloria".*[57]

Gonzalo de Berceo ensalza la belleza de la Madre de Dios como un enamorado:

*"Dulce es tu nombre y todas tus cosas,
tu belleza gana a todas las flores,
dulce al espíritu es tu palabra,
madre, en ti Dios depositó toda la gracia"* (NDM.740).

En la atmósfera de este impulso lírico, que canta con frescura de inspiración la belleza sobrehumana de la Madre de Dios, el esplendor lleno de poder, que emana como puro efluvio del Espíritu Santo, se impone "el más hermoso poema surgido del corazón católico a Nuestra Señora" (Carducci): la *Oración a la Virgen* de Petrarca:

*"Virgen hermosa... vestida de sol
....
agradaste al sumo sol, sí,
que escondió en ti su luz.
....
Sola en el mundo, sin ejemplo,
enamoraste al cielo con tu belleza".*

Son sólo pequeños fragmentos, entre los muchos que se podrían citar, en cuyos latidos se reúnen las más persuasivas voces e imágenes teológicas y las imágenes más cristalinas de la liturgia, que no se cansa de repetir a la Madre de Jesús, "toda hermosa" (*tota pulchra*), "hermosa como la luna", "brillante como el sol".

Desde siempre, en verdad, la Iglesia contempla el misterio de la belleza celestial de María; de esa belleza divinamente radiante que cautiva el corazón de Aquel que se deleita en la belleza de las almas: captura el corazón mismo de Dios:

---

57. RICARDO DE S. VICTOR, *Sermone* IX, per la Concezione; PL 177, 918.

*"Tú has cautivado mi corazón,
mi hermana, esposa,
tú has cautivado el corazón
con una sola mirada tuya"*(Ct 4.9)

"¡Qué hermosa debe ser la Virgen! - exclama arrobado Pío XII - ¡Cuántas veces nos quedamos impresionados por la belleza de un rostro angelical, por la magia de la sonrisa de un niño, por el encanto de una mirada pura! Y ciertamente en el rostro de su propia madre Dios ha reunido todo el esplendor de su arte divino... Ha depositado en la mirada de ella algo de su dignidad sobrehumana y divina.
  Un rayo de la belleza de Dios brilla en los ojos de su Madre. ¡La mirada di María! ¡La sonrisa de María! ¡La dulzura de María! ¡La majestad de María, reina del cielo y de la tierra! – continúa el Papa - Como brilla la luna en el cielo oscuro, así su belleza destaca sobre todas las bellezas, que parecen ser las sombras junto a ella" (del *Discurso a la juventud católica*, 8 de diciembre de 1953). De hecho, "¿Qué hay más espléndido que aquella que fue elegida por el mismo esplendor?". (San Ambrosio). ¿Qué hay más luminoso que aquella que dio cuerpo al "esplendor de la luz eterna", a la blancura sin mancha, al "más hermoso entre los hijos del hombre"? (Sal 44,3)
  En María, "espejo de la belleza divina" (Pablo VI), reverbera como primicia el esplendor del Nuevo Adán que llevaba en su vientre. Se centra en ella, después de Cristo, todo el esplendor de la nueva criatura moldeada por el Espíritu creador de Dios. De modo que el hombre – todo el hombre – descubre la posibilidad de la transparencia divina.

2. *Centrándonos en algunos detalles*

a) Una belleza interior que reverbera en toda la persona de María

*La Virgen María "es el cúmulo
de todas las bellezas sobrenaturales"* (G. Geómetra).

*Su adorno exterior es abundante,
y compite, por así decirlo, con la riqueza interior*
(Severo de Antioquía).

María es la Virgen que nos da "la belleza de la imagen de Dios reflejada en un rostro humano nunca manchado por la culpa" (Pablo VI). Se puede decir que ella es la transparencia misma de Dios: a lo largo toda de su vida se transparenta lo divino.

Así la contempla A. Bello cuando escribe: "Su alma era límpida hasta tal punto que Dios se reflejaba en ella como las montañas eternas que allí, en los Alpes, se reflejan en la inmóvil transparencia de los lagos" (*Maria donna dei nostri giorni,* 108).

Bien se ha observado que "*Lo bello* convenía a María, por cuanto la belleza del cuerpo era el espejo del alma" (San Ambrosio).

La "virgen" que Lucas presenta en la Anunciación, de hecho no era virgen cualquiera, ni sólo la virgen como la predijo Isaías: es la Virgen de las vírgenes, la elegida entre todas por su belleza interior: es esa belleza interior lo que el ángel Gabriel admira, al acercarse a María y saludarla con un nuevo nombre: "*Llena de gracia*": una atribución, que encuentra el equivalente en el superlativo "*graciosísima*", usado en el Antiguo Testamento para referirse a una mujer con gracia física, belleza corporal, encanto, amabilidad.

En el contexto lucano todo esto aparece en María, pero como efecto del esplendor interior. El saludo del ángel se refiere a la belleza como valor espiritual poseído por María: es una cualidad moral que pertenece al ser de la Virgen, una belleza a los ojos de Dios.

Cuando en el Antiguo Testamento la expresión *Kecharitōménē* (llena de gracia) era utilizada para acentuar el valor moral de un hombre, podía traducirse como "el hombre perfecto". En nuestro caso es la "mujer perfecta", en la cual la gracia divina ha realizado toda su virtualidad y todo su atractivo espiritual, en vista a la maternidad mesiánica: María nos aparece como "el universo de la feminidad sublimado por Dios"[58].

b) Una belleza íntegra

María es la belleza humana, no sólo estética, sino esencial, Ontológica, en síntesis con el amor divino (Pablo VI).

Es propio en la estructura y en el dinamismo del ser que la belleza tenga su apoyo. La condición ontológica para que exista, es la inte-

---

58. MARIO LUZI, Entrevista en *Il Popolo,* 22 enero 1988.

gridad. Ahora bien, está claro que en la Virgen, ideal supremo de la perfección, "pureza totalmente divina que no tuvo y nunca tendrá igual en la tierra" (*VD*, Nº 260), la belleza es íntegra: íntegra en el esplendor del alma, donde todo es luz, todo es armonía; íntegra en la incorruptibilidad y en la glorificación del cuerpo.

En María brilla la integridad pneumo-substancial de la belleza: sublime síntesis divina-humana, en la cual los rayos purísimos de la belleza humana se encuentran con los soberanos, aunque inaccesibles, de la belleza sobrenatural: en ella se encuentran las dos dimensiones del ser – espiritual y corpóreo –, aquella integridad de la belleza de Dios concebida para la humanidad en su diseño original (Pablo VI).

Queriendo crear una imagen de la pureza absoluta y mostrar claramente a los ángeles y a los hombres el poder de su arte, Dios ha hecho a María en verdad totalmente bella. Ha hecho de ella una síntesis de todas las perfecciones divinas, humanas y angélicas, una belleza sublime, que embellece los dos mundos, que se eleva desde la tierra hasta el cielo y que supera incluso a este último (Gregorio Palamas).

c) Lo "bello", como lo "bueno" y lo "verdadero", expresa la gloria de Dios

Para la Biblia la belleza es el efecto detectable de una riqueza interior de fuerza y de vida. Los valores humanos y religiosos tienen la primacía: sin ellos, "vana es la belleza del hombre" (Prv 31,30). Y "nosotros, pequeños pero amorosos discípulos de la sabiduría cristiana, recordaremos que la verdadera belleza no debe separarse de Dios". (Pablo VI).

Lo que es realmente bello no puede separar de lo que es bueno: lo bello, como tal, siempre va unido a la bondad, coincide con ella.

La enseñanza del Papa nos lleva, naturalmente, a confirmar la validez del método de la teología estética de Hans Urs von Balthasar, a quien se debe el mérito de haber vuelto a proponer y valorar la categoría de lo bello en la interpretación del mensaje cristiano[59].

Con un aletazo, Balthasar lo eleva desde el puro concepto filosóf-

---

59. Cf. especialmente la monumental obra *Gloria I: la percezione della forma,* Jaca Book, Milano 1975.

ico-estético a un nivel de estudio religioso, restaurándole así sus connotaciones propias. Con esta nueva frescura, recalca la estética de la figura de María incluso en el plano natural. En su reflexión teológica resalta la coincidencia del vocabulario griego, entre las ideas de "bello" y "bueno", bello porque santo.

Ya Sócrates decía: "Permitidme ser bello por dentro". Esto significa que lo bello representa la idea ejemplar. Para Platón lo bello es "la idea central" del mundo y la vida: idea que es uno cosa con la divinidad. Sería una desgracia, pues, separar la realidad de lo bueno de la realidad de lo bello: todo bien es belleza.

Objeto de la teología estética es la "gloria" (entendida en su significado bíblico); es decir el signo bajo el que Dios, fuente y el autor de toda belleza (cf. Sab 13.4), decidió esconderse, para manifestar su presencia entre los hombres y revelarles la belleza de su misterio y de su amor trinitario.

Aquí aparece una realidad sublime que nos desafía a todos: "la gloria de Dios es (sobre todo) el hombre vivo "(San Ireneo), " hecho voz de toda criatura" (de la liturgia). En él hay una huella de Dios: entre todos los seres creados él está diseñado de una manera especial para que Dios brille en su propia vida, para que Dios sea contemplado y amado en él.

La más brillante realización de este inefable diseño de amor, como todo el mundo lo advierte, se ofrece en María de Nazaret, "la obra de arte que elogia al noble artífice" (Venancio Fortunato): ella brilla por encima de cualquier otro hombre, como uno de los signos en los que la belleza divina deja su huella.

La Virgen - observa Gouhier – posee una identidad estética-teológica nunca antes conocida: una mujer, cuyo esplendor humanamente radiante es constituido como fundador de una humanidad a la que se ha prometido el esplendor de una irradiación mesiánica (*NDM*, 229). En ella el reflejo de la gloria de Dios, inherente a toda criatura, alcanza su ápice.

De la belleza de María, siguiendo la línea sapiencial (Sb 13,5), se nos eleva al reconocimiento del autor mismo de la belleza.

Con razón Montfort podía decir a Jesús: "Si se conociera la gloria y el amor que recibes en esta criatura admirable, ¡cuántos más sentimientos se tendrían de ti y de ella que no se tienen!"(*VD*, n. 63).

d) La belleza de María: objeto de contemplación y vehículo para acceder a Dios

La belleza radiante, que es ante todo la belleza del corazón que ama, anticipa el eterno: es el todo del fragmento (B. Forte).

Ella es como una lámpara que no se apaga y da significado y belleza incluso a la vida presente.

La vida en el Espíritu no es nada sino un poema de la belleza de vivir con Dios: estado de gracia, estado de belleza. Cuando el hombre entra en esta dimensión, el misterioso viaje de lo inefable se encarna en sus palabras, sus gestos, sus obras, en todo mundo vital, y se convierte en índice teofánico.

Con penetrante intuición los Padres de la Iglesia han descrito este camino espiritual como, 'filocalia', es decir, amor por la belleza divina, que es la irradiación de la bondad divina.

En estos caminos del Espíritu, el hombre no sólo da el puro testimonio de una perfección personal que ha logrado, sino que naturalmente se ordena a los otros a la vez que los atrae, porque la belleza es la condición del amor.

Es en este sentido se debe hablar de la contribución extraordinaria de la Virgen a lo bello.

C. Tullio Altan escribió que la sed de lo maravilloso se difunde en la sociedad actual; pero el fenómeno tiene raíces antiguas en los eventos de cultura desde la Grecia antigua (lo acabamos de mencionar). Una antigua hambre, pues, una constante del corazón que no descansa nunca, un estribillo subterráneo que gira a través de los meandros de la historia. Desde los tiempos de Diógenes el hombre busca la armonía de su rostro, los retratos de una identidad que acoja sus deseos y colme sus expectativas. Y (en una interminable peregrinación del alma hacia las escenas de la fascinación y el encanto) camina por los senderos del arte y la poesía, como guiado por un indistinto y vago reclamo de un tesoro perdido y de una tierra prometida. Hoy como ayer, siente el sabor, el olor, las huellas[60].

Reclamo..., sabor..., olor..., huellas de un tesoro perdido y de una

---

60. PAOLO PIFANO, *Tra Teologia e letteratura...*, o. cit., p. 275.

tierra prometida... Todo esto para nosotros tiene un nombre: Dios, la Belleza Eterna, por la cual María se ha dejado habitar. Realmente ella es la imagen que se asemeja a la belleza primitiva: a la "belleza tan antigua y tan nueva"[61]. En su rostro puro y cándido, el hombre encuentra esculpidos los signos de una belleza divina perdida, de una belleza intacta que se convierte para cada uno de nosotros el ideal supremo de la perfección, modelo inspirador, esperanza consoladora, gozo.

Muy acertadamente señaló Pablo VI, doctor de ejemplaridad, con una pluma que verdaderamente hace reflexionar: capaz de despertar las vibraciones del alma. Insertando a María en la trama de las expectativas de hoy, la señala como camino a recorrer en el tejido de nuestros días.

En su memorable discurso a los participantes en el Congreso Mariológico Internacional (Roma, 17/21 de mayo de 1975), el Papa sugiere dos formas de conocimiento para acceder a María: "el camino de la verdad" (típico de especulación bíblica - histórica - teología) y, en consonancia con él, "el camino de la belleza" (Via pulchritudinis): un camino nuevo, accesible para todos, incluso para las almas más simples.

"En cada época – sugiere el Papa Montini - María es y sigue siendo el ideal supremo, la figura más sublime de la aspiración del hombre a lo bueno y lo bello, aspiración que lleva dentro de sí mismo, en el secreto de su corazón, como germen divino.

En todo momento tendremos siempre presente, cómo lámpara inspiradora, esta belleza de María, la belleza inocente: una belleza humana, en la cada uno puede discernir el rostro conocido e ideal de una madre propia; una belleza celestial, en la cual el resplandor angelical e intuitivo de la dulce figura hechiza la mirada y la redime de cada impresión de belleza falsa e inferior, instando a la facultad visual del espíritu a un esfuerzo extático, trascendente, de gozo inefable; una belleza cautivadora, que santos y artistas han intentado sellar en imágenes famosas y populares, y que el pueblo fiel reivindica como su tesoro propio, reflejo instintivo de un sueño de una forma típica y sublime.

Mientras en nuestros días -sigue el Pontífice - la mujer avanza en la vida social, nada más beneficioso y más emocionante que el ejem-

---

61. S. AGOSTIN, *Le Confessioni*, X 27.

plo de esta Virgen-Madre... que con su belleza personifica y encarna los valores auténticos del espíritu... ¡Cuántos nobles sentimientos, cuánto deseo de pureza, qué espiritualidad renovadora podría suscitar la contemplación de una belleza tan sublime!

Nuestra Señora nos invita a dar forma a nuestra vida, enferma y caduca según la perfección de su vida: a dar a esta pobre vida nuestra el sentido, el gusto, el deseo de la belleza.

Sí, tenemos necesidad de mirar a María, de observar su belleza sin mancha, porque nuestros ojos demasiado a menudo son heridos y casi cegados por las imágenes engañosas de la belleza de este mundo. Necesitamos esta belleza, para restaurar en nosotros, en nuestras mentes y también fuera alrededor de nosotros, en nuestras costumbres, la idea y la alegría que son típicos de lo que es verdaderamente bello.

María, la más hermosa y más perfecta, irradia de sí misma pensamientos buenos, puros, grandes, fuertes, heroicos, lleno de humanidad, porque también están llenos de divinidad... Si nos acercamos a ella con fe y ternura, sentiremos casi los rayos de su belleza y santidad vibrar por encima de nosotros"[62].

Es cierto que "aquella belleza inusual" que irradia de Dios y tiene por nombre María está llena de misterio, porque es "plenamente conocida sólo por Dios, pero... al mismo tiempo dice mucho al hombre" (Juan Pablo II).

Cualquier comentario haría perder la frescura y la fuerza que emana de estas palabras, tan perspicaces. Parecen querer parafrasear lo que nos dice, en resumen, von Balthasar: "María ofrece y comunica un valor salvífico al culto de la belleza. Por ella realmente se puede creer que *"la belleza salvará el mundo"*[63] (*NDM*, 1377.

Como Balthasar, también Solzhenitsyn, menciona esta famosa frase de Dostoievski, en su discurso de aceptación del Premio Nobel,

---

62. Los conceptos sobre la belleza inocente de María, que atrae y sana, se repiten con frecuencia en los discursos de Pablo VI. Entre la abundante producción, me gustaría citar: *Insegnamenti*, II (1964), p. 1146; XI (1973), pp. 787 y 788; XIII (1975), p. 1494; XIV (1976), p. 644; XV (1977), p. 765.

63. Dostoievski utiliza esta expresión a un contexto problemático, donde admitió que "la belleza es un enigma" y por lo tanto, debe ser entendido: ¿qué belleza salvará al mundo?

y la interpreta en el sentido de que "cada obra maestra (como la Virgen María) tiene una fuerza de convicción absolutamente irresistible y acaba por someter los corazones rebeldes"[64].

La mismo Iglesia, en la medida en que es una imagen interna de María, se convierte en un modelo de belleza espiritual, con una capacidad de atracción y convicción.

Por lo tanto debemos tomar, como pide y desea Pablo VI, "*la via pulchritudinis*", representada por la Virgen María como la forma más segura para llegar a Dios y al misterio de las cosas"[65]; "es necesario observar con una mirada embriagada y explorante su rostro humilde y recatado" (Pablo VI). Lutero mismo decía de María: "Ninguna imagen de mujer da al hombre pensamientos tan puros como esta Virgen"[66].

También en el plano natural, la imagen de María es inatacable: para los mismos incrédulos, tiene el valor de una belleza intangible, aun cuando sea entendida no como una imagen de la fe, sino simplemente como un símbolo augusto y de alcance simplemente humano.

La belleza se contempla, no se define. Más que la palabra le conviene el silencio (Turoldo); un silencio, que es recogimiento, escucha de lo que es hermoso: un silencio envolvente, que sabe abrirse a la riqueza de los valores y al amplio horizonte de significado ofrecido por el divino candor de la Virgen Inmaculada; un silencio que se deja atraer y llevar por su belleza sobrehumana, para convertirse en lo que contempla.

Personalizar la experiencia de mariana, como acogida plena de Dios por parte del ser humano en su componente espiritual y corporal; capturar la belleza de María, contemplarla y dejarse cuestionar por su atractivo, de modo gratuito y desinteresado: estos son, en esencia, los atractivos de la teología estética: la esperanza paulina de tener el significado de Dios, toma, aquí, el significado de tener el sentido y el apetito de la belleza.

María, perla del cosmos, poemas de auténtica belleza, "en quien el Espíritu se inspira para completar la armonía en el universo" (von

---

64. Un discurso pronunciado por el premio Nobel en A. MARTIN, *Solzhenitsyn il credente. Lettere, discorsi, testimonianze*, Ed. Paoline, Bari 1974, pp. 94-95.

65. D. M. TUROLDO, *Il mistero della bellezza*, in *NDM*, pp. 223-224.

66. LUTERO, *Kirchenpostille*, ed. Weimar 10, 1, p. 68.

Balthasar) anuncia a todos que existe una criatura, que sólo tiene sentido en la medida en que refleja el eterno esplendor divino[67].
Privar al mundo de esta belleza llamada María es hacerlo más pobre. Darla a conocer de modo teológico y sin equívocos, es extraer de la comunidad histórica de los hombres un gran motivo de alabanza y gloria al Dios de la Alianza, que realiza grandes cosas en su humilde sierva María[68].

---

67. G. von LE FORT, *La donna eterna*, Milano 1942, p. 48.
68. Cf *NDM*, p. 914.

Capítulo VI

Observaciones Complementarias y Finales

A. MARÍA NUESTRA PRIMICIA

1. Imagen y primicia del Nuevo Israel

> *La figura de María es al mismo tiempo imagen*
> *y plena revelación*
> *de lo que todo hombre e Iglesia deben llegar a ser:*
> *"en ella, el Padre ha marcado el comienzo*
> *de la Iglesia, esposa de Cristo,*
> *sin mancha y sin arruga, que resplandece de belleza"*
> (de la lit.).

La Iglesia no es nada más que la morada de Dios entre los hombres. Las piedras que la constituyen son las del "sí" incondicional a Él; María, la realización más pura e intensa del misterio de la Iglesia, es su primera piedra viva. Ella es criatura de la Palabra de Dios, y está unida a todo el cuerpo eclesial, suscitado, alimentado y guiado por la Palabra: en ella están las primicias del nuevo Israel o de la Iglesia de Cristo.

Por la semejanza profunda que las une, no podemos hablar de la Iglesia, de su maternidad, humanidad, fe, alegría, sin ver aparecer a María como su imagen, su arquetipo, su primera realización: María-Iglesia. Como madre del Mesías, ella realmente lleva el destino del pueblo elegido en su persona concreta: en ella está la comunidad mesiánica que da a luz al Mesías, según lo anunciado por los profetas.

Rahner descubrirá ya en los Padres la idea de que María es *tipo de la Iglesia*, es decir ejemplo, sustancia y a la vez compendio de lo que se tenía que desarrollar después en la Iglesia, en su esencia y destino, especialmente en relación con la maternidad y virginidad.

Llamando a María 'tipo de la Iglesia' se puede ver en ella el comienzo perfecto de esta última, en su esencia teologal, o sea en su condición de *virginidad* (entendida como "integridad de la fe, esperanza y caridad que en último análisis se traduce en fidelidad al Esposo) y *maternidad* (vista como regeneración a hijos de Dios por obra del Espíritu).

Es sintomático que María - según el testimonio evangélico de S. Juan – se encuentre al pie de la cruz del Hijo para recibir las primicias del Espíritu (Jn 19,25), de ese Espíritu que Cristo muriendo daba como esposo a su Iglesia, la cual nacía de ese sacrificio único y definitivo del Mesías Señor. Todo esto muestra claramente a la luz cómo María es realmente la primogénita: la primera realización sublime del nuevo pueblo de los hijos de Dios. Con ella, después de la larga espera de las promesas, se cumplen los tiempos de la Iglesia judía y se abre, en la plenitud de la gracia del Espíritu Santo, el tiempo de la nueva economía salvífica de la Iglesia de Cristo.

Los teólogos y exégetas enseñan que desde el momento de la encarnación, María ya es la Iglesia en germen, la Iglesia en su primer miembro; ya entonces, ella es un único cuerpo y un único espíritu con Cristo cabeza, en un sentido aún más fuerte de lo que lo será después la Iglesia.

El cuerpo místico - precisa el Arzobispo Carli - comienza en María y por medio de María, cuando y porque ella, "llena de gracia" (Lc 1,28), concibió la Cabeza por virtud del Espíritu Santo[1]. Se puede decir que "durante la vida terrenal de Jesús, la Iglesia se ha como concentrado y ocultado en María [...]. Ya en ella tenía sus principales características: era perfectamente una, santa, y fundamentalmente católica, siendo María la más universal de las puras criaturas y como la síntesis del bien de toda la humanidad. Una Iglesia todavía sin sacramentos, porque la fuente de la gracia estaba todavía presente; sin jerarquía, ni sacerdocio, porque el gran rey y sacerdote todavía no los había constituido; un Iglesia ideal, sin imperfecciones, sin fealdad"[2].

Desde siempre, la Virgen representa en la Iglesia el tipo ideal de la novedad cristiana, el miembro más excelso: "un miembro que supera a todos en dignidad" (S. Agustín), capaz de ser Iglesia como nadie más lo será aquí abajo. Ella es aquel "miembro supereminente

---

1. ARCIV. CARLI LUIGI MARIA, *DME*, en *Marianum*, 38 (1976), p. 472

2. D. BERTETTO, *Maria e la Chiesa*, Napoli 1963, p.11

y totalmente singular de la Iglesia, que en ella realiza el máximo de sí misma" (LG, 53, 65). La Iglesia es teándrica, crística, pneumática, santa, pero la Virgen María posee estas dimensiones de manera excelsa: la *porción mayor*, la *porción más selecta* del universo eclesial. La Todasanta - sintetiza V. Lossky - ha asumido la santidad de la Iglesia, toda la santidad posible para un ser creado: ella es y seguirá siendo siempre la meta final, el destino final, hacia la cual se mueve el «nuevo pueblo de Dios» en su obra de crecimiento y mejora.

Contemplando su alto esplendor de santidad, no debería creerse que María "eclipsa la gloria de todos los Santos, como el sol en su surgir hace desaparecer a todas las estrellas"[3]; al contrario, en su unicidad, la Beata Virgen supera, pero al mismo tiempo "*adorna* a todos los miembros de la Iglesia"[4]: peregrinante y triunfante.

2. Primicia en la fe
(La primera bienaventuranza evangélica corresponde a María)

Ave, primicia de nuestra alegría (Tp., Oda VII)

El apego a Cristo implica ante todo una adhesión de fe, que María inauguró desde el principio con su consentimiento a la voluntad del Padre. Ella cree en Jesús antes de que exista como hijo, y es invitada a creer en él para que él exista. Es la única persona que creyó en Jesús antes de su existencia; los demás serán llamados a la fe después de su venida a la tierra. La fe de María es el origen de nuestra fe: en su alma comenzó a formarse y vivir la fe de la Iglesia en la divinidad de Jesucristo. Ella se pone en cabeza, así, en el *camino-peregrinación* eclesial, que se desarrolla a través de los siglos y las generaciones, inaugurando la nueva familia que tiene que unir a las personas humanas a Cristo.

María - explica J. Galot - fue la primera en creer en el Salvador, porque fue la primera criatura a quien Dios anunció la venida de su Hijo a este mundo. Para aceptar la propuesta del ángel, la Virgen de

---

3. H. DE LUBAC, *Meditazioni sulla Chiesa*, p. 462, donde se cita el conocido lamento de s. Teresa di Lisieux, *Novissima verba*, pp. 156-157

4. San BONAVENTURA, *De Nativitate B. M. V., Sermo* 3, Ed. Quaracchi, t. IX, p. 712.

Nazaret tuvo que creerlo. Tenía que cumplir ese acto de confianza en Dios que se expresa en la fe. Creyendo, ella nos trazó el camino de fe[5]: nos abrió el camino de la fe en Cristo. Su fe que, como hemos dicho, precede a la misma venida del Salvador, es una fe grande, sufrida y dichosa: es la fe de los que "a pesar de no haber visto creyeron" (cf. Jn 20,29).

Será el evangelista Lucas, el único en realidad que llama nuestra atención sobre el primer acto de fe. En el relato de la Anunciación él describe el comportamiento dócil y humilde de María ante el mensaje del ángel, y en la Visitación nos ofrece una primera interpretación de esta actitud: María es declarada dichosa, porque ha creído: "Dichosa la que creyó, porque se cumplirá lo que le fue dicho de parte del Señor" (Lc 1,45). Después de celebrar la maternidad de María (v. 42), Isabel reconoce su dignidad única (v. 43) y revela su misteriosa raíz: la fe (v. 45), por la cual ella es dichosa, porque ha experimentado, como Abraham, la fidelidad de Dios a la promesa.

La fe es la conclusión de la anunciación y también de las palabras de Isabel en la visitación. "A través del espacio y el tiempo y aún más a través de la historia de las almas, María siempre estará presente, como la que es *dichosa porque creyó*" (RM, 25).

Hay felicidad en el creer: no simplemente la espontánea alegría que acompaña el impulso de la fe, sino la alegría más profunda que viene de Dios. María realizó plenamente esta bienaventuranza de la fe: la razón de su felicidad reside en el cumplimiento de las palabras en las que ella creyó "Se cumplirá lo que le fue dicho por el Señor". De hecho se tiene que decir con Guardini: "Si hay algo que revela la grandeza de María, es la exclamación de Isabel: '*Dichosa tú, que has creído*'"[6].

En el vital estremecimiento de este elogio, suscitado desde lo alto, "podemos encontrar una clave que nos abre las puertas a la realidad íntima de María" (RM 19). Ella fue la primera en creer y de manera incomparable, hasta el punto de merecer la primera alabanza, la primera bienaventuranza evangélica: la de la fe. La Virgen agrega a los privilegios obtenidos la virtud personal de una fe pura y profunda, que abarca todo su ser: su existir, incluso simplemente

---

5. Cita en *Meditazioni Mariane*, o.c., pp. 110-111.

6. ROMANO GUARDINI, *Il Signore*, en *ibidem*, p. 162.

humano, y su actuar no se entenderían fuera de la fe.
María merecía estar en el primer lugar en las bienaventuranzas (J. Galot).

El elogio de su prima Isabel a su fe genuina, coincide admirablemente con lo que Jesús afirmará durante su vida pública, cuando, sin mencionarla expresamente, hace alusión a la fe, proclamando la bienvaneturanza de los que oyen la Palabra de Dios y la ponen en práctica (Lc 8,20-21.11,28; Mc 3,34; Mt 12,49).

Por ejemplo, la mujer anónima que lo había elogiado proclamando 'dichoso' el seno que lo había llevado y los pechos que le habían alimentado (cf. Lc 11,27), Jesús responde: "Bienaventurados más bien los que oyen la palabra de Dios, y la guardan" (ibíd., v. 28). Con esto, él proclama "dichosa" en primer lugar a la Madre, que siempre había escuchado y que había puesto en práctica plenamente la Palabra.

Jesús deja intuir, con su respuesta, que la razón fundamental de la dicha de su madre no consiste en el mero hecho de la maternidad divina, sino en la profunda actitud de fe en la Palabra: la felicidad pertenece a la fe. No sería suficiente para María ser la madre de Jesús para poseer la felicidad: sería una felicidad de orden natural. La verdadera felicidad se encuentra en un plano superior: lo sobrenatural.

Para María – nos recuerdan los Padres de la Iglesia - fue mayor dignidad y felicidad haber sido discípula de Cristo que haber sido la Madre de Cristo"[7]. La posición humana más bella, la de madre del Mesías, que muchas podrían envidiar, no puede llenar la existencia. Sólo la fe en la acogida de la Palabra de Dios hace que el corazón sea profundamente feliz.

A la luz de la declaración de Jesús, el primer acto de fe ofrecido a Dios en el momento de la Anunciación adquiere todo su valor. Este acto es superior a toda alegría humana, y significa el comienzo de una nueva felicidad para la humanidad. María es ciertamente la primera que ha gustado esta felicidad, pero todos los hombres están invitados, a su vez, a gustarla, siguiendo el mismo camino: el de la fe. Extendiendo la bienaventuranza más allá de los lazos de la sangre, Jesús incluye, de hecho, a todos los que, como su madre, saben acoger la Palabra y guardarla en su propio corazón (cf. Lc 8.20-21): la felicidad más auténtica de la madre se encuentra a un nivel accesible

---

[7]. Cf San AGUSTIN, *Discurso* 25, 7-8; PL 46, 937, y otros.

para todos los que escuchan y practican la Palabra de Dios.

La respuesta de Jesús a la mujer anónima, lejos de ser un rechazo de tener una madre terrenal, sugiere una nueva forma de pertenecerle: ser sus discípulos. La figura de María 'madre' se armoniza y se completa en la de María 'discípula'.

Juan Pablo II, en el n. 20 de la RM, escribe: "María madre (la que a todos precede en la adhesión exclusiva a Cristo por amor), se convertía, en cierto sentido, en la primera discípula de su Hijo (la primera cristiana), la primera a la que él parecía decir: "Sígueme", incluso antes de hacer esta invitación a los apóstoles o a cualquier otro".

Por otra parte, la fe de los Evangelistas reconoce en María la primera figura del discípulo del Señor, que se ofrece a los cristianos como modelo ideal y perfecto del auténtico seguidor de Cristo, ya que ella "encarnó en su vida terrenal las bienaventuranzas evangélicas proclamadas por Jesús" (Pablo VI).

El filósofo Lagrange avanza la hipótesis bella y plausible de que Jesús, al pronunciar en la montaña la *'carta magna'* del Reino (las bienaventuranzas), pensaba precisamente en su Madre. En este sentido, se puede decir que cada bienaventuranza es como una pincelada de su rostro[8].

La bienaventuranza que se produjo en María sigue siendo para nosotros una luz que tiende a disipar el camino ilusorio hacia felicidades exclusivamente terrenales. Creer en Cristo, dejarse iluminar, compenetrar, guiar por su Palabra de vida es, y sigue siendo, la primera palabra de felicidad, como para la Virgen María, lo mismo para todos nosotros.

B. LA HISTORIA DE MARÍA ESTÁ INDISOLUBLEMENTE VINCULADA A LA DE CADA UNO DE LOS SALVADOS

Ave, nube de misericordia portadora de las esperanzas de todo el mundo (Santiago de Batna).

---

8. Cita de MARIANO MAGRASSI, en *Meditazioni Mariane*, p. 63.

1. En el centro de la economía divina

Cuando se dirigió a los grupos, como a personas, Dios siempre quiso actuar para la salvación de todo el pueblo. Nunca hay una historia personal separada de la historia general. En este orden de ideas se coloca la singular historia de la Virgen María.

Ella es el punto focal de toda la economía de la Encarnación y salvación, y es, después de Cristo, la mayor benefactora de la humanidad, un bien que pertenece a toda la Iglesia y a todas las generaciones: su santidad, su benignidad, su pureza han beneficiado no solamente a ella, sino también a todos nosotros. En virtud del singular servicio prestado al plan de la economía divina, ella conserva una relación íntima con la humanidad rescatada, que nace de la fe en Cristo. En el acontecimiento de la Encarnación, acontecimiento mesiánico fundamental de su vida y función materna, María es un personaje que hace la historia y determina un cambio importante en ella.

Mühlen destaca, en particular, que María de Nazaret ocupa un lugar relevante en la economía de la salvación, no sólo por sus actos personales, conscientes y libres, sino también por su misma existencia, por su personal ser ontológico, que está más allá de su libre autodominio. Es este su ser original el que manifiesta completamente su propio lugar en la historia de la salvación[9].

Taller de maravilla inenarrable[10], Madre de Aquel que será para todos los tiempos la "luz del mundo", "camino, verdad y vida" (Jn 8,12; 14,6) María se convierte en el vehículo de la luz divina que ilumina a todo hombre, la única puerta que nos lleva a la salvación, "el único camino para que el hombre perdonado se convierta en 'Dios'" (*NDM*, 20).

Por esto, la Virgen de Nazaret se coloca en el centro de la economía divina de nuestra salvación, y por lo tanto, en el centro de todo nuestro bien, de toda nuestra alegría y gloria en Dios: misterio envolvente, incontenible, que la fe y piedad cristiana no han dejado de resaltar: "Alégrate también por nosotros, María, madre de Dios. Por ti la Santa Trinidad es adorada y glorificada; por ti la cruz pre-

---

9. *NDM,* pp. 1339-1340.

10. *Parakletikē,* en *TMPM,* vol. II, p. 547.

ciosa es celebrada y adorada en todo el orbe; por ti exulta el cielo; por ti se alegran los ángeles y arcángeles; por ti son puestos en fuga los demonios; por ti el diablo tentador cayó del cielo; por ti la criatura, caída en el pecado, es elevada al cielo, por ti toda la creación sujeta a la insensatez de la idolatría, llega al conocimiento de la verdad; por ti los creyentes obtienen la gracia del bautismo; por ti han sido fundadas las iglesias en todo el orbe de la tierra; por ti la gente se convierte. Por ti, el Hijo Unigénito de Dios resplandece como luz para los que vivían en tinieblas y en la sombra de la muerte (Lc. 1,79); por ti, los profetas anunciaron las cosas futuras; por ti, los Apóstoles predicaron la salvación a los gentiles; por ti, los muertos resucitan[11].

Por Ti la alegría brilla; / por Ti el dolor se extingue...; / por Ti la creación se renueva; / por ti el Creador se hace niño... / Por Ti fue despojado el infierno; / por Ti nos vestimos de gloria... / Por Ti se abrió el Paraíso (*Akát.*, Est. núms. 1; 7; 15).

Por Ti Dios se inclinó hacia los hombres, por Ti los hombres se acercan a Él con confianza (P. E. M. Toniolo).

Por ti, Virgen pura y madre [...], la tierra desolada recibió la paz, nave de riquezas, por medio de la cual el tesoro del Padre fue enviado a la tierra a los pobres y los enriqueció (Santiago de Batnan).

Oh Virgen bendita, por tu bendición toda criatura es bendecida por su Creador, y el Creador es bendecido por todas las criaturas (S. Anselmo). Oh plenitud de las gracias de la Trinidad y reina del universo después de la Trinidad, victoria y divinización de nuestra estirpe (G. Geómetra), que llevas el poder del mundo, gracias a ti, todos los confines de la tierra han merecido la salvación; el mundo entero se alegra, como también el mar, la playa y el cielo... (Venancio Fortunato). ¿Con qué expresiones te saludaremos? ¿Con qué alabanzas coronaremos tu cabeza santa y gloriosa, dadora de bienes, dispensadora de riqueza, adorno del género humano, orgullo de toda la creación, que por ti se considera realmente dichosa? (J. Damasceno).

Estas son sólo algunas de las muchas expresiones de la Tradición que se podrían transcribir; voces que se elevan para respirar la vertiginosa altura de la mediación de la Madre de Dios, en virtud de la cual la universal irrupción de la divinidad desciende torrencialmente en

---

11. *Omelia Conciliar VI* (atribuida a CIRILO de Alejandría), en Éfeso en contra de Nestorio; PG 77, 991- 996

todas las fibras del mundo.

Verdaderamente la Virgen María, en su doble función '*personal*' y '*personologica*', sigue siendo "uno de los más grandes *símbolos* del cristianismo, entendiendo como símbolo una realidad histórica que, encarnando un conjunto de actitudes ideales, no se agota dentro de los límites de la crónica efímera; que, en la economía de la gracia, prolonga en las generaciones su función salvífica; que es susceptible de ser cada vez más conocida, aunque su misterio se revelará plenamente sólo al final de los tiempos" [12].

2. Todas las gracias de María
(Mediadora universal)

Mujer, eres tan grande y tanto vales,
que quien desea gracia y no recurre a ti,
quiere que su deseo vuele sin alas[13].

Estos famosos versos tomados del mayor poema de la cultura cristiana, altamente sellado por la teológica, hermosa *Oración a la Virgen*, hacen eco a la mariología del tiempo que, desde el concepto de la grandeza de María, en cuanto Madre de su Creador, hacía surgir el principio de su Mediación universal para la salvación de todos los hombres: María nos ha dado a Jesús, y con Él la fuente misma de la gracia con todos los bienes implícitos de la redención.

Complaciéndose Dios de habitar en el seno de esta Santa Virgen - enseña S. Buenaventura -, de alguna manera, ella adquirió cierta jurisdicción sobre todas las gracias; pues al salir de su sacrosanto seno Jesucristo, salieron juntos de ella, como de un océano celestial, todos los ríos de los dones divinos. Lo mismo afirma san Bernardino de Siena, en términos aún más explícitos: "Desde el momento en que esta Madre Virgen concibió en su seno el Verbo divino, adquirió, por así decirlo, un poder especial sobre los dones que nos son dados por el Espíritu Santo, de manera que después ninguna criatura ha recibido

---

12. Cf CCVIII CGOSM, *Fate quello che vi dirà. Riflessioni e proposte per la promozione della pietà mariana,* Curia Generalizia, Roma 1983, 38 (n. 34).

13. DANTE, *Paradiso* XXXIII, 13-15.

ninguna gracia de Dios sino por medio de María"[14].

Aceptando su maternidad divina, ella contribuyó con el Espíritu Santo a hacer nacer el Reino de Dios en el mundo y en cada alma. Por lo tanto, siempre será en Él y por Él *canal* de misericordia y gracia para todos los redimidos.

En Pentecostés, según una antigua tradición, el Espíritu Santo bajó, antes que sobre nadie, sobre María en forma de llama, que luego se dividió en doce llamas que fueron poniéndose sobre la cabeza de los Apóstoles. La Madre de Jesús aparece así como la distribuidora de todas gracias y dones del Espíritu Santo (*NDM*, 1347).

Esta es la voluntad de Dios – asegura S. Bernardo - que nosotros lo recibamos todo a través de María. Todo pasa por sus manos (Nihil nos Deus habere voluit, quod per Mariae manus non transiret). Por lo tanto, si tenemos alguna esperanza, alguna gracia, algún don, que se sepa que todo procede por ella. Por lo tanto, concluye el santo, cualquiera sea la oferta que te preparas a hacer a Dios, acuérdate de encomendarla a María, para que la gracia, por el mismo canal por medio del cual vino a nosotros, vuelva a Dios, origen de toda gracia[15]. Es el mismo Jesús quien quiere servirse de su Madre, como se sirvió de ella en Caná en esa hora llena de sugestiones mesiánicas, cuando fue ella, con su petición llena de sencillez y confianza, a implorar el vino para los esposos.

Se tiene que admitir que la mediación de María es un dato de las Escrituras (Anunciación, Caná, Calvario), además que de la tradición, bien fundado; una verdad que siempre ha estado presente en la Iglesia: percibida, vivida y celebrada, a lo largo de los siglos, por ininterrumpidas generaciones de fe. Esta encuentra su más amplia documentación en los escritos de los mayores predicadores del siglo VIII.

San Germán de Constantinopla († 733), uno de los mayores y más influyentes promotores de la piedad mariana, doctor de la mediación, considera indispensable para todos la intercesión y ayuda de María, porque nadie recibe la gracia de Dios excepto por su medio: todos son ayudados y protegidos por ella en cuerpo y alma, en la vida presente y hasta el juicio final. "Tú que de los cristianos eres la espe-

---
14. Cita de S. ALFONSO MARIA de LIGUORI, *Le glorie di Maria*, p. 171.
15. SAN BERNARDO, *In Virg. Nat. Domini*, III, 10; *Serm. in Nativ. BMV: de aquaeductu*, nn. 7 e 6.

ranza que no decepciona..., tus dones son innumerables, pues nadie se libera de los males o peligros, sino por medio de ti, o Santísima; nadie es redimido, nadie consigue la salud, sino por ti, o Madre de Dios" (*TMPM*, II, 357).

Igualmente Juan Damasceno († 749), el padre-teólogo y liturgista, considera a María como una bendición perenne para el género humano; sus santuarios una fuente de gracia y de sanaciones espirituales y corporales; su intercesión una segura ancla de esperanza para todos.

La mediación, así como la corredención, tiene una única raíz teológica: la continua cooperación materna de María en la obra salvífica de Cristo (desde la Anunciación a la Parusía del Señor) y un único fundamento: la unión íntima de la madre con el Hijo para la realización del plan divino.

Dentro de la Iglesia católica, con el título de *mediadora universal* de todas las gracias se indica claramente la misión de María de obtener de Dios y distribuir todo tipo de gracia a todos los hombres, desde las temporales a las de la salvación eterna: ella es la intercesora más poderosa y la dispensadora más misericordiosa de todas las gracias y para todos los hombres. María "se llama reina de misericordia, porque abre el abismo de la bondad divina"[16].

"Es la misericordia misma de Dios - afirma San Bernardo – la que implica en sus infinitas dimensiones a la Madre del Salvador: la Caridad que ha reposado corporalmente durante nueve meses en su seno la colmó de misericordia. Este es realmente el fundamento inagotable de la mediación de la Madre de Dios. ¿No es verdad que si tomamos en la mano un frasco de perfume durante mucho tiempo, nos perfumará los dedos y su olor penetrante se quedará por mucho tiempo? ¿Y qué decir, entonces, de las castas entrañas de María, en las que durante nueve meses descansó la Piedad en persona? Esta ha llenado la mente y el seno de la Madre, y cuando fue dada a luz, no se alejó del corazón de ella. ¿Quién entonces, oh bendita - concluye el Santo - podrá escudriñar nunca la longitud, la anchura, la altura y la profundidad de tu misericordia?"

El Doctor mariano, por excelencia, no podía empujar más allá su mirada de águila.

---

16. ODON DE MORIMOND, *Temi mariani nei discepoli di s. Bernardo*, en *Marianum*, 54 (1992), p. 253.

Ciertamente, la Iglesia debe dirigirse al Padre por medio del Hijo, el único mediador entre Dios y los hombres, pero esto no significa que la mediación terrenal de María no tenga su efectividad. "La Beata Virgen, asegura el abad de Claraval (desde el seno de la Trinidad, donde reina gloriosa para siempre), siempre distribuirá dones a los hombres; y ¿por qué no tendría que hacerlo? Ella es la misericordia, es la Madre del Unigénito Hijo de Dios; es *'el acueducto'* que hace fluir hacia nosotros todas las riquezas de Dios, el canal que lleva la ola de las gracias desde la fuente, que es Jesús, hasta nosotros. La eficacia de este canal es perenne; en efecto, Dios ha utilizado este acueducto de una vez por todas. Ciertamente Él era capaz de infundir en nuestras almas cualquier gracia, incluso sin este acueducto; sin embargo, en su infinita bondad, quiso proporcionarnos tal medio[17].

Muchos autores - incluso S. Pío X - utilizan para explicar el papel de mediadora la imagen del *'cuello'*, por el cual el cuerpo se une con la cabeza, y la cabeza transmite al cuerpo su fuerza y energía: María es el "cuello" de nuestra cabeza espiritual (Jesús), por cuyo medio todos los dones espirituales se transmiten al cuerpo místico. "En Cristo – dice un antiguo Padre - está la plenitud de la gracia, como está en la cabeza de la que desciende; en cambio, en María, está como en el cuello que la transmite.

Otra imagen ilustrativa interesante, que se enlaza con la anterior, es la de la *luna*.

Según S. Buenaventura, María es llamada luna, ya que la luna está entre el sol y la tierra, y envía a la tierra lo que recibe del sol; así María recibe las influencias celestiales de gracias del sol divino, para después enviarlas a nosotros en esta tierra"[18].

Hoy en día, los teólogos se valen preferiblemente de la imagen del *corazón*, que ejerce su influjo en los miembros y en la cabeza y, al mismo tiempo, recibe el influjo de la cabeza: su acción es oculta, silenciosa. Del mismo modo María influye con su maternidad, físicamente, en la Cabeza, de la que a su vez recibe la vida espiritual, y al mismo tiempo influye en los miembros del cuerpo místico por

---

17. San BERNARDO, abad de Claraval, en *Marianum*, 54 (1992), pp. 172 y 174 -175.

18. Cf. lo que cita en S. ALFONSO MARIA DE LIGUORI, *Le glorie di Maria*, pp. 39 e 171.

medio de una acción que no es jerárquica, autoritaria, sino materna, y por lo tanto singularmente suave, silenciosa, amable, continúa.

Por lo tanto, es indiscutible el hecho que la fuente de toda bondad, fuente "de cuya plenitud todos hemos recibido gracia sobre gracia" (Jn 1, 16), es y seguirá siendo siempre Jesús, a quien María es tributaria de todo lo que posee. Sin embargo, es igualmente cierto lo que afirma la misma teología: la salvación eterna es gracia (y don de Dios) que llega al hombre por medio de la Virgen María. "Toda realidad salvífica (virtudes, dones, carismas, gracia...) viene de Dios: Padre, Hijo y Espíritu Santo, pero pasa a través de la Humanidad de Cristo y a través de la Virgen, a quien pertenece aquella Humanidad sacrosanta"[19]. María, que participó activamente en la Redención lograda por Cristo, también coopera en la comunicación de los bienes espirituales que resultan de la redención.

De hecho, si el Verbo de Dios obra milagros y nos comunica la gracia por medio de su humanidad, los sacramentos y los santos, él puede servirse, con mayor razón, del oficio y obra de su madre santísima, para distribuirnos los frutos de la redención.

La Virgen Madre, "destinada por el Eterno a llevar a los hombres las gracias, joyas divinas del Hijo, está ahí, cerca de nosotros, y espera, deseando siempre que nos demos cuenta de su mirada y aceptemos su don"[20].

C. MARÍA, PARADA OBLIGATORIA

1. En el conocimiento religioso

*¡Te saludo, María, delicia del Padre,
por cuyo medio el conocimiento de Dios
se ha extendido hasta los extremos confines de la tierra!*
(Terasio de Costantin).

*"Dios hizo un libro de tu seno...
y escribió en él no con vulgar tinta,
sino por obra del Espíritu Santo* (Tp, Oda VII).

---

19. CARD. PIETRO PARENTE, en *Lo Spirito Santo e Maria Santissima,* p. 204
20. CHIARA LUBICH, *Meditazioni,* Ed. Città Nuova, Roma 1970, p. 117.

Contemplando a María: 'libro' - como le gusta decir a los Padres - donde se escribieron todos los misterios, donde se explicaron los enigmas, podemos conocer la historia de nuestra salvación en sus dinamismos más íntimos, y percibir a Dios que se manifiesta en ella: la Virgen, que hace la economía divina tácitamente inteligible en el Hijo, se convierte en reflejo radiante del Misterio, reveladora del verdadero rostro del Dios Tripersonal, y por lo tanto, "etapa irrenunciable de los que buscan el conocimiento religioso"[21].

El Verbo invisible, el Verbo que ninguna palabra puede expresar, la Virgen Madre lo ha hecho legible. En esta longitud de onda se coloca Santiago di Batnan cuando escribe: "María es la carta en la que se escribió el secreto del Padre, que por medio de su carne se manifestó al mundo, para que el mundo fuera renovado [...]. Fue una carta, y lo que se escribió es el Verbo, y cuando fue leída brilló por sus anuncios al mundo" (*LM*, 86). Esta realidad hace vibrar el corazón de santa Catalina de Siena, que la retrata con imágenes plásticas y escultóricas: "O María, dulce amor mío, en ti está escrito el Verbo del cual tenemos la doctrina de la vida. Tú eres el libro que nos ofrece esa doctrina. Si no leemos este libro, nunca aprenderemos la palabra de verdad y vida que es Jesús, Tú eres el campo en el que floreció la flor más bella del mundo: el dulce Jesús. Si no vamos a este campo nunca encontraremos esta flor" (*TMSM*, vol. IV, 568).

Si no vamos donde María no encontraremos a Jesús. Esta es la enseñanza de los santos y los grandes maestros en la fe: no se tiene a Cristo sin María. Si no nos acercamos a la planta-María, no cogeremos el fruto-Jesús.

Nadie está lleno del conocimiento de Dios, sino por medio de María..., que contiene a Dios[22] y cuyo servicio a los hombres consiste básicamente en abrirlos y educarlos al Evangelio.

Montfort, con su habitual estilo icástico, anota: "María es el sagrado imán, el cual, en cualquier lugar que esté, atrae con tanta fuerza la *eterna Sabiduría*, que esta no puede resistir. Es el imán que la atrajo a la tierra para todos los hombres, y que todavía la atrae,

---

21. Cf VANNUCCI, en *Libertà dello Spirito*, Centro de estudios ecuménicos Giovanni XXIII, Sotto il Monte 1967, pp. 134-136.

22. GERMANO DI COSTANTINOPOLI, en *TMPM*, II vol., p. 357.

cada día, a cada alma en donde ella habita"[23]. Dios puso en sus manos la salvación de todos, al Salvador de todos. Por esto debemos buscar a Jesús dirigiéndonos a ella.

No olvidemos, sin embargo, que "en la misión evangelizadora de la Iglesia de los orígenes, la Virgen-Madre se convirtió en un capítulo extremadamente importante, porque fue sujeto y objeto de la catequesis. Sujeto, en el sentido en que ella informó a la comunidad de discípulos del Nazareno sobre los acontecimientos de gracia realizados en su propia persona por el Dios de la Alianza. Objeto, porque después la Iglesia hizo conocer, a su vez, estas *grandes cosas"* (Lc 1,49) obradas por el Señor en ella por el bien de todo su pueblo"[24].

De hecho, como emerge del contexto inmediato de la Sagrada Escritura, los que formaban parte de la Iglesia de Jerusalén (los apóstoles, las mujeres, María y los hermanos de Jesús), después de estar "todos" llenos del Espíritu (Hch 2.1.4a), se hicieron idóneos para dar testimonio del Señor Jesús, cada uno según su propio grado.

Desde el día de Pentecostés, también María fue totalmente iluminada por el Espíritu sobre lo que Jesús hizo y dijo. Desde entonces, es razonable suponer que ella comenzaría a derramar en la Iglesia los tesoros que hasta aquel momento había guardado en el cofre de sus meditaciones sapienciales. De esta forma, también la Virgen se convierte en testigo de lo visto y oído (cf. Lc 1,2). Ella – comenta X. Pikaza – da testimonio del nacimiento de Jesús, del camino de su infancia: Jesús no habría sido acogido por la Iglesia en la integridad de su ser hombre, si hubiera faltado el testimonio vivo de una madre que lo engendró y crió. Dentro de la iglesia, María es una parte de Jesús. Hay algo que ni los apóstoles, ni las mujeres, ni los hermanos habrían podido testificar. A María concierne entregar esta palabra única e insustituible para el misterio de la Iglesia. Por eso ella aparece en Hch 1, 14 (*NDM*, 273).

Solamente en el cielo entenderemos lo que la Iglesia debe a María, en cuanto a inteligencia de la fe, y lo comprenderán los sencillos, más aún de los prudentes y sabios (H. U. von Balthasar).

Si nos acercaremos a ella con sencillez y confianza, si aprendemos a escucharla y consultarla en todo, la Virgen seguirá siendo para

---

23. En ID., *Opere*, I: *Scritti spirituali,* Ed. Monfortane, Roma 1990, pp. 109-238.
24. Cf A. SERRA, en AA. VV. *Il posto di Maria nella "nuova evangelizzazione"* Centro di Cultura Mariana "Madre della Chiesa", Roma, 1992, pp. 53-74.

nosotros la presencia que revela y comunica las riquezas de nuestra fe cristiana y "será para cada creyente ocasión de crecimiento en la gracia divina" (MC, 57), fuente perenne de inspiraciones fecundas, maestra incomparable en los caminos de Dios, que enseña en el interior, sin estrépito de palabras.

Con ella el hombre descubrirá una nueva relación con Dios, su más alto destino y dignidad. Por medio de ella llegaremos a comprender mejor el mismo misterio de la Iglesia.

2. En el camino de la fe

a) A María se le debe justa alabanza y veneración

Oh María, realmente el Señor es contigo,
que quiere que todas las criaturas
y Él mismo juntos te debieran tanto a ti
(S. Anselmo).

Hemos visto que, con la maternidad divina, Dios depositó en María la plenitud de todo bien a favor de los hombres. Por eso san Bernardo considera la devoción a María no como una posibilidad facultativa, sino como un deber (Cf *Marianum*, 54 /1992, 175).

La Madre de Jesús "sobresale en todo lo que merece alabanza humana"[25]: todos le debemos perenne gratitud y amor: un amor sincero, auténtico, que toque la totalidad de nuestro ser: mente, voluntad y corazón. Nos lo recuerda, entre otros, el episcopado holandés en una carta pastoral mariana: "Como persona viva, María pide una respuesta viva a los cristianos, una respuesta personal, una respuesta de mente y corazón" (*NDM*, 849). Acercarse a ella no significa acercarse a un frío objeto de estudio, sino a una persona viva, que quiere establecer con cada uno de nosotros un vínculo inefable de amor.

A María se le entiende amándola, y conociéndola se le ama más.

El conocimiento de María - decía S. Maximiliano M. Kolbe – se adquiere especialmente con las rodillas, es decir con la oración humilde: los Santos oraron sin cansarse para obtener este don de la sabiduría del Espíritu Santo; un don que nos lleva a recurrir espontáneamente, con el corazón abierto a la Virgen Madre.

---

25. EUSEBIO BRUNO, en *TMSM*, Vol. III, p. 52

Esta es la esta realidad a la que apela Pablo VI cuando, con su palabra autorizada, llena de fuego interior, a menudo arrolladora, exhorta: "Debemos tener una gran confianza en la Virgen..., exponerle todas nuestras necesidades. Debemos tener la desenvoltura, la libertad de contarle los acontecimientos de nuestra jornada, nuestros esfuerzos, nuestras penas, nuestras esperanzas, de invocar su intercesión, sabiendo que nos dirigimos a un corazón de inagotable bondad y misericordia"[26].

Debemos reconocer que "el culto particular que se rinde a la madre de Jesús se debe al lugar especial que ella ocupa en el plan redentor de Dios" (MC, intr). La misión de Madre del Salvador y el alto grado de santidad alcanzado por la sierva del Señor en el seguimiento de Cristo constituyen, en realidad, la raíz más antigua y calificada de la actitud reverente y devota que las comunidades cristianas y cada discípulo asumen ante la Virgen de Nazaret; constituyen, además, las razones fundamentales por las que el Concilio "exhorta a todos los hijos de la Iglesia a impulsar generosamente el culto, en particular litúrgico, hacia la santa Virgen y a tener en alta estima las prácticas y ejercicios de piedad hacia Ella" (LG 67).

Alabad el Señor en sus santos, dice el Salmista (Sal 150,1). Si tenemos que alabar a nuestro Señor por aquellos santos por cuyo medio realiza milagros y prodigios, cuánto más se le debe alabar en Aquella en quien se encarnó, maravilla de las maravillas (Beato Aelredo abad).

Durante el desarrollo del Concilio de Éfeso, durante la homilía, un obispo se dirigió a los Padres conciliares con estas palabras: "No privemos a la Virgen madre de Dios del honor que el misterio de la Encarnación le otorgó. ¿No es absurdo, queridos, glorificar junto con los altares de Cristo, la ignominiosa cruz que lo sostiene y hacerla brillar frente a la Iglesia, y después privar del honor de Madre de Dios a aquella que, en vista de un beneficio tan grande, acogió a la divinidad?"[27].

Nunca será excesiva la veneración que se rinda a quien dio forma humana al Hombre Dios, en comparación con su dignidad (Pablo VI).

---

26. *Insegnamenti* II (1964); XIV (1976), 644.
27. ACACIO DE MITILENE, *Discorso al Concilio di Efeso*, PG 77, p. 1472.

Esta convicción encuentra amplia resonancia en autorizados maestros de espiritualidad, Padres y doctores de la Iglesia, que nos ofrecen páginas vibrantes que brotan de almas canoras, apasionadas.

Sólo cito algunos breves fragmentos al respecto, a título de ejemplo: "Canta sin parar nunca. Consúmete en la celebración de la madre de Dios y no creas que tus cantos igualan a su grandeza incomparable, porque ella está sobre toda alabanza" (G.J.Chaminade). "Después de Cristo, María (la Madre) es para toda cristiandad la joya preciosa, que nunca se alaba bastante"[28]. Ella es tan grande y sublime, que cuanto más se la elogia más falta por elogiar; de tal manera que, dice san Agustín, todas las lenguas de los hombres no son suficientes para alabarla cuanto merece, aunque todos sus miembros se convirtieran en lenguas[29]. Ningún lenguaje humano, ni la inteligencia de los ángeles... pueden celebrar en manera adecuada a aquella por quien se nos ha concedido contemplar la gloria del Señor claramente reflejada[30]. Ningún elogio humano puede estar a la altura de Aquella cuyo seno purísimo ha dado el fruto que es el alimento de nuestra alma[31].

En María "el Verbo se hizo carne" (Jn 1,14). En comparación con este don, único y exclusivo, cualquier elogio se considera totalmente inadecuado, tan honorífico fue este don para ella, necesario para nosotros, saludable para todos![32].

Como se desprende de estos preciosos textos, el sentido de la verdadera devoción mariana consiste en sentir siempre a la Virgen Madre en unión inseparable con su Hijo Jesús, en toda la vida cristiana. Con razón a nuestros hermanos de Oriente en cada una de sus asambleas les gusta colocar en un lugar de honor la imagen de la *Theotókos*, al lado de la de Cristo Señor.

---

28. MARTIN LUTERO, cit. de M. BASILEA SCHLINK, *Maria, der Weg der Mutter des Herrn* (trad. ital. Ancora, Milano 1983, p. 103).

29. San ALFONSO MARIA DE LIGORIO, *Le glorie di Maria*, p. 41.

30. J. DAMASCENO, en *TMPM*, II vol., pp. 508-509

31. San PEDRO DAMIANI, *Sermone* 45: PL 144, p. 743.

32. GIOVANNI ECOLAMPADIO, *La lode di Dio in Maria*, Ed. Monfortane, Roma 1983.

b) El verdadero devoto de María se vuelve poderoso en su corazón de Madre

*Oh prodigio de María,
tu nombre es pronunciado por Dios para nosotros.
El corazón que ansía elogiarte nunca puede desesperarse:
¡tú sólo puedes realizar maravillas de gracias
en los que realmente desean perderse en ti[33]!*

No hay que olvidar nunca que la santa Virgen es una madre poderosa y piadosa, que anhela llenarnos de favores celestiales: "su deseo es que los que le pertenecen participen del amor del que ella está animada (Marmion).

Como Madre del Altísimo, María tiene el poder igual a la voluntad (S. Germán): ella dio un cuerpo humano al Verbo encarnado y él, como hombre, lo debe todo a su madre (Teófilo Alejandrino).

¿Qué puede negar Jesús a una madre tan santa, que lo alimentó, crió, educó; que lo siguió en la predicación y también en el Calvario? La Virgen de Nazaret estuvo completamente y siempre a disposición del Hijo divino, lo amó y lo ama más que cualquier otra persona: es natural que Jesús la ame más que a cualquier otro. Esto quiere decir que María consigue con certeza todo lo que pide. Ella puede ayudar y salvar a todos con sus oraciones, enriquecidas por su autoridad de madre: una autoridad que vence con el amor al Todopoderoso!

Con razón dice J. Galot: "El auténtico cristiano es el que en su vida personal, como en la de toda la Iglesia, cuenta con la presencia de una madre capaz de obtener de Cristo los favores más grandes, la mayor ayuda para la salvación. No sólo se esfuerza en orar como María, sino que reza a María..., convencido de la eficacia de su mediación maternal"[34], y en la seguridad de ser atendido, pues según el precioso testimonio de San Bernardo, "nunca se ha oído que alguien haya invocado, en sus necesidades, la protección de María y no haya sido escuchado"[35].

---

33. Fusión de textos (G. De MONTFORT, VD, n. 222; P. PIFANO, *Tra Teologia e letteratura*, p. 277; EUSEBIO BRUNO, *Oraz. a Santa Maria*, in *TMSM*, p. 52).

34. *Maria: itinerario spirituale della donna nuova*, p. 106.

35. Cit. de NICOLA GIORDANO, *Contemplazione ed Amore con Maria*, Ed. Vivere In, Trani 1983, p. 38.

Instruida por el Espíritu Santo y amaestrada por una secular experiencia, la Iglesia católica reconoce en la devoción a la Virgen una poderosa ayuda para el hombre que está en camino hacia la conquista de su plenitud: "gracias a ella, los santos avanzan en el bien, los pecadores se convierten, el Cielo se alegra, el infierno tiembla"[36].

¿Cómo podría no temblar? María es el *nobilísimo carruaje*, por medio del cual sus devotos son conducidos al cielo a (S. G. Geómetra); es la "fuente de la que mana el agua de la vida" (S. Germán) "para los sedientos: los que han probado esta bebida dan fruto al cien por uno" (san Efrén el Sirio).

"Dónde nace el Santo, ahí está María" (Card. G. Colombo): ¿Quién lo puede dudar?

S. Buenaventura estaba bien convencido de esto, cuando declaraba: "Nunca leí de algún santo que no tuviese una especial devoción a la Virgen de la gloria". Encanta en los santos esa ansiedad celestial de superar a todos en el amor a la Virgen, su esfuerzo por amar al máximo, por ir más allá de toda medida, como prueba este ardiente propósito que escribió Sta. Teresa del Niño Jesús: "Quiero ser, después de Jesús, la persona que más amó a la Virgen". Asimismo, san Juan Eudes – por no mencionar a muchos otros santos - no podía resignarse a la idea de que alguien pudiese amar a la Virgen más que él"[37].

Nosotros vemos – constata Chautard - que los mayores apóstoles están animados por una extraordinaria devoción a la Santísima Virgen... Parece que, por una admirable delicadeza, Jesucristo haya querido reservar a la mediación de su Madre los logros más difíciles del apostolado y concederlos sólo a los que viven íntimamente unidos a ella. ¿Qué apóstol podría dudar de la eficacia de su apostolado, si con la devoción él cuenta con la "omnipotencia" de María sobre la sangre redentora?[38]

Hay que admitirlo: el amor filial a María, práctico y valiente en la imitación y no teórico, es fuente de una interioridad robusta y de un incisivo y fructífero apostolado: el Magisterio de la Iglesia enseña

---

36. *La Porta del Cielo,* a cargo de GIUSEPPE MARIANI, p. 74.

37. Cf cuanto dice al respecto, el P. STEFANO M. MANELLI, *La devozione alla Madonna,* p. 32.

38. GIOVANNI BATTISTA CHAUTARD, *L'anima di ogni apostolato,* Ed. Paoline, Roma 1962, pp. 301-302.305.

que cuando el culto mariano se entiende rectamente, se convierte en un itinerario de gran crecimiento espiritual para los creyentes, porque "es imposible honrar a la 'llena de gracia' sin honrar en sí mismo el estado de gracia, es decir, la amistad con Dios, la comunión con él, la inhabitación del Espíritu" (MC, 57).

Al lado de María sabremos ser puros, buenos, humanos, dóciles, pacientes; toda una poderosa lección evangélica de vida cristiana se pone ante nosotros, si tal es nuestro intento de honrar a la Virgen (Pablo VI). Ella "quiere actuar sobre todos los que se encomiendan a ella como hijos. Y se sabe que estos hijos, cuanto más perseveran en esta actitud y progresan en ella, tanto más les acerca María a las *inescrutables riquezas de Cristo*" (RM 46), transfigurando todos sus actos, toda su vida.

San Agustín - hace notar Montfort, - da a la santa Virgen la denominación de «*forma Dei*», *molde de Dios: molde apto para formar y modelar dioses. El que se lanza en este molde divino pronto es modelado en Jesucristo, y Jesucristo en él...: pronto se convierte en 'dios', porque se ha lanzado en el mismo molde en el que se formó un Dios (VD*, n. 219).

Otro gran testigo y maestro de espiritualidad mariana, Marmion, dice a la Virgen: "Las almas que te son devotas obtienen de ti un amor purísimo: toda su vida es un reflejo de la tuya" (en *Meditazioni Mariane*, p. 289).

Como María es de Jesús, de Dios, así cada alma, por medio de ella y en ella, será de Jesús, de Dios, de manera mucho más perfecta que sin ella y sin su mediación, admitiendo que esto sea posible (San M. Kolbe). Y yo, completa Montfort, no creo que nadie pueda adquirir una íntima unión con Nuestro Señor y una perfecta docilidad al Espíritu Santo, sin una gran unión con la Santa Virgen y una gran dependencia de su ayuda (*VD*, n. 43).

Todo es realmente más fácil, todo es más suave y más rápido en la vida interior, cuando se trabaja con María[39]. Por lo tanto, el grito del corazón brota espontáneo: "Bienaventurados los que te conocen, o Madre de Dios! Pues conocerte es el camino de la ciudad inmor-

---

39. Para una visión más clara sobre la devoción de María, como camino fácil, rápido, seguro y perfecto para conseguir la unión con nuestro Señor, nos remitimos al "*Trattato della vera devozione*" (nn. 152-169), en el que Montfort asegura, entre otras, que las cruces llevadas con María son más ligeras, más ricas de méritos y de gloria. La ayuda materna hace que el hijo fiel nunca se detenga ante al sufrimiento, sino que avance en su capacidad de entrega.

tal, y propagar tus virtudes es el camino de la salvación eterna" (San Bonaventura).

Aún más lapidario y atrevido, J. Damasceno establece: "La devoción a María es una arma de salvación que Dios da a los que quiere salvar" (Cit. en *VD*, n. 182).

Solamente con la santa invocación de su nombre, la Virgen rechaza los ataques del maligno en contra de sus siervos y los salva[40]. Su grandeza es tal que "Dios bendice incluso a quien oye nombrarla"[41]. Aparte de los cristianos, ¿qué estirpe humana adquirió tal gloria, obtuvo en suerte un socorro tan importante, o se enriqueció con una protección semejante? (San Germán de Constantinopla)

Los testimonios aquí citados encuentran validación en la misma liturgia que, celebrando los misterios de la Madre de Dios, pone en su boca la eterna Palabra de la Escritura:

> *Y ahora, hijos míos, escuchadme;*
> *seguid mi ejemplo y seréis felices!...*
> *¡Feliz aquel que me escucha*
> *y día tras día se mantiene vigilante*
> *a las puertas de mi casa!...*
> *Porque hallarme a mí es hallar la vida*
> *y ganarse la buena voluntad del Señor;*
> *pero apartarse de mí es poner la vida en peligro;*
> *¡Odiarme es amar la muerte!...*
> *Los que me buscan, me encuentran.*
> *Doy riquezas y honra,*
> *grandes honores y prosperidad.*
> *Lo que yo doy es mejor que el oro más refinado..."*
> (Pr 8, 17-36).

Llegados aquí, sólo nos falta apropiarnos del ardor y entusiasmo de los Santos, que desearían tener, no una, sino millones de vidas para vivirlas todas junto a María: "Me gustaría tener millones de vidas para vivirlas todas a los pies de María: millones de corazones, para amarla con fuerza"[42].

---

40. GERMANO DI COSTANTINOPOLI, ein *TMPM*, p. 373.

41. R. CANTALAMESSA, *Maria uno specchio per la Chiesa*, p. 246.

42. P. ANSELMO TREVES, cit. de P. STEFANO M. MANELLI, *La devozione alla Madonna,* p. 22.

c) La verdadera devoción mariana nace de lo alto
(María: don de Dios para los hombres)

Ante todo para María vale la palabra bíblica: "todo lo bueno y perfecto que se nos da, procede de arriba, de Dios" (St 1,17).

A diferencia de los otros santos, cuya veneración es más o menos deseada por cada uno según sus propias preferencias y gustos, María, en la persona de Juan, fue presentada y propuesta por el mismo Cristo al afecto de cada uno de sus seguidores, como bien vital y precioso, al que cada creyente y la familia de Dios no puede renunciar.

"**Ahí tienes a tu madre!**" (Jn 19, 27a), dijo Jesús desde lo alto de la Cruz.

Esta palabra irrevocable constituye una componente originaria del culto mariano. Es sobre todo en deferencia a esta voluntad suprema del Salvador, expresada en el momento en que consumaba su sacrificio de amor, que el cristiano tiene que ser impulsado a establecer una relación de devoción y amor filial a la santa Virgen cada vez más profunda: "inestimable tesoro de nuestra fe, que tiene una parte indispensable e insustituible en la vida cristiana" (Pablo VI).

No reconocer esta singularidad de María, dejarla de lado, significa querer ignorar el plan de Dios, quererlo diferente de como Él lo quiso. Esto lo explica magistralmente el cardenal Suenens, deslumbrante en sus páginas: "La verdadera devoción Mariana no arranca desde abajo, sino desde arriba; es impulsada no por afecto, sino por la fe. Es ante todo adhesión a Dios y aceptación de su misterioso designio; es una parte integral de la rectitud de intención que tenemos hacia Dios (...) La belleza y la bondad de María nos atraen; Sentimos la necesidad de recurrir a ella. Pero somos felices ante todo al someternos a la voluntad de Dios"[43], de adherirnos a su insondable y libre voluntad, que, siendo eterna y divina caridad (1Jn 4,7-8.16), lo hace todo de acuerdo a un diseño de amor" (MC 56). "La rectitud cristiana parte de la adhesión voluntaria a este plan establecido por Dios, que traza como quiere la trayectoria de su gracia"[44].

Los fieles recuerden – enseña el Concilio - que la verdadera devoción no consiste ni en un sentimiento estéril y pasajero, ni en una

---

43. *Pastoralia* de la archidiócesis de Malines-Bruxelles, 2 dic. 1968.

44. *Ibidem.*

vana credulidad, sino de la verdadera fe, por la cual somos llevados a reconocer la primacía de la Madre de Dios y somos impulsados a un amor filial hacia nuestra Madre y a imitar sus virtudes (LG 67). Puesto que «Dios la quería para sí mismo y la quería para nosotros» (MC 56), "la eligió para su hijo y la eligió también para nosotros, no debemos elegirla, sino solamente recibirla como nuestra madre (...) No nos corresponde a nosotros trazar los límites de la acción divina o menospreciar a los intermediarios que Dios ha elegido libremente. Pertenece a la esencia de Dios amarnos con sobreabundancia y comunicar a sus criaturas la gloria de ser sus instrumentos...

La piedad hacia la madre de Dios no es una especie de sofisticación, una concesión a la imaginación y la sensibilidad popular, un medio barato de salvación. Es en cambio, para todos, sin distinción, la expresión de la voluntad de salvación que Dios tiene para nosotros; voluntad divina, que esconde en sí un misterio de amor. Porque después de Cristo, María es la más insigne gracia que Dios nos ha dado. "¡Oh, si conocieras el don de Dios!", dijo Jesús a la samaritana (Jn 4,10). En este don está comprendido el de María, porque el misterio del Hijo incluye a la madre.

No dudemos de aceptar de las manos de Dios a la que nos es así ofrecida, concluye Suenens. A cada uno de nosotros, en cierto sentido, Dios nos dice otra vez la palabra del ángel a José, "no tengas miedo de recibir a María... lo que ha nacido en ella es obra del Espíritu Santo" (Mt 1,20). Humildemente debemos recibir este regalo del Altísimo, acoger con el alma dilatada todo el capital de amor que Dios ha invertido en María por su felicidad y la nuestra"[45]; hay que confiar incondicionalmente en ella, entregándose a ella totalmente, incondicionalmente, con un confianza y filial abandono, como un niño que se entrega seguro y tranquilo a los brazos de su madre.

Que nos sirva de ejemplo y estímulo el hecho de que "el primero de todos, Dios mismo, el Eterno Padre, se confió a la Virgen de Nazaret, dándole su propio hijo en el misterio de la encarnación" (RM 39). El Papa Montini nos recuerda: "el culto de María muestra el camino recorrido por el mismo Cristo en su descenso para hacerse hombre"[46]. Esta realidad no puede dejar de inspirar en nosotros

---

45. *Ibidem*, pp. 158-159.

46. PABLO VI, *Insegnamenti*, XV (1977), p. 1213.

alegría y consuelo, junto con una auténtica piedad mariana. Del mismo modo que el Hijo de Dios vino a la tierra a través de María, así intenta llegar más fácilmente a todos los hombres a través del "toque singular de su corazón maternal, su sensibilidad particular, su aptitud particular para llegar a todos aquellos que aceptan más fácilmente el amor misericordioso de una madre" (DM, 9).

¡Oh, qué altamente glorifica a Dios quien se somete a María, a imitación de Jesús! - *exclama* Montfort admirado. ¡Qué riquezas! ¡Qué gloria! ¡Qué placer! ¡Qué felicidad! Poder entrar y permanecer en María, donde el Altísimo ha colocado el trono de su gloria suprema!..., un lugar tan excelso y Santo, custodiado ya no por un querubín, como el antiguo jardín del Edén, sino por el mismo Espíritu Santo, que se ha convertido en el dueño absoluto (Cf, VD, Nº 139; 262-263).

Es verdaderamente "lindo pensar como el Padre introdujo a su Hijo en el mundo a través de María, así, casi guiados por sus manos, nosotros somos presentados al conocimiento y al amor de Jesús y, a través de él, al encuentro con el Padre» (Pablo VI).

A decir verdad, todo nuestro caminar con María no quería ser nada más que una forma de tomarla, en serio, como una guía experta en la travesía de fe hacia la santidad, hacia la transformación completa en Cristo.

d) El cristiano, como tal, no puede prescindir del culto a María

Honrando a María glorificamos al Hijo de Dios, que quiso encarnarse en ella y ser llamado Hijo de María.

No puede haber ninguna auténtica vida cristiana, que no será también mariana: es una regla que se aplica a todos los tiempos. ¿Cómo se puede decir que se acepta a un Dios encarnado, sin aceptar a la Madre que le dio carne humana?

Lo destaca, entre otros, Pablo VI, con su estilo cálido y elocuente, que atrae la atención e induce a pensar: "Cristo vino a nosotros por María, lo hemos recibido de ella; por tanto si queremos ser verdaderos cristianos debemos ser marianos; es decir, debemos reconocer la relación esencial, vital, providencial, que une a la Virgen con Jesús y que abre para nosotros el camino que conduce a él; no podemos apartar la mirada de Aquella que es la criatura más semejante a Cristo"[47].

Ciertamente cuando se es interiormente "uno" con Jesús, se es "uno" con él también en el amor a la Virgen. En esta armonía íntima de vida cristiana nos invitan los grandes místicos, con sus máximas insuperables:

*"Si amas al Hijo, ama a su madre también,
y si quieres agradar a Jesús, honra a María"*[48].

De lo contrario, faltaría en nuestra vida cristiana una dimensión constitutiva fundamental de la imitación de Cristo. Lo sabemos bien: ser cristianos significa ser seguidores de Cristo, sus imitadores. Ahora bien, es cierto que Jesús amaba entrañablemente a su madre, y nosotros no podremos hacer cosa más agradable que amarla y honrarla como lo hizo Él mismo, aunque no lleguemos nunca a amarla como Él la ha amado. Nos lo recuerda grito apasionado de S. Maximiliano M. Kolbe: "No tengan miedo de amar demasiado a la Inmaculada, porque nunca llegarán a amarla como la ha amado Jesús"[49].

Es cierto que "no corresponde al culto mariano la exageración de contenidos o de formas que llegan a falsear la doctrina, porque la exageración, al menos parcialmente, es mentira. Pero incluso corresponde la mezquindad mental que oscurece la forma y la misión de María, es decir, el minimizar de aquellos que están angustiados por el vano temor de dar más de lo debido a la Santísima Virgen"[50].

¿Por qué dejarse dominar este vano temor? ¿Por qué ser esclavos de él, "si, en dignidad que le ha dado el Hijo, María supera toda alabanza

---

47. En *Maria Santissima e lo Spirito Santo*, p. 23.

48. Citado por F. DI SIMONE, en *Vita della serva di Dio Lucia Filippini*, Roma 1868, p. 107. Lucia Filippini, escribe un biógrafo suyo, tenía como cosa cierta que el amor a la Madre era inseparabile del amor al Hijo; que es una falta contra este el no honrarla a ella; que cuanto más se ama a Jesucristo, tanto más se debe amar a la que nos lo ha dado, la que ha sido tan amada por Él y cuya gloria es la misma de la que goza el Hijo, porque toma de Él todas sus grandezas. (Sac. Dott. PIETRO BERGAMASCHI, *Vita della venerabile Lucia Filippini*, II vol., Montefiascone, 1916, p. 62),

49. Cit de P. STEFANO M. MANELLI, *La devozione alla Madonna*, p. 21.

50. *DME* , en *Marianum*, 38 (1976), p. 468.

humana y toda devoción?". (San Buenaventura).

Hay que tener en cuenta que, según el perenne sentir de la Iglesia, la auténtica devoción a María conduce inevitablemente a Cristo. No es comprensible, en realidad, una verdadera devoción a María que no esté ordenada a Cristo, «siendo connatural al verdadero culto a la Santísima Virgen, que mientras se honra a la madre, el Hijo (...) es debidamente conocido, amado y glorificado» (MC 32), y se observan sus mandamientos (LG 66): la consolidación de la piedad hacia la madre de Jesús «ayudará a aumentar el culto debido a Cristo mismo, puesto que (...) llega al Señor lo que se ofrece en el servicio a la Esclava; así redunda en el Hijo lo que se atribuye a la madre» (MC 25).

San Bernardo, con pluma insuperable celebró las alabanzas de la Virgen, hasta el punto de merecer la denominación de «Cantor de María», asegura: «No hay duda que los elogios que elevamos a la Madre, también pertenecen al Hijo; y que, recíprocamente, cuando honramos al Hijo no dejamos de alabar a la Madre «(en *Marianum*, 161).

e) María, itinerario del hombre hacia la Trinidad

Bendita de Dios en todas las tiendas de Jacob;
porque en cada pueblo, donde se escuche tu nombre,
será glorificado el Dios de Israel (de la liturg.).

En la exhortación apostólica sobre el culto mariano, Pablo VI esboza varios puntos que deben alentar y distinguir una gran devoción válida a la Virgen en la iglesia hoy. Se puede decir que todos gravitan alrededor de la nota Trinitaria.

El objetivo final del culto a la Santísima Virgen, en opinión de MC, es "glorificar a Dios y animar a los cristianos a una vida totalmente conforme con su voluntad" (MC 39): todo honor otorgado a María no puede detenerse en su persona, sino que debe traducirse, en definitiva, en una alabanza y acción de gracias a Dios uno y Trino que la ha elevado a alturas tan altas de santidad. "Cuanto se ha definido acerca de la Virgen, lo es exclusivamente para gloria de la Trinidad, para que esta gloria brille mejor para la salvación de la humanidad" (Bruno Forte).

¿Tal vez la alabanza a María quita gloria al Señor, como alguien

superficialmente duda? No, por supuesto; la gloria de María es gloria reflejada, derivada de la gloria de Dios (Pablo VI).

La prioridad y la primacía concedida a cada persona divina no eliminan o eclipsan la presencia discreta y eficaz de María unida de manera indisoluble a la Trinidad y el Cuerpo místico de Cristo en el transcurso de tiempo (...) La iglesia, celebrando el misterio del Hijo, encuentra a la Madre; glorificando al Padre, se sirve del canto de la más pura de sus hijas; abriéndose a la voz del Espíritu, toma la actitud humilde y obediente de la Virgen nazarena[51].

Sería un grave error considerar la piedad mariana como algo inútil y superfluo, que obstaculiza nuestra relación con Dios; lejos de ello. De un culto auténtico (dije y repito), resulta un ejercicio más intenso de la vida cristiana, que procede del Padre por medio del Verbo encarnado, en el Espíritu Santo y santificador con la mediación de María. En ella todo se refiere a las Tres Personas divinas: "ella - de acuerdo a la espléndida imagen de Montfort – 'es el eco fiel de Dios', que no dice y no repite sino a Dios. Si dices María, ella repite Dios. Cuando Santa Isabel la elogiaba y la llamaba bendita por haber creído, María respondió con el Magnificat: 'mi alma engrandece al señor'... Lo que María hizo en aquella ocasión lo repite cada día. Cuando es elogiada, amada, honrada, o recibe algo, Dios es alabado, Dios es amado, Dios es honrado, Dios recibe a través de las manos de María" (cf. VD, 225).

La fe nos dice que el creyente, por la gracia que le llena, es templo de la Santísima Trinidad y María, que es un templo ideal y privilegiado de la Trinidad, lejos de sustituir a las Personas divinas o de ser la ocasión de disminuir la gloria de Dios, guía a sus fieles hacia una vida de unión con la Trinidad, enseñándoles a vivir en este templo perpetuos adoradores de las Personas divinas que moran en ella: su propósito es transformar al hombre en doxología. Como viva "imagen conductora" hacia la vida, María no hace sino guiar más directamente y más seguramente a Dios, al Dios que se da. No es sólo una persona relacionada con el Padre, el Hijo y el Espíritu Santo, sino que es también el itinerario del hombre hacia las Personas divinas, puesto que es un camino recto hacia Ellas; es una vía: "*la vía mejor*, con la cual el Espíritu Santo nos conduce a Cristo y de Cristo al Padre. Por supuesto, Jesús es la única y verdadera vía.

---

51. IGNAZIO M. CALABUIG, en *Marianum*, 58 (1996), pp. 8 y 9.

María es la vía mejor en el sentido de que es la más perfecta entre los hombres, la más cercana a Dios y al mismo tiempo la más accesible, la más cercana a nuestra situación humana, puesto que ella también ha recorrido el camino de la fe, la esperanza y la caridad. Ella es parte de la gran vía que es la Palabra de Dios. Es una palabra en acción, o mejor dicho una palabra en carne y hueso.

Precisamente porque la Virgen es parte de la Palabra de Dios, podemos aplicar a ella lo que leemos en el profeta Isaías, como si Dios mismo nos dijera de ella: *¡Este es el camino, recorredlo!* (Is 30,21).

San Bernardo dijo que María es la «vía regia» por la cual Dios ha venido a nosotros y por la cual nosotros podemos, ahora, ir hacia él. La vía regia era, en tiempos antiguos, el camino bien conservado, especialmente recto y ancho, que debía servir para el paso del rey o del emperador, cuando visitaba la ciudad.

Un artista - dice Cantalamessa - puede hacerse discípulos no sólo invitándolos a leer sus escritos y sus ideas sobre el arte, por ejemplo sobre pintura, sino también invitándolos a mirar sus cuadros y en particular el que él considera su cuadro más acertado. Esta segunda es la forma en que el Espíritu Santo nos forma a través de María para el seguimiento de Cristo, aunque María es parte más bien de la Palabra de Dios escrita. Ningún artista, creo, se sentiría ofendido al ver a sus estudiantes volcados alrededor de su obra maestra, quedándose encantados y contemplándola durante mucho tiempo, tratando de imitarla, en lugar de simplemente leer sus escritos sobre arte»[52].

Obra de arte de Dios y a la vez artista junto a Dios, María es por y con nosotros, para que nosotros seamos, como ella, canto de amor y alabanza a la gloria de la única e indivisible Trinidad.

f) El culto a María no se puede separar del culto al Padre, al Hijo y al Espíritu Santo

- No honrando a María, hija predilecta del Padre, no se honra ciertamente al Padre, al cual María está unida con vínculos misteriosos e incomparables, hasta configurarse y inefablemente a Él, y disfrutar con Él de una amistad y familiaridad del todo singulares.
- De acuerdo con el principio, siempre válido: cuanto más se hon-

---

52. R. CANTALAMESSA, *Maria uno specchio per la Chiesa*, pp. 240-241.

ra a la Madre, tanto más se elogia al hijo, debe reconocerse que, por el contrario, cuanto menos rendimos homenaje a la Madre, menos se alaba al Hijo. "Quien no honra a la madre, sin duda, deshonra al Hijo", sentencia Elredo[53]. María, Madre de Cristo, es ya inseparable de Él: de su misterio, de su persona, de su obra, de su doctrina, de su culto. No se puede pensar en Jesús sin pensar en María; no puede estar con Cristo, escuchar su Palabra, orar y adorar con Él al Padre del cielo, celebrar los misterios de nuestra salvación, sin estar también con María, amándola y venerándola también a ella.

- Finalmente, no honrando a María, íntimamente asociada al Espíritu Santo en las operaciones para la salvación y santificación de la Iglesia y de las almas, no se honra el Espíritu Santo: no sólo Él está en el origen de la alabanza a María, sino que es el autor de las "grandes obras" por las cuales la Madre de Dios es celebrada: es el Espíritu Santo quien ha hecho de ella un lugar sublime, en el cual encuentra su mayor delicia y contentamiento.

g) Orígenes y fundamentos evangélicos del culto a María

Grande e ínclita Madre,
el Señor
te ha hecho toda Santa y gloriosa
y nos enseña a alabarle (Akát., St. no. 23 y 24).

El culto mariano, dentro de la liturgia cristiana, no deriva de una decisión de sabiduría humana, o de clarividencia pastoral, sino de la misma revelación. Nace y crece – como retoño vigoroso, que se desarrolla en cualquier terreno – en el cauce de la fe cristiana, como exigencia irreprimible, que no permite la exclusión de la madre de Jesús en la teología y en la práctica.

Dejándonos guiar por Lucas, encontramos que la matriz original del culto mariano es el Evangelio. De hecho, en la tradición lucana algunos fragmentos son genuinas expresiones de veneración y alabanza a María de Nazaret, que la sitúan bajo una luz radiante de excepcional magnitud y dignidad: testifican, que la devoción hacia la Madre de Jesús ha comenzado desde los tiempos evangélicos y apos-

---

53. ELREDO de RIEVAULX, PL 195, en *Marianum*, 54 (1992), p. 251.

tólicos, cuando María aún vivía en esta tierra.

Del grandioso cuadro policromado de la Anunciación (Lc 1, 26-38), resulta que el primer acto de homenaje a la humilde esclava del Señor viene desde el cielo, del mundo angélico. De hecho, el ángel Gabriel no se limita a referir a la Virgen la divina propuesta de la que es portador, sino que actitud reverente ante la futura madre de Dios y reina suya, la saluda humildemente, dirigiéndole increíbles palabras de admiración y de alabanza: "Salve, llena de gracia, el Señor es contigo... tú has encontrado gracia ante Dios". (Lc 1, 28.30).

Puede decirse que la veneración de la Virgen, en definitiva, nos ha sido enseñada por el mismo Dios: Él es quien envía a su mensajero, y es Él, Dios mismo, quien a través de su ángel saluda a María. Con un toque singularmente acertado, el Catecismo de la Iglesia Católica, en el comentario del Ave María (N° 2676), explica: "Nuestra oración se atreve a retomar el saludo a María con la mirada que Dios dirigió a su humilde sierva y nos hace alegrarnos con la alegría que él encuentra en ella".

A las reverentes palabras del mensajero celestial, siguen casi de inmediato las dos bendiciones llenas de respeto y admiración que Isabel dirige a María por su maternidad y por su fe (Lc 1,42): una mujer, que milagrosamente se ha convertido en madre, bendice a María a causa de una maternidad mucho mayor y única. En la historia de la humanidad, ella fue la primera en conocer el misterio de María y en celebrar sus alabanzas (Lc 1, 41-45), "la primera de una larga línea de generaciones que llama bendita a María" (CCC, n° 2676).

Es realmente impresionante, en la escena de la visitación, la excepcional serie de títulos y elogios que Isabel, bajo la influencia del Espíritu, entreteje a la Virgen, dándole la bienvenida a su hogar. En su discurso inspirado, ella exalta la persona y la conducta de María:

"¡Bendita tú entre las mujeres, y bendito el fruto de tu vientre! ¿Quién soy yo para que la madre de mi Señor venga a mí? Mira, tan pronto como la voz de tu saludo llegó a mis oídos, el niño ha saltado en mi vientre de alegría. Y bendita es la que ha creído en el cumplimiento de las palabras del Señor" (Lc 1, 42-45).

Los detalles estilísticos, con que el evangelista Lucas hace hincapié en la intensidad teológica del encuentro entre las dos madres, sugiere que María constituye un todo con el fruto de su vientre: en la cuerda de la alegría suenan al unísono la bendición de la Madre y la del Hijo; incluso la bendición de la Madre se debe a su Hijo: "¡Bendita tú... y bendito el fruto de tu vientre!" La misma calificación ("bendita"... "bendito"...) une, o mejor, funde Hijo y Madre, envolviéndolos en una sola bendición, en una misma acción de gracias a Dios por todas las maravillas obradas a través de ellos. Ninguna mujer antes de María había recibido una tan gran bendición; ninguna después de ella podrá recibir una similar. De ahora en adelante, María ya no dejará de ser la "bendita entre las mujeres". "Ella dejará de ser tal, cuando Jesús deje de ser el fruto de su vientre" (Cantalamessa).

Más tarde, a Isabel se unirá la voz de la mujer anónima, que extasiada ante la obra y las palabras de Jesús, dice: "¡Bienaventurado el vientre que te llevó y los pechos que te criaron!" (Lc 11, 27).

Esa alabanza dirigida a la madre de Jesús sólo es indirecta y ajena a las intenciones de la mujer, pero es providencial y tanto más significativa porque surge de la exaltación del Hijo: verdadero objeto de la exclamación de la desconocida. De ella surge claramente la verdad que hemos destacado y que siempre fue apoyada por la enseñanza de la iglesia: la alabanza a María siempre se convierte en una alabanza a Dios.

Respigando todavía en el campo lucano, encontramos la declaración de la misma Virgen, que era muy consciente de las consecuencias que se derivarían de la grandiosa intervención de Dios en su existencia humilde: "*De ahora en adelante todas las generaciones me llamarán dichosa*" (Lc 1, 48 b).

Este testimonio profético de la Virgen es parte de un cántico que termina la escena de la Visitación; se prepara con una progresión impresionante: desde el macarismo de Isabel (vv. 42. 45) al de todas las generaciones (v. 48), en un futuro ilimitado, cuyos límites coinciden con el mismo plan divino de salvación, con el Reino sin fin del Hijo del Altísimo; de modo que, celebrando de generación en generación al Señor y su salvación, todos proclaman dichosa a María, su humilde sierva.

Del macarismo de Isabel, de su saludo de bendición, incluso de la mirada de Dios sobre María y de las grandes cosas obradas en ella, comenzará y se desarrollará lozano un movimiento duradero de alabanza y bendición, sin interrupción, que se desarrollará a través de los siglos y milenios, llegando hasta nosotros, y que unirá con Dios también a la persona de María. Los actores de la proclamación de la bienaventuranza de María, son, después de Isabel, todas las generaciones, es decir los pueblos de todos los tiempos y todos los lugares (macarismo universal): no sólo los cristianos, sino todos los que conocerán las grandes cosas obradas en María por el Señor.

En la estela del ángel Gabriel y de Isabel, la historia de la Iglesia será marcada por una *maria-euloghia* o Mariología doxológica, de alabanza a María como madre del Señor y primicia de los creyentes. "Cada mente sensata saluda con razón a la Virgen Madre de Dios, imitando, en lo posible, al príncipe de los Ángeles Gabriel"[54] y a Isabel, la madre privilegiada del precursor de Jesús.

Siempre y en todas partes la memoria viva de María

Virgen Madre de Dios,
"¡el Señor ha exaltado tanto tu nombre,
que en boca de todos siempre estará tu alabanza!"
(de la liturgia)

Hoy podemos decir que los calificativos de glorificación de María, los títulos honoríficos, el conjunto de himnos y troparios referidos a ella, las expresiones de alabanza, de acción de gracias y de súplica, en general, son innumerables y constituyen un monumento, testimonio luminoso de fe viva y sincero amor de toda la cristiandad a la siempre Virgen Madre de Dios y madre nuestra: el Espíritu Santo los ha grabado en los corazones de todos los fieles. La misma tradición artística mariana se ha ido espesando cada vez más y ganando calidad con el tiempo, apareciendo a menudo como un acto de culto, o un homenaje a aquella a la que "todas las generaciones llamarán dichosa", como si desde el día en que recibió el saludo del ángel, María estuviese aún viniéndonos al encuentro, como fue al encuentro de Isabel.

En verdad, ¿a qué criatura, después de Cristo, los hombres han elevado más oraciones, más himnos, más catedrales que a ella? ¿Qué rostro han intentado de reproducir con su arte más que el suyo? ¿Qué ser humano ha sido más intensamente amado, adorado, alabado e in-

---

54. ESICHIO, *Omelia V, In onore di Santa Maria Madre di Dio,*1, PG 93, p. 1461.

vocado en la alegría y el dolor? ¿Qué nombre ha surgido en los labios de los hombres de todas las épocas, de todas las edades y condición social y en los lugares más remotos, más que el suyo? En esta longitud de onda se despliega en un melodioso sucederse de cuadros plásticos, el famoso *Himno a nombre de María*, hermosa joya espiritual en el firmamento de nuestra literatura, que tiene como musas la fe y la gracia, de la cuales el genio ardiente de Manzoni se deja invadir: un himno salido más del corazón que de la mente de este gran escritor.

¡Salve bendita! ¿En lo que edad grosera
Se calló se calló aquel Nombre tan deseado de ser dicho?
¿En cuál de padre a hijo no se enseñó?
¿Qué montañas, qué aguas

no lo oyeron invocar? La antigua tierra
no es la única que tiene tus templos solos, sino también aquella
que el Genovés adivinó, cultiva
tus devotos, también.

¡Oh Virgen, o Señora o Santísima,
con qué bellos nombres te alaba cada lengua!
Más de un pueblo soberbio se enorgullece
de estar bajo tu amable protección.

A ti, cuando nace y cuando muere el día,
y cuando el sol lo divide a mitad de su camino,
te saluda el bronce que a las muchedumbres piadosas
invita a honrarte.

En los miedos de la vigilia oscura
te nombra el niñito; a ti, temblando,
cuando aumenta la furia de la tormenta,
recurre el navegante.

La muchachita en tu seno real
deposita sus lágrimas despreciadas,
y a ti, bendita, de su inmortal
alma las penas expone. (A. Manzoni, VV. 25-52).

Aquí, como se puede ver, ya no es la teología sistemática con sus conceptos críticos la que habla, sino la exuberancia del corazón (*theologia cordis*), que irrumpe con entusiasmo religioso: frente a la magnificencia de la Madre de Dios, astro que irradia su luz ansiosa entre tormentas existenciales y consuela la consternación del corazón humano, la teología no tiene miedo al silencio para dar lugar a la belleza de la poesía.

En un código que es verbal y musical al mismo tiempo, el arte escucha la queja de los pobres y los humildes, que de este miserable valle de lágrimas elevan sus ojos suplicantes a la Santísima: no hay llanto o alegría de criatura que resulten extraños a Aquella que escucha "las oraciones y las peticiones, / no como suele el mundo, ni de los humildes / y de los grandes el dolor con su cruel / discernimiento estima" (ibíd.VV. 53-56).

En estos latidos del más tierno lirismo manzoniano, donde no se sabe qué debemos admirar más, si la belleza externa o el aliento interno, se concentra la más pura y genuina fe de todo el mundo cristiano.

"Todas las generaciones me llamarán dichosa".

¿Qué, generación, en verdad, a partir de aquella, no llama dichosa a María?

Veinte siglos de historia están ahí para demostrar que la de la Virgen de Nazaret fue una verdadera profecía dictada por el Espíritu Santo. No es posible, de hecho, que una pobre chica desconocida para todo el pueblo afirme una tal cosa de sí misma, o que otros lo digan de ella, sin una intervención especial de Dios.

Trabajemos, pues, «para que en nuestra generación moderna no se apague, sino que por el contrario se encienda cada vez más la luz dulce y maternal de la devoción a María» (Pablo VI); tomemos esta preciosa herencia de la Iglesia, hagámosla florecer y fructificar en nosotros y a nuestro alrededor, si no queremos anular la orden que Dios mismo ha dado a la historia.

De esto estaba más que convencido Don Orione, que tiene una expresión muy fuerte, casi imprecativa: «Que se seque mi lengua el día en que no alabe a María.»

Comprendamos pronto, aquí, lo importante que es unir cada día, con alegría, al coro de voces fervientes, que serpentea a lo largo del curso de los siglos, también nuestra voz, con el pleno conocimiento de que la veneración de la Madre de Dios María tiene su origen en el Espíritu Santo, que, del mismo modo que ha hecho surgir las alabanzas de Isabel, también hará surgir, sin fin, las voces de cuantos proclamarán bendita a la humilde *sierva del Señor*. De hecho, igual que nadie puede decir que Jesús es el Señor, excepto bajo la acción del Santo Espíritu (1 Cor 12,3), del mismo modo sin la acción del Espíritu nadie puede reconocer en María la Madre del Señor y asociarla al culto del hijo.

PARA CONCLUIR

Hemos llegado al final de nuestro viaje en busca del rostro de María. Sin embargo, no terminaremos nunca de sorprendernos ante a las increíbles maravillas de la Virgen Madre, "si hemos entendido algo de los destinos particulares que llovieron desde el cielo sobre esta criatura única"[55], portadora de lo divino: entretejido iridiscente de historia y teología, de humano y de divino, prodigio de naturaleza y gracia.

Pureza y santidad, armonía y belleza, Gloria y poder, virginidad y maternidad, grandeza y humildad, servicio tranquilo y heroico sacrificio se entrecruzan en María de Nazaret y, a pesar de lo histórico concreto de su vida sencilla y pobre, hacen de ella una síntesis sublime de los ideales más puros de la creación: una síntesis tan admirable que después de Cristo, no tendrá parecido en la historia de la humanidad.

Poetas, pintores, escultores, arquitectos, músicos... a lo largo del tiempo, han proclamado la dignidad, sin igual, de Aquella que tiempo no puede hacernos olvidar.

"Si te ofreciéramos tantos himnos / como hay granos de arena... / ni siquiera estaríamos cerca de tus dones"[56], oh Dios Trino y Uno, que a todos nos envuelves y revuelves en el incesante flujo de tu amor divinizador: vertiginoso misterio inagotable, insondable, en el que se encuentra en primer lugar, en todo su esplendor

---

55. PABLO VI, *Insegnamenti*, XIV \ 1976, p. 643.

56. *Akáthistos*, estancia nº. 20.

radiante, tu humilde sierva, María de Nazaret: ***Aquella que está en la Trinidad Divina.***

> *Oh divina imagen viva,*
> *dibujada con trazos indelebles*
> *de los colores del Espíritu Santo;*
> *oh don de Dios a los hombres y de los hombres a Dios,*
> *María,*
> *que presentas cualquier deseo*
> *al único ser deseable y digno de amor,*
> *suba hacia ti, como digna de ser alabada y celebrada*
> *nuestro himno y el de todas las criaturas.*
> *¡Acuérdate de nosotros, oh llena de gracia!*
> *¡Concédenos, por estas humildes súplicas,*
> *los grandes dones de tu rico tesoro!*
> *Todos los hombres, tus hijos,*
> *siempre y en todas partes, por siglos sin fin,*
> *«unidos a las jerarquías celestiales de los ángeles*
> *con las manos alzadas, te bendigan", o Santísima,*
> *junto con la gloriosa y adorable Trinidad:*
> *el Padre, el Hijo y el Espíritu Santo.*

(De los Padres de la iglesia: fusión de múltiples textos).

Quienquiera que seas
Si te ves a la deriva en este mar del mundo, si te parece que navegas entre huracanes y tormentas, en lugar de caminar sobre la tierra, si no quieres ser abrumado por las calamidades, no apartes la mirada de María: brillante estrella que brilla sobre este vasto mar de tinieblas, brillando de méritos y de ejemplos.

En peligros, en la angustia, ¡piensa en María, invoca a María! **Que su nombre no se aparte nunca de tus labios, que nunca se aleje de tu corazón!**

Para obtener la ayuda de sus oraciones, *no ceses nunca de imitar su vida*. No irás por mal camino si la sigues; no te perderás nunca vez si le rezas; no darás traspiés si piensas en ella. *Si Ella te tiene de la mano no caerás*; si Ella te defiende no tienes nada que temer; si ella te guía, nunca te fatigarás. **Con su protección llegarás felizmente al puerto.**

(San BERNARDO, II homilía sobre *Missus est*)

Bibliografia

AA. VV. *Dizionario di Mariologia*, Ed. Paoline, Ciniselo Balsamo (MI) 1988.

AA. VV., *Il posto di Maria nella "nuova evangelizzazione"*, Centro di Cultura Mariana "Madre della Chiesa ", Roma, 1992.

AA. VV., *Lo Spirito Santo e Maria Santissima,* Ed. Vaticana, 19762.

AA. VV., *Maria Santissima e lo Spirito Santo,* XIV Congreso Mariano Internacional promovido por la Pontificia Accademia Mariana, 1975, Ed. Centro Volontari della Sofferenza, Roma 1976.

AA.VV., *Maria e lo Spirito Santo* (Actas del IV Simposio Mariológico Internacional), Ed. "Marianum", Roma (Dehoniane, Bologna) 1984.

AA.VV., *Marianum* (Rev.), nn. 32 - 60 (1970 - 1998).

AA.VV., *Testi Mariani del Primo Millennio*, Roma, Ed. Città Nuova.

AA.VV., *Testi Mariani del Secondo Millennio*, Città Nuova, Roma.

AGNOLETTI ANDREA, *Maria Sacramento di Dio,* Ed. Pro Santitate, Roma 1973.

ALFONSO M. de LIGORIO (S), *Le glorie di Maria,* Valsele - Napoli, Mater-domini, (AV) 1987.

BENI ARIALDO, *La nostra Chiesa. Nuova collana di Teologia cattolica,* Ed. Fiorentina, Firenze 1982.

BERTETTO DOMENICO SDB, *La Madonna oggi. Sintesi mariana attuale,* Roma, LAS, 1975.

IDEM, *Maria la serva del Signore. Trattato di mariologia,* Dehoniane, Napoli 1988.

BOFF LEONARDO, *Il volto materno di Dio. Saggio interdisciplinare sul femminile e le sue forme religiose,* Ed. Querinaria, Brescia, 1987.

CANTALAMESSA R., *Maria uno specchio per la Chiesa,* Ed. Ancora, Milano 1990.

CASA FAUSTO P. (cur.), *Meditazioni Mariane. Pagine scelte dagli autori di tutti i tempi,* emp, Padova 1979.

CEI, *Catechismo della Chiesa Cattolica.* Libreria Editrice Vaticana, Città del Vaticano 1992.

CHAMINADE GUGLIELMO G., *La conoscenza di Maria* (coll. *Diamanti di spiritualità*), Ed. Monfortane, Roma 1984.

COLOMBO GIOVANNI (Card.), *Maria Madre dei Santi,* Ed. Ancora, Milano 1987.

DE FIORES STEFANO, *Maria nella Teologia contemporanea,* Centro Mariano Monfortano, Roma 1987.

IDEM, *Maria Madre di Gesù. Corso di Teologia Sistematica. Sintesi storico salvifica,* EDB, Bologna 1992.

IDEM, *Maria presenza viva nel popolo di Dio,* Ed. Monfortane, Roma 1980.

DE LA POTTERIE I., *Maria nel mistero dell'alleanza,* Ed. Marietti, Genova 1988.

FORTE BRUNO, *Maria, la donna icona del mistero,* Ed. Paoline, Alba (Cuneo) 1989.

GALOT JEAN, *Maria la donna nell'opera di salvezza,* Ed. PUG, Roma 1984.

IDEM, *Maria: itinerario spirituale della donna nuova*, Ed. PUG, Roma 1990.

IDEM, *Il Cuore di Maria* (Biblioteca ascetica XXXIII), Ed. Vita e Pensiero, Milano 1968.

GRIGNION L. M. de MONTFORT, *Trattato della Vera Devozione a Maria* (versione e note di P. Alberto Rum), Ed. Monfortane, Roma 1987

JUAN PABLO II, *Insegnamenti,*1979-1996, Libreria Editrice Vaticana.

IDEM, *Redentoris Mater*, (Enciclica sulla Beata Vergine Maria nella vita della Chiesa in cammino), Ed. Paoline, 1987.

IDEM, *Mulieris Dignitatem* (Enciclica sulla dignità e vocazione della donna in occasione dell'anno mariano), Ed. EDB, Bologna 1988.

KOLBE MAXIMILIANO MARIA (S.), *Chi sei, o Immacolata?* Ed. Monfortane, Roma 1982.

LARRANAGA J., *Il silenzio di Maria,* Roma, Ed. Paoline, 1982.

LAURENTIN RENÉ, *La Vergine Maria,* Ed. Paoline, Roma 1970.

IDEM, *Maria nella storia della salvezza,* Marietti, Torino 1972.

MANELLI STEFANO MARIA P. *La devozione alla Madonna. Vita Mariana alla scuola dei Santi,*Casa Mariana, Frigento (AV) 1975.

MÜLLER A., *Discorso di fede sulla Madre di Gesù.Un tentativo di mariologia in prospettiva contemporanea,* Queriniana, Brescia 1983.

PABLO VI, *Esortazione apostolica sul culto mariano* (*Marialis Cultus*), Ed. O.R., 1974.

IDEM, *Insegnamenti,*I-XVI (1963- 1978).

PEDICO M., *La Vergine Maria nella pietà popolare*, Ed. Monfortane, Roma 1992.

RAHNER K., *Maria Madre del Signore. Meditazioni teologiche*, Fossano, Ed. Esperienze, 1962.

RATZINGER J, *La Figlia di Sion. La devozione a Maria nella Chiesa*, Jaca Book, Milano 1979.

ROSCHINI G. M., *Maria SS. nella storia della salvezza*, Isola del Liri, Pisani, 1969, 4 voll.

SPIAZZI R., *Maria Santissima nel Magistero della Chiesa*, Ed. Massimo, Milano 1987.

TALIERCIO GIUSEPPE, *Maria la donna nuova. Una riflessione antropologica*, Ed. Paoline, Torino 1986.

THURIAN MAX, *Maria Madre del Signore, immagine della Chiesa*, Ed. Morcelliana S. p. A., Brescia 1987.

Índice

Prefacio...7
Siglas y abreviaturas...9
Notas introductorias...13

CAPÍTULO I
MARÍA EN EL PROYECTO DE DIOS

A. En el Centro del Proyecto..17
B. Dios la Había Pensado Desde Siempre.......................19
C. Presencia de María en la Sagrada Escritura................22
    1. Símbolos - Profecías - Prefiguraciones....................22
    2. Prefigurada desde el Inicio.....................................23
        a) Símbolos de María..23
        b) Figuras de María..27
        c) Profecías de María..29
    3. María en el Nuevo Testamento...............................30
    4. María: una vida profética......................................31
D. Los Caminos de Dios en María..................................32

CAPÍTULO II
MARÍA EN EL MISTERIO DE LA TRINIDAD

A. Introducción..35
    María la creatura más teocéntrica.................................35

B. La Virgen María Asociada a la Obra Más
Impactante de la Trinidad: La Encarnación......................40
   1. La Trinidad, autora de la Encarnación......................40
   2. María: seno que acoge la Trinidad............................42
C. María, la Elegida de la Trinidad en Relación con la Alianza....49
   1. Introducción...49
   2. El "fiat" de María: puerta de ingreso
     de la Nueva Alianza..50
   3. Un "sí" nupcial...51
   4. Representante de la humanidad............................53
   5. Nuevos elementos constitutivos de la Nueva Alianza........57
D. La Irrupción de la Gracia...60
E. María: Signo de la Iniciativa Soberana de Dios
y de Su Amor Gratuito..63

CAPÍTULO III
MARÍA EN RELACIÓN CON EL PADRE

A. Dios Padre y María en la Doble Generación del Hijo...........67
*La maternidad virginal: prodigio de la Omnipotencia
divina y signo de la paternidad del Padre*..........................68
B. La Más Excelsa Relación Filial con el Padre....................69
*La espiritualidad del Magnificat: la más significativa
y profunda revelación de la experiencia del Padre*.................71
C. Rostro Materno del Padre..74
   1. Introducción...74
     María, expresión de la ternura materna de Dios Padre......76
   2. Madre de Dios que nos habla de Dios......................78
     a) Configuración de la maternidad divina
       con la suprema paternidad del Padre....................79
     b) Madre de Dios: el más alto grado de maternidad......80
       b1. María, creatura entre Dios y el hombre...........84

b2. En la Virgen Madre de Dios
se inaugura nuestra nobleza humana..............87
c) Madre a todos los efectos................................89
3. Madre de la humanidad......................................91
a) Introducción...91
b) Una madre en el camino de cada hombre..............92
*Pistas evangélicas de la
maternidad espiritual de María*........................94
c) Cómo y cuándo Madre...................................97
c1. Madre de la Gracia Divina.........................97
c2. Momentos y características
peculiares de la maternidad de gracia............100
I. Visión de conjunto............................100
II. Mirada analitica..................................101
IIa. La Madre de la Cabeza es
también Madre de los miembros.................101
IIb. Madre nuestra porque coopera a
la restauración de la vida sobrenatural...........103
IIc. Maternidad en cada hijo.....................105
Por qué la maternidad de gracia...............108
IId. Maternidad en el ejemplo.....................109
IIe. La extensión más grande de
maternidad: una maternidad
Proclamada desde lo alto de la cruz...........111
1. Maternidad universal.......................111
2. La hora del parto.........................113
3. Cristo hace de su Madre la
Madre de todos sus discípulos............118
4. Carácter personal de
la nueva maternidad.......................120
IIf. Madre de la Iglesia...........................123
D. Como el Padre, nos Muestra Perpetuamente al Hijo...........126

CAPÍTULO IV
MARÍA EN RELACIÓN CON EL HIJO

A. María Totalmente en Relación con el
   Hijo e Íntimamente Vinculada a Él. 129
   Profunda comunión de vida con el Hijo. 130
B. En María, la Primera Relación Personal
   del Hijo de Dios con la Humanidad. 135
C. La Singular Tarea Educativa de María. 137
D. En María se Prefigura la Vida de Jesús. 139
   1. La esclava del Señor, Madre del Siervo del Señor. 139
      Aspecto sacrificial y servicio. 141
      La más profunda kénosis de la fe en la historia humana. ... 141
   2. Docilidad a la voluntad del Padre. 144
   3. La virginidad de la madre anuncia el celibato del Hijo. ... 147
   4. En María se prefigura el Sacrificio Redentor. 149
E. Un Nuevo Adán y un Nueva Eva en
   el Origen de una Nueva Humanidad. 151
F. Corredentora. 153
   Introducción. 154
   Fundamentos teológicos de la Corredención. 156
   Redención objetiva y subjetiva - directa e indirecta. 157
   *La Iglesia entera es corredentora,
   en la estela de la Madre de Jesús.* 161
   La Corredención de María a la luz del sacrificio Eucarístico ... 163
   Corredención y mediación única de Cristo. 163
G. Con Cristo Reina Para Siempre en la Gloria Celestial. 165
   1. Introducción. 165
   2. Asunción: signos histórico-teológicos. 166
      a) Los orígenes. 166
      b) Desarrollo teológico de la Asunción
         en la Lumen Gentium. 167

3. Fundamentos bíblicos de la Asunción......................168
   a) Asunción: un postulado de la maternidad divina......169
      Primeros testimonios....................................169
   b) Referencias a textos bíblicos concretos................171
4. Dimensión eclesial y universal de la Asunción.............174
   a) La Asunción de la Virgen, icono escatológico
      y comienzo de la Iglesia resucitada....................174
   b) La Asunción anuncia el esplendor
      final reservado al cuerpo del cristiano.................176
   c) María asunta: síntesis de lo creado....................177
   d) Presencia siempre viva y
      operante en medio de nosotros........................178
      d1. Totalmente configurada con Cristo resucitado,
         María vence al tiempo y al espacio...............178
      d2. La misión materna de María en la Gloria.......181

CAPÍTULO V
MARÍA EN RELACIÓN CON EL ESPÍRITU SANTO

I. VISIÓN DE CONJUNTO....................................185
A. Observaciones Preliminares......................................185
B. La sinergia del Espíritu Santo con María......................187
C. Transparencia del Espíritu Santo...............................189
D. Gran molde de Dios preparado por el Espíritu Santo..........191

II. VISIÓN ANALÍTICA..193
Presencia del Espiritu Santo en Maria:
antes, durante y despues de la Anunciacion.....................193
A. Antes de la Anunciación...193
   1. El Espíritu Santo se ha comunicado a
      María desde el comienzo de su existencia...................194
      Inmaculada Concepción: nombre propio de María........198

Por qué Inmaculada Concepción.............................200
2. María Inmaculada: Icono
   purísimo del misterio del hombre...........................202
3. El Espíritu Santificador prepara gradualmente a María
   para el "fiat" y la Consagración total de su vida a Dios....206
B. La Anunciación..209
   1. Notas introductorias...209
   2. La salvación viene del cielo, pero
      germina también desde la tierra.............................211
   3. Morada santa de Dios...213
   4. Templo del Espíritu Santo....................................215
   5. Esposa del Espíritu Santo....................................216
   6. María, la carismática radical................................219
   7. Signo de la fecundidad perenne del Espíritu.................220
C. Post-Anunciación..225
   1. La Visitación..226
   2. Pentecostés..229
   3. La Asunción..230
D. Perfecto Icono de la Belleza Divina............................232
   1. Mirada global..232
   2. Centrándonos en algunos detalles............................235
      a) Una belleza interior que reverbera
         en toda la persona de María..............................235
      b) Una belleza íntegra......................................236
      c) Lo "bello", como lo "bueno" y lo
         "verdadero" expresa la gloria de Dios....................237
      d) La belleza de María: objeto de contemplación
         y vehículo para llegar a Dios............................239

CAPÍTULO VI
OBSERVACIONES COMPLEMENTARIAS Y FINALES

A. María Nuestra Primicia. 245
   1. Imagen y primicia del Nuevo Israel. 245
   2. Primicia en la fe. 247
B. La Historia de María Está Indisolublemente Vinculada a la de Cada uno de los Salvados. 250
   1. En el centro de la economía divina. 251
   2. Todas las gracias de María. 253
C. María, Parada Obligatoria. 257
   1. En el conocimiento religioso. 257
   2. En el camino de la fe. 260
      a) A María se le debe justa alabanza y veneración. 260
      b) El verdadero devoto de María se vuelve poderoso en su corazón de Madre. 263
      c) La verdadera devoción mariana nace de lo alto. 267
      d) El cristiano, como tal, no puede prescindir del culto a María. 269
      e) María, itinerario del hombre hacia a Trinidad. 271
      f) El culto a María no se puede separar del culto al Padre, al Hijo y al Espíritu Santo. 273
      g) Orígenes y fundamentos evangélicos del culto a María. 274
Siempre y en todas partes la memoria viva de María. 277
PARA CONCLUIR. 28
Quienquiera que seas. 281

Bibliografía. **283**

www.ingramcontent.com/pod-product-compliance
Lightning Source LLC
Chambersburg PA
CBHW071652090426
42738CB00009B/1499